中國学術思想 研究輯刊

二 編
林 慶 彰 主編

第14冊

王弼與郭象玄學方法之研究

高 齡 芬 著

花木蘭文化出版社

國家圖書館出版品預行編目資料

王弼與郭象玄學方法之研究／高齡芬 著—初版—台北縣永
和市：花木蘭文化出版社，2008〔民 97〕
序 2+ 目 2+182 面；19×26 公分
（中國學術思想研究輯刊 二編：第 14 冊）
ISBN：978-986-6528-15-6（精裝）
1.（三國）王弼　2.（晉）郭象　3. 學術思想　4. 玄學
123.12　　　　　　　　　　　　　　　　　97016629

ISBN - 978-986-6528-15-6

9 789866 528156

中國學術思想研究輯刊
二 編　第十四冊　　　　　　　　ISBN：978-986-6528-15-6

王弼與郭象玄學方法之研究

作　　　者　高齡芬
主　　　編　林慶彰
總 編 輯　杜潔祥
出　　　版　花木蘭文化出版社
發 行 所　花木蘭文化出版社
發 行 人　高小娟
聯絡地址　台北縣永和市中正路五九五號七樓之三
　　　　　　電話：02-2923-1455 ／傳眞：02-2923-1452
網　　　址　http://www.huamulan.tw 信箱 sut81518@ms59.hinet.net
印　　　刷　普羅文化出版廣告事業
封面設計　劉開工作室
初　　　版　2008 年 9 月
定　　　價　二編 28 冊（精裝）新台幣 46,000 元

王弼與郭象玄學方法之研究

高齡芬　著

作者簡介

高齡芬，臺灣省臺南縣人，臺灣師範大學國文學士、輔仁大學中文碩士、博士。現任北臺灣科學技術學院通識中心副教授。研究領域以先秦道家、魏晉玄學、周易、理則學為主，著有《王弼老學之研究》。

提　　要

　　本文的寫作目的在於透過王弼與郭象的方法論，以期更深入魏晉玄學的堂奧，故以王弼的《老子注》、《周易注》與郭象的《莊子注》為主要材料，並旁及其他著名的玄學論著，例如：歐陽建的〈言盡意論〉、韓康伯的〈辯謙論〉以及何晏的〈無名論〉等。

　　文中除了論述王弼與郭象的名理方法之外，更不厭其煩地條分縷析兩家的玄理方法。其中以兩層區分、辯證的統合以及超越的玄冥方法最為卓越。透過這些方法的洗練，魏晉玄學理論之發展脈絡遂大為清晰。

　　關於王弼的易學方法的論述，本文分為三個綱領：言意之辨、以一統眾、陰陽二分法。王弼以「言意之辨」釐析了周易有關「象」的詮釋功能，又把《易傳》隱含的主爻觀點加以提煉成「以一統眾」的原理，形成易學的主要架構，並順著易學本有的「陰陽二分法」，以演繹整部周易之卦爻變化的條例。成功的建立了有別於漢易的義理易學規模。

　　最後，大抵得到了兩項結論：其一是魏晉玄學家之所以能擺脫兩漢學風的影響，乃得利於其名理方法之殊勝。其次，王弼與郭象之所以能在魏晉玄學家之中，傲視群賢，獨步一時，乃由於他們不僅名理嫻熟，且能紹續老莊之玄理方法，甚至大有創發。要之，王弼與郭象把老莊方法的精妙發揚光大，故能在玄理上有超凡的建樹，進而奠定了魏晉道家的玄理規模，在中國學術發展史上，實具有繼往開來的意義。

目次

自　序

　　選擇這個題目，主要緣於個人的研究領域是魏晉玄學，而且對於西方邏輯學與先秦名學，一直以來始終抱持著濃厚的興趣。故想到以方法為核心來探討王弼與郭象的玄學，希望能開創出新的視野。

　　魏晉玄學家著書立說，名理方法是基本功夫，至於玄理方法的運用則更見功力所在，這些皆為王弼與郭象之擅場。在此覺得有必要說明的是，本書屢屢出現的「兩層區分」一辭，大致同於牟先生所謂的「超越的區分」。使用「兩層區分」而不用「超越的區分」，是因為「超越的」一辭不免給人一種形上的聯想，恐因而被理解為僅是形上與形下的區分。當然老子首章開宗明義便說：「道可道，非常道」云云，即是嚴格的區分「常道」與「可道」為形上與形下兩層。只不過，「兩層區分」的用法並非僅限於形上與形下的區分。王弼對於「兩層區分」的觀念很清楚，他說：「復者，反本之謂也，天地以本為心者也。凡動息則靜，靜非對動者也。語息則默，默非對語者也。」（〈復卦‧象〉下王注）這段話清楚地分析動與靜，語與默並非相對的兩項，其間有著本末體用的「兩層區分」。靜是動的停止狀態，默是語的停止狀態，靜與默是常態，是根本，而動與語則是離了常態的作用表現。動與靜，語與默非僅是狀態不同罷了，而有著異質異層的殊異。

　　再以老子「為無為，事無事，味無味。」（六十三章）之語為例：「為」與「無為」，「事」與「無事」，「味」與「無味」，若不用「兩層區分」來說明，就成了矛盾語句。其實這即現代語言學所講的「後設語言」（Meta-language）。「為」、「事」、「味」都是「後設語言」而「無為」、「無事」、「無味」則是一般語言。「後設語言」又稱為「第二序語言」（Second order language），「第一序

語言」是一般的對象語言（Object language），「第二序」或「後設語言」則是超越一般對象語言的更高層且具有優先性（Priority）的語言。

除「兩層區分」之外，本書還有另一個重點——「冥合的方法」，亦即把一切事事物物的分別予以泯沒，而歸向一無分別境界。這可以說是直指玄冥完全超越人之理性思維的範疇，其所達到的其實是人們一無所知一無所得之境。也許有人會懷疑，這能算方法嗎？然而這正是最上乘的玄理方法。

本書的完成，絕對談不上完善，如果還能稱得上差強人意，都要感謝我的指導教授與口試老師的諸多指正。從事研究工作至今已歷二十多年，要感謝的人實在太多了。最後，謹對我的姊姊表達最深最深的感謝。

高齡芬序于台北

民國九十七年九月

第一章　緒　論

　　世稱魏晉玄學爲魏晉新道家，是肯定其學眞能紹繼先秦道家思想，牟宗三先生在《才性與玄理》一書中很明確地作這樣的論斷。湯用彤先生在《魏晉玄學論稿》中論述魏晉玄學的流派，也曾稱許魏晉玄學家高妙的思辨力。〔註1〕其實，魏晉玄學的意義還不止如此而已。早在漢初，道家學術就是顯學了。不過漢人的學風偏向質實，對老莊的玄理沒有相應的瞭解，再加上受到陰陽、五行以及讖緯等思想的影響，使他們與老莊的玄義始終是隔了一層。爾後，經過魏晉玄學家一番剖析精微以及細密的詮釋之後，老莊的玄理才再度昭顯於世人之前。而魏晉玄學家之所以能夠繼承先秦道家，建立有別於兩漢黃老的道家體系，其關鍵即在「方法」上。

　　魏晉玄學的精采，其實不在於著書立說上，而是在名士的玄談過程，以及其生活的實踐層面上。然而，魏晉名士的玄談，雖載之史冊或文籍，卻常是飛鴻踏雪般，美感有餘而條理不足，至於生活的實踐方面，則又往往光怪陸離令人不明所以。故在此還是選擇以專著爲主要材料，希望能在其中尋繹出魏晉玄學的方法理路，並藉以探究其玄理發展的線索。而魏晉玄學家的著作中，自是以王弼《老》、《易》二注以及郭象的《莊子注》最具典範地位。當然，必要時也將引述其他各家相關論述做爲參照。

〔註1〕　湯先生言：「漢代偏重天地運行之物理，魏晉貴談有無之玄致。二者雖均嘗托
　　　　始於老子，然前者常不免依物象數理之消息盈虛，言天道，合人事；後者建
　　　　言大道之遠玄無朕，而不執著于實物，凡陰陽五行以及象數之談，遂均廢置
　　　　不用。因乃進於純玄學之討論。」見《魏晉玄學論稿》，（臺北：里仁書局，
　　　　1984年），頁48。（以下引用簡稱《玄學論稿》）

　　若問《易》、《老》、《莊》的思想內涵何以能如此的博大精深，自然必須歸功於其優越的哲學方法。而王弼與郭象的哲學方法，可說完全出於三部經典。故追本溯源，要討論王弼與郭象的玄學方法，確實有必要對三部原典的哲學方法作一番考查。由於，王弼的哲學與《老》、《易》二書，在方法上的運用並不複雜且相當一致，故在討論王弼的哲學方法時可同時解說。至於《莊子》一書中所表現的哲學方法已頗多曲折，加上郭象雖承襲莊子的方法，在運用上卻是變化多端，以至於兩者互相的關聯並不單純。故在討論郭象莊學的方法之前，擬先析論莊子的哲學方法。如此相信可以更清楚地剖析郭象如何汲取莊子的方法，又如何變化運用。

　　本文以方法（Methods）為題，原應以方法為經，將兩家的方法學內容統合討論。然而各家即令使用同一方法，也每有不同的重心以及表現，故仍可以分開討論。只是，在論述過程中當儘量避免不必要的重複。例如名理辨析一項，擬只在王弼老學一節中深入討論，因為王弼的名學相當可觀，且是其理論重心之一。《周易注》與《莊子注》雖也有所及，不過都不是重點，故不妨略去。

　　討論方法最基本的就是思想方法，亦即西方人所謂的邏輯學（Logic）。其內容無非在於展現人類理智心的運作常軌，此實為哲學乃至於一切學問的起點，西方人重視邏輯學道理在此。中國傳統的名學雖與西方邏輯學不盡相同，而基本精神卻是一致的。不論是中國的名學或者西方的邏輯學都傾向於客觀精神，因此在知識的領域上甚具積極意義。然而用在重視修養實踐的道家哲學上則未必相應，反倒是玄理方法有其相當的解釋效力。然而玄理方法的非名理特質，也使得魏晉玄學受到許多誤解，甚至有人籠統地將它歸入神祕主義（Mysticism）〔註2〕的範疇。

　　近代的學術流風，實證主義（Realism）大行其道，只要稍有違反實證精神，便會引起撻伐。在學術界講究有一分證據說一分話，不可無的放矢妄發議論固然沒錯，不過並非不合實證主義的論述都是妄論。先秦道家乃至於魏晉玄學所提出的「玄理」論題，明顯地與實證精神大有隔閡。然而其所論「玄」義是取其深遠不易明瞭，並非神祕主義的同義詞；雖是人類感官經驗所達不

〔註2〕這裡用「神祕主義」一詞是指相信有某些違反物理世界規律的事件或認知存在，例如宗教的神祕感應之說，屬於個人獨特的經驗，沒有普遍性可言，故其中不討論真假只要相信。

到的，卻是可以透過理智心的觀照而得，〔註3〕其中有很多值得討論的論題。當然，神秘主義也是一種「玄」，而那通常是指某些個人的神秘經驗，例如宗教的感應故事之類，並非任何人都可能擁有的經驗，不能談普遍性。而玄學之所以長久的被誤爲神秘主義，一方面就是因爲其論題往往玄遠了無邊際，而且魏晉學者又多少有點脫離現實的傾向，故也易誤導世人的認知。實則，玄學所論雖遠在天際，卻未始不是在爲世道人心找尋目標。王弼在《老子指略》中曾總論老子哲學的要義曰：「論太始之原以明自然之性，取天地之外以明形骸之內。」然而，當時卻有許多人把道家的玄理曲解爲必須遠離世務，以至出現種種的流弊。〔註4〕

中國名學大盛於戰國末，其興起的因緣主要是當時倫理綱常崩潰，各家學者正致力於思索如何重建社會秩序與政治制度的對策，故「名實之辨」的方法便應運而生。公孫龍與荀子在這方面都有建樹。不過，由於秦漢以降，名學的發展始終停留在明倫正俗的實用層次，名家純粹的名理之學並未得到充份的發展，與西方邏輯學相較實略嫌不足。故有關名理的方法還是用西方邏輯學（傳統邏輯 Traditional logic）的格式。

西方傳統邏輯的主要成就，是將人類思維理路的形態，用三段論（Syllogism）具體的呈現出來，藉以分辨語意的正確或誤謬。它是建立在二值系統上，必須遵循三大思想律——同一律（Law of identity）、矛盾律（Law of contradiction）、排中律（Law of excluded middle）。邏輯方法實爲最基本的方法，即使中國玄學家乃至於西方神學研究者都不能完全不用它，算是一切哲學方法的基礎，毋庸在此贅述。

除邏輯外，更令人感興趣的是玄理方法。論及玄理方法，首先接觸到一個問題，即「玄理方法」與「名理方法」的不同。其實，廣義的說，凡言說理論皆不出名理範圍，不過雖然同樣透過名言，而兩者所表現的格局卻是相去不可以道里計的。「名理方法」必須遵循「邏輯法則」以及「名言概念」的

〔註3〕 所謂「觀照」是指一種人類特有的智覺能力，有別於任何知識方法。知識方法是由經驗實證或邏輯推理而得到知識。與其討論「觀照」與知識認知的關聯，還不如把「觀照」當作一種修養工夫。例如道家眞人，即透過觀照的工夫化掉理智心之分別執著，而證成天地萬物一體無別的境界。

〔註4〕 魏晉人崇尚玄學，有祖尚浮虛的傾向，故晉人范寧與明末的顧炎武都以爲兩晉之淪亡，主要的原因便是士族階級崇尚玄學，使士大夫階級全耽溺清談而不切實際，以至於遭受國破家亡的噩運。甚至有「王何之罪，深於桀紂。」的說法。

用法，而「玄理方法」則正是要突破邏輯法則與名言概念的常規，前者持「分別說」展現萬物的各各殊相，後者則持「非分別說」以呈顯萬物一體的眞理。而此所謂「分別說」與「非分別說」即名理與玄理的分野。玄理方法，又有辯證的玄理與冥合的玄理兩類，這在東方乃至於道家的思想中，均有卓越的表現；試分別論述之。

一、辯證的玄理方法

　　道家的玄理中處處可見辯證的詭辭（Dialectical paradox），使得道家的語言蒙上一層詭異的色彩。先不談辯證的詭辭有異於一般邏輯語言，更重要的是其形式已顛覆了思想邏輯的律則。若以魏晉玄學的熱門課題，有、無的關聯爲例，郭象說：「無既無矣，則不能生有」，而裴頠認爲「濟有者皆有也」，強調「無」與「有」不可混淆。郭象與裴頠的這項論點是屬於邏輯思維，有是有，無是無，涇渭分明，是直線的靜態思維模式。至於玄理中所言，「無能濟有」、「有生於無」等論題，是屬於環形的動態思維模式。老子說「有無相生」，莊子主張「死生爲一」，均是藉由玄理觀照呈顯一邏輯方法所不能到的圓融理境。由於這些詭辭的形式與辯證法正 —— 反 —— 合的形式有雷同之處，故論者多用「辯證」一詞爲說，雖談不上百分之百切合，卻很有啓發性。

二、冥合的玄理方法

　　除了辯證的玄理方法之外，最值得討論的當屬冥合的玄理方法，這無疑是更具解釋性的玄理方法。比如大多宗教的經典都不乏一些不可思議的命題（Propositions）或論述，而任何哲學系統一旦進入最高層次的論述時，則往往完全不可以邏輯論之。例如，儒家講「民胞物與」，〔註5〕莊子曰：「天地與我並生，萬物與我爲一。」佛法中的「怨親平等」，〔註6〕這一類的論述都有賴此一玄學方法的洗鍊以示現其實質內涵。其實，此一方法的關鍵無他，就是「無分別」罷了！而其中又可分幾種類型。首先，由認知心的齊平進入無分別之域，這是依客觀事物各有獨立本質的觀點，以消解人認知心的分別；此在認知層中

〔註 5〕 《詩經》：「豈伊異人，昆弟甥舅。」便是回溯久遠的血緣關聯，而把各同姓
　　　　乃至於異姓的諸侯國結合起來，雖屬於政治口號，卻也是頗有道理的。張載
　　　　《西銘》：「乾稱父，坤稱母。」是把天地當作萬物的父母，則天地間無異是
　　　　一個大家庭，由此推出「民吾同胞，物吾與也。」的結論。

〔註 6〕 佛教有「怨親平等」之說，其意是要以平等心待人接物，即使對怨敵也要視
　　　　若親人一般。

即可完成。其次，主體境界的混同無別，是指人可透過主體的修養，以達到人我無別的境界；這點則必須從認知層走到實踐層才可達成。其三，根源上的歸一，是從宇宙萬物的根源於一而言萬物一體無別。以下分別說明之。

（一）齊平認知心的分別

認知心的主要特質便是分別，有分別方可成就知識。然而取消認知的分別使一切歸於齊平，即成就了一體無別的觀照，莊子〈齊物論〉對此有酣暢淋漓的表述。其中「彼是方生」之說，旨在取消人心中特有的是非、善惡的差別判斷，以及客觀事物的差別相，前者是價值上的，後者是知識論（Epistemology）上的。人的價值取捨本是主觀心理的執著，然而事物的差別相乃是人認識經驗世界的主要依據，自然有其客觀意義。只不過，倘若能超越經驗認知，則事物的差別相也將泯化為一體。莊子的「齊物論」，即藉著破除認知心的是非執著，齊平萬物的價值，而達到一無分別的境界；這是超越於經驗世界之上，透過觀照而得的玄同境界。此外還有不離經驗界，透過對現象界的消解而得一齊平境界，如原始佛教由緣起法看一切法無自性，而以此證空，故萬法皆空則認知心的分別也失去其意義。

（二）主體境界上的混同

人間世之所以會複雜紛亂，並不在於物理世界的林林總總，而大多是由於人的分別心沒有恰當的安立所致。人的分別心可成就知識，卻也可以形成偏執而阻礙人我的溝通。致使人與人之間，常是樊籬重重爾虞我詐的。耶穌基督提倡博愛，是用愛弭平人我的對立。大乘佛教講「無緣大慈」、「同體大悲」，是以慈悲心溝通人我的隔閡。儒家的仁愛，以「推己及人」證得愛心的普遍性，孟子從「惻隱之心」說萬物的感通無隔，激發「民胞物與」的情懷。老子的「和光同塵」，自是藉由一番致虛守靜，損之又損的主體修養工夫而得的玄同境界。莊子證成「天地萬物一體」，亦是透過修養工夫使人上契「天的境界」，而達到一完全無對待矛盾，「魚相忘乎江湖，人相忘乎道術。」人我融洽一體無隔的理境。王弼的「在方法方，在圓法圓。」以及《金剛經》的「無我相、人相、壽者相、眾生相。」的一體玄同、主客雙泯之境，也都是主體境界的混同工夫。

（三）根源上的歸一

宇宙論追溯起源，往往會陷入無窮後退的理論困境。倘若從歸於一的方向討論，則可避免這樣的難題。絕大多數的哲學或宗教均循此。老子曰：

> 致虛極，守靜篤，萬物並作，吾以觀復。夫物芸芸，各復歸其根。
> 歸根曰靜，是謂復命。復命曰常，知常曰明，不知常，妄作，凶。（十
> 六章）

這是以道心觀照萬物，照見萬物均歸根復命，以此歸結出「常」的道理。莊子曰：「通天下一氣耳」，從物質根源的一體，論天地萬物的一體。張載〈西銘〉將天地解爲父母，彷彿宇宙全體爲一宗法社會，以此推致民胞物與的胸懷，墨子的政治理論由〈天志〉講到〈兼愛〉，亦有異曲同工之妙。佛教講六道輪迴，以眾生互爲怨親輪轉不息的觀點，而證得怨親平等；這些都無非從根源上的歸一所達到的境界。

　　總結而言，前述玄學方法的三種類型，各有不同的理論目標。首先，齊平認知心的分別，是爲了破除人的偏見；再者，把主體境界提昇到天的混同境界，是爲了要躋於人我無別，主客雙泯之境；至於根源的歸一，則著重在達到一體圓融無礙的理境。總之，玄理方法與邏輯方法的不同是異質性的。邏輯是思考形式的展現，玄理則必須關乎存在的眞實內容。而道家玄理的最終目的，就在於呈顯一體圓融無礙無別的宇宙觀。〔註7〕

〔註7〕此所謂一體圓融的宇宙觀所觀照的，當是指精神價值意義的宇宙，而非漢代
　　　　氣化宇宙論所指向的客觀現實世界。當然，精神價值的建立，亦將有助於客
　　　　觀現實世界的正面發展。

第二章　王弼的老學方法析論

治《老子》實為不易。首先，其篇幅甚簡，而義理卻包羅至廣，舉凡天地萬物乃至於自然或人文均有所及。再者，其義理誠然「微妙玄通，深不可識」，始終蒙著一層神秘的面紗，實非一般道理可說得通的。此外，《老子》一書諸多正言若反的文字，尤其容易引起誤解。

職是之故，從先秦到兩漢，雖老學一直受到重視，然而，除《莊子‧內篇》以外，少有相應的理論闡發，不是見之弗逮，便是失之穿鑿。把老子虛靜無為的人生智慧，全都曲解了。兩漢時代，老學更與盛極一時的陰陽家及法家的理論合流，終於形成了「黃老」學術。影響所及，老子的玄義在漢代可以說幾近乎全部隱沒。故雖言漢人崇尚《老子》，而他們所理解的老子其實就是「黃老」。因此他們的老學便逕往「君王南面之術」，以及世俗權謀技術上發展。世人譏誚兩漢道家的駁雜不純，也不是沒有道理的。

到了魏晉，由於何、王的理論開拓，老學更受到空前的重視。透過《世說新語》特寫式的描述文字，可以想見當年的王弼，甫登上玄學界的舞台，不可一世的飛揚姿態。連位居顯要的學界領袖何晏，看了他的《老子注》之後都驚嘆不已大呼後生可畏。在魏晉玄學中，能跳脫兩漢「氣化宇宙論」框架〔註1〕的論題，旗幟最為鮮明影響最為深遠者，莫過於何、王的「以無為本」

〔註1〕一般多籠統的以「宇宙論」與「本體論」分劃兩漢與魏晉的學術風格，有時又更進一步以所謂的「氣化宇宙論」概括兩漢學術。而何謂「氣化宇宙論」呢？宇宙論主要是在探討萬有的起源，其中必然接觸到形質的層面。由於兩漢學術籠罩在陰陽五行的思潮之中，故其宇宙論的論述是以陰陽氣化為基調，因此稱氣化的宇宙論。他們以陰、陽二氣和合解釋萬有的起源，和西方從地、水、火、風四大物質論宇宙的緣起，似乎大異其趣。看起來，中國的

的思想。而論證「天地萬物以無爲本」之說，何晏只是啓其端，而眞正的完成則在於王弼。何晏的論述只是片面的見解，並沒有太多理論基礎，到了王弼才算有完整的架構。而王弼能有此成就，完全得歸功於他在哲學方法上的靈活運用。

　　老子揭櫫「無名」以顯道的形上本質，算是接觸到名理的邊緣，其「正言若反」不妨視爲一種另類的名理思維。王弼《老子注》扣著老子無名的主張，進而對名理有一番剖析，其目的是藉著名理的探究逼顯道的形上本質，而在他的詮釋下，的確也使得老子的形上思維更具體清晰。另外，老子的正言若反，本是相當隱晦的表達方式，也是最常引起誤解的環節，王弼則統攝以本、末的辯證歷程，標舉「崇本息末」的論點，把老子所有的「正言若反」的話語全結構性地會成一個詮釋體系。彼之以簡馭繁的工夫豈是尋常的呢？一般治《老子》者能有以上這兩種方法，已可大致掌握老子的道論了，而王弼的方法層次更有進於此。究竟而言，名理方法與辯證方法，只能達到老子玄義的形式內涵，若要一窺老子道的境界，超越的方法更是不可或缺。這一點《莊子》一書已表現得淋漓盡致，正因爲如此，莊子才能把道的境界表現得那樣的鮮活眞切。相較之下，王弼在這方面的成就，不免顯得不夠精采，不過即令只是聊備一格也是深具意義的。本章擬對王弼老學這三項方法分別探討，以下從名理方法開始。

第一節　王弼老學的名理方法

　　道家學者本對名言抱持著消極的態度，故在名學上沒有積極的建樹；儘管他們也有名理主張，不過與先秦各家論名的理論，實屬於異質異層不同領域。〔註2〕《老子・三十二章》曰：「始制有名，名亦既有，夫亦將知止，知

　　　　氣好像很玄，其實這氣是統攝一切物質性的名稱，由氣再分出陰陽，分出五
　　　　行，雖然這些名目並不全然只是物質層面，而還帶有元素的意涵，總之均屬
　　　　物質的範圍。
〔註2〕所謂異質異層是指分屬兩個層次，例如「形上」與「形下」之分或「道」與
　　　　「物」之分均是。具體的講，道家的名理是用在建構本體論，而名家的名理
　　　　是在討論名實問題，前者的重心在於顯示形上本體的無可分別，後者的重心
　　　　是在於貞定人文世界的種種分別。例如，公孫龍提倡「審其名實，愼其所謂」，
　　　　便是以名、實之對當關係，來貞定人世間的倫常。老子以「有名」與「無名」
　　　　分出形上、形下兩域，他的目的不在於討論名的實用價值，而在於從無名的
　　　　觀點去逼顯形上理境。「始制有名」，算是老子最接近名理的論述，不過這裡
　　　　所提出的有名，是原始自然最初被人文割裂的起點。綜觀道家的論述中，談

止所以不殆。」道家的思想重心在於如何保住生命的自然本真，而名言的發展卻適足以使人疏離自然，所以老子主張名的使用必須節制。莊子言：「名者，實之賓。」是從實存的觀點以論名的虛妄性；對名的看法明顯都是持貶抑的態度。王弼的名理理論雖比較具體，終究只是藉以論述道的形上特質，而非專為名學立說。故在此不稱之為名學，而僅從名理方法的觀點論之。

老莊論天道，多謬悠之說與無端崖之辭，誠是「不可說」，魏晉人卻在這「不可說」中申論不已，這是魏晉人獨特的名理，而世人稱之為玄理。玄的字義大致涵有玄遠、玄妙、玄秘三者，魏晉玄學的玄，重在玄遠、玄妙兩層意義，至於玄秘的色彩不能說沒有，卻是比較淡薄的。魏晉玄學的興起，有很大成份是在反對兩漢神秘主義思潮，〔註3〕自然不會再重蹈覆轍，陷入類似兩漢讖緯般非理性妄論的迷障中。莊子有言「六合之外，聖人存而不論」，而王弼對這部分，僅在道的體、用上可以意會者，言其玄遠論其玄妙，〔註4〕並依著老子原文按圖索驥而已。由這點可知，王弼誠然真能理解可說與不可說的分際。

從另一個觀點看，魏晉時代的玄談之風除了帶動形上學的討論之外，名理學也有相當的發展，「言意之辨」就是很好的例子。不過，魏晉人的名理問題，多專為解釋形上學的問題而發，誠然有別於先秦時代附庸於倫理學的儒家正名思想，更大異於真正純粹討論名學的典型名家學說。其名言觀近於老、莊，與名家的立場南轅北轍。不過，王弼為了剖析老子玄義，在其《老子注》與《老子例略》中，曾附帶的討論到名的性質與用法的問題，其中不乏相當清晰的名理主張。

王弼的學問雖純是道家，立論的重心在於形上學的探討，屬道家「無名論」〔註5〕一系，對於名言的積極功能並不重視。然而其思想路數邏輯性相當強，

得上積極講名理的，充其量只到這點而已。

〔註3〕兩漢學者治學，雖與魏晉人一樣儒、道並重，不過他們的思想完全在陰陽家的籠罩之下，故其學問充斥著陰陽、五行與讖緯等富神秘主義色彩的論述。魏晉玄學，表現出異常縝密的理性思維，其理論所及使得學術風潮由宇宙論的探討轉向本體論的探究。

〔註4〕總觀王弼的《老子注》，大概只有「有德不知其主，出乎幽冥。」這一句有點玄妙神秘的意味。不過，就王弼老學的義理系統而言，這所謂「出乎幽冥」云云，充其量只是對「有德不知其主」一詞的消極詮釋罷了，未必具有特別的玄妙內涵。見樓宇烈《老子王弼注校釋》（臺北：華正書局，1983年），頁24。

〔註5〕何晏有〈無名論〉，早已亡佚，由於屢見稱引亦可約略知其旨趣。

故其形上思想的建構，對於「名理辨析」的方法反而多所倚重。《老子指略》：

> 夫不能辯名，則不可與言理，不能定名，則不可與論實也。（《老子
> 王弼注校釋》，頁 199，以下引用時簡稱《校釋》）

這句話的觀點幾乎與名家學者沒有兩樣，非但用了名、實相對的觀念，同樣
也主張必須通過「名言」以講論「實」。《老子指略》曰：

> 仁不得謂之聖，智不得謂之仁，則各有其實矣。夫察見至微者，明
> 之極也；探射隱伏者，慮之極也。能盡極明，匪唯聖乎？能盡極慮，
> 匪唯智乎？校實定名以觀絕聖，可無惑矣。（《校釋》，頁 199）

誠如王弼所言，若能對名言有正確的掌握，則可以看清楚問題的真相而無所
疑惑。老子一書以「絕聖棄智」的話語最容易引起誤解，然而，若能釐析「聖」
與「智」這兩個名言概念的涵義，就不難理解老子這項主張的道理了。從字
義上看，「察見至微之明」可以作為「聖」的定義，而「探射隱伏之慮」也可
以當作「智」的定義，若言老子所主張必須絕棄的聖、智，是指這樣定義下
的聖、智，則「絕聖棄智，民利百倍」之說便完全可以成立了。老子有「太
上下知有之」（十七章）的說法，認為最好的君主是只讓人民知道有他的存在
就好了，反而人民「親而譽之」的君主只是第二等，至於以刑罰威嚇人民使
歸於治的法家則更是等而下之的了。這樣的政治理想正可與前所引述《老子
指略》對「絕聖棄智」的名理詮解互相發明。然而這樣的「辯名」方法只是
消極的說明「絕聖棄智」與「民利百倍」的表面關聯，充其量也只能算達到
知其然的層次而已。若要知其所以然，則可以用牟宗三先生「作用的保存」
一說以明之。簡單的說，即在作用層上加以絕棄，反而可以保存實有層的價
值。此說已超出名理方法的範圍，後文再詳論。

今本王弼的《周易注》其中的《繫辭》部分為韓康伯所注，其學明顯是
承繼王弼之緒。康伯曾作〈辯謙論〉，運用名理方法甚得要領。〈辯謙論〉曰：

> 夫尋理辯疑，必先定其名分所存。所存既明，則彼我之趣可得而詳
> 也。夫謙之為義，存乎降己者也。以高從卑，以賢同鄙，故謙名生
> 焉。……夫有所貴，故有降焉；夫有所美，故有謙焉：譬影響之與
> 形聲，相與而立。道足者，忘貴賤而一賢愚；體公者，乘理當而均
> 彼我，降挹之義，於何而生？則謙之為美，固不可以語至足之道，
> 涉乎大方之家矣！〔註6〕

〔註 6〕見楊家駱主編，《晉書》（臺北：鼎文書局，1980 年），頁 1993～1994。

這篇文章關涉一場論辯。《晉書》之〈王坦之傳〉與〈韓伯傳〉記載王坦之曾論「公謙之義」，認爲「謙」是不足的表現，因爲謙虛與矜伐的表現是相對而成的。謙虛是因爲有矜伐才存在的，完全不能與自然忘我無私的「公道」相提並論。袁宏反對此一說法，故作〈明謙論〉與他辯論。韓康伯遂作〈辯謙論〉折中其說，〔註7〕雖稱折中，其義還是偏向王坦之的。〈辯謙論〉所用的方法主要就是辨名方法，他認爲辯論首先要確定所討論主題的實際意義，才能清楚地知道彼此的意思。而討論事物必須先透過名言，故名言定義是首要的工作。像王與袁所辯的論題在「謙」與「公」，則首先要把兩者的定義釐清。他認爲「謙」的精神是「存乎降己者也」，「體公者」是「乘理當而均彼我」，依「謙」的定義，則有所降必有所貴，其中必然存在著彼、我之間的對立，而只有「體公者」，才能「忘貴賤一賢愚」，無所謂「降挹之義」。由此可見，謙德未能達到無私無我的公道境界。韓康伯的論辯，能如此清晰而有說服力，名理方法的條分縷析是其中的關鍵。反觀王弼的玄理能一反老莊式的恍惚玄言，表現得既圓融又清晰，豈不也是得力於名理的運用？而王弼的名理運用可稱得上左右逢源運用自如，更有其獨到的造詣。以下分「辨名」與「定名」兩項綱領論述之。

一、辨　名

　　《老子》五千言開宗明義章便是「道可道非常道，名可名非常名。」即將義理重心導向形上思考，揭示一不可道之「常道」，以及不可名之「常名」。王弼順此轉而對名言的本質與應用層面作一番辨析，內容相當精闢值得討論。

（一）辨析名言概念的本質

　　老子首章「道可道非常道，名可名非常名。」雖屬玄理話語卻又涉及名理，故王弼的詮解，亦兼有玄理與名理兩面。這句話，清楚地劃分「可道」、「可名」與「常道」、「常名」的界線，不僅揭示道的非名理特質，亦透露名言概念（Concept）的限制性，前者自是玄理範疇，而後者當屬名理內容。《老子‧首章》王弼注曰：

〔註7〕　《晉書‧韓伯傳》：「王坦之又嘗著〈公謙論〉，袁宏作論以難之。伯覽而美其辭旨，以爲是非既辯，誰與正之？遂作〈辯謙〉以折中……。」（《晉書》，頁1993）。

> 可道之道，可名之名，指事造形，非其常也。故不可道，不可名也。
> （《校釋》，頁 1）

牟先生在《才性與玄理》中，疏解這段注文說：

> 「造形」者即尋形、循形之謂。言可道之道，可名之名，皆指乎事，
> 循乎形，故非恆常不變之大道。指乎事，則爲事所限，循乎形，則
> 爲形所定。自非恆常不變之至道。〔註8〕

王弼在《老子旨略》中更清楚具體的討論這個問題：

> 凡名生於形，未有形生於名者也。故有此名必有此形，有此形必有
> 其分。（《校釋》，頁 199）

此處以名、形爲論，猶如名家的名與實。名家以「實」與「名」相對而論是取其「存有論」意義爲說，而王弼從「形」論「名」則是採「知識論」的觀點，亦即從實有的事物具客觀形狀可資把握而言，簡單的說，乃強調其具體的經驗特質。牟先生在《名理論》的譯者序中說：

> 「可說」有分解地可說與非分解地可說。凡關聯中者皆爲分解地可
> 說者。此是邏輯語言。關聯有是內處（宇內）的關聯，有是超越的
> 關聯。內處的關聯有是純粹形式者，此如邏輯與數學中者；有是經
> 驗的材質者，此如自然科學中者。〔註9〕

前論及王弼所言「名生於形」之「形」，即此所謂的「經驗的材質，如自然科學中者」，而牟先生所言「分解地可說者」即老子所言「可道」、「可名」者，亦即有理路可循者，而這當中又可分爲「純粹形式」與「經驗事物」。「經驗事物」是指具有經驗現象可以爲人所感知者，至於「純粹形式」雖非感官所能掌握，卻是人類思維可知的範圍，例如數學與邏輯學即是。而凡有經驗材質的事物必有限制，一來他必落在時間、空間中，再者他必有特定性，是此則不能是彼，故王弼曰：「有此形必有其分。」

（二）名與字之辨

老子所講的道是形而上的道體，故言「不可道」、「不可名」，而卻又用了許多繁複的論述與名稱來討論道，豈非自相矛盾？不過，若眞依老子所說的，道是不可言、不可辨的，則我們又該如何看待這五千言呢？於此，我們可以用王弼「聖人體無義」來取消這個疑議。王弼說：「聖人體無，無又不可訓，

〔註8〕見牟宗三《才性與玄理》（臺北：學生書局，1978 年），頁 129。
〔註9〕見牟宗三譯維特根什坦《名理論》（臺北：學生書局，1987 年），頁 17。

老子是有，故恆言其所不足。」〔註10〕這一說法當然是魏晉人會通儒道風潮下的產物，卻亦未始不可爲老子五千言，道其「不可道」又名其「不可名」的巧妙善解。不過，這顯然只是一個巧辯而已，在學理上無多大意義。然而王弼的《老子注》及《老子指略》對此更有一番深刻透闢的議論。王弼注解《老子・二十五章》中之「字之曰道」一句，申言「名以定形，字以稱可」，即是說明老子所言「字之曰道」的合法性。前所引述王弼「名生於形」之說，是論名的客觀性，此言「字以稱可」明白分別名與字的用法不同，則是點出「字」的用法比較鬆動，不像「名」那樣必需嚴格地指向客觀的「形」。形上的道體本是不可名的，而以「道」稱之，只是勉強用它來代表，不是「定名」，故曰：「字之曰道」，又曰：「強爲之名曰大」。王弼順著這字與名的論題，大大發揮了一番他自己的名理觀，他說：

> 言「道」取於無物而不由也，是混成之中，可言之稱最大也。（《校釋》，頁63）

王弼認爲老子之所以用道指稱最高的形上道體，是因爲萬物都要通過道來成就個人價值，而道路的最重要義意豈不就是「物之所由」？至於又爲什麼要說「強爲之名曰大」呢？王弼說：

> 吾所以字之曰：「道」者，取其可言之稱最大也。責其字定之所由，則繫於「大」。夫有繫則必有分，有分則失其極矣，故曰：「強爲之名曰大」。（《校釋》，頁64）

王弼的意思是，形上道體既無以定名，不得已而用形下可認知的「道」稱之，卻也只可說「字之曰道」，不可言「名之曰道」。定名固然不可用，即使稱字也必須有根據，故要追究其「字定之所由」。王弼即從老子「強爲之名曰大」一語，判斷「字之曰道」的理由是「繫於大」。這樣的解釋雖不免迂曲，然而的確消除了老子書中「道其不可道」的矛盾。

（三）名與稱之辨

除了名與字的分辨以外，王弼又有「名稱之辨」；《老子指略》曰：

> 名號生乎形狀，稱謂出乎涉求。名號不虛生，稱謂不虛出。故名號

〔註10〕據何劭的〈王弼傳〉記載，裴徽曾問王弼曰：「夫無誠萬物之所資也。然聖人莫肯致言，而老子申之無已者何？」王弼作如是回應。王弼此一回應雖見其巧思，然而並沒有多少實質意義。他把「體無義」歸之儒聖，看似可調合儒、道兩家的主張，實際上，反而可能導致割裂兩截的後果。

則大失其旨，稱謂則未盡其極。是以，謂玄則「玄之又玄」，稱道則「域中有四大」也。(《校釋》，頁 198)

又：

名也者，定彼者也，稱也者，從謂者也。名生乎彼，稱出乎我。故涉之乎無物而不由，則稱之曰：「道」；求之乎無妙而不出，則謂之曰：「玄」。(《校釋》，頁 197)

這兩段文字將語言概念之使用分爲兩類，一是「生乎彼」，一是「出乎我」，換句話說，語言的使用有主觀與客觀兩種。而「名」的使用依著客觀事物而定，「稱」則是透過主觀上對事物的認識而來的。只不過無論名或稱，都還是有特定的意涵，也都無法達到道的終極意義，所以才有「玄之又玄」、「域中有四大」等玄遠縹緲的詞語。此當是爲《老子》書中，一些恍惚不繫的話語作解釋。牟先生在《才性與玄理》中有很周延的詮釋：

此段文字，盛辨名號與稱謂之不同。「名生乎彼」，從客觀。「稱出乎我」，從主觀。「名號生乎形狀」，故名號皆定名。「稱謂出乎涉求」，故稱謂皆虛意。……名號皆定名，故於「強謂之然」處，而定名以限之，則必「大失其旨」。故不曰「同，名曰玄」也。然既強謂之然矣，則稱謂亦未能「盡其極」也。故雖稱謂之曰玄，而必曰「玄之又玄」也。(《才性與玄理》，頁 138)

道本是形上概念，原是不可道，不可名的，老子雖以名理的觀點明之，還是爲了指涉玄理。同樣的，王弼對道的詮解，也是先在名理的範圍中分析出名與稱用法上的不同，以顯道的形上特質。若依西方概念論的內含（Intension）與外延（Extension）之分，則「名」指向客觀事物，是依著外延而立，而「稱」出於人的主觀涉求，是相應於內含而立。外延是指概念所涵蓋的範圍，代表概念所指涉之對象的總合，內含則是指概念的屬性，這就關涉到人類的認知與感受，〔註 11〕前者依客觀而成，後者則繫於人的主觀而有。由於道完全無客觀實物可言，故名是完全用不上的，至於稱是出於人的主觀涉求，勉強用

〔註 11〕「內含」與「外延」的分別是西方邏輯學中「概念論」的方法之一，內含是指概念的屬性內容，外延是指概念所包括的範圍或個體。概念的內含愈複雜，則其外延所包括的範圍或個體愈少。比如「物」作爲一個概念而言，其所涵蓋的外延最大，包含一切宇宙間所有的存在，而內含則最少，就是只有「存在」一項。若換成「動物」則內含多了一項「會活動的」，外延也就大爲縮小。參見柴熙先生《哲學邏輯》(臺北：台灣商務印書館，1972 年)，頁 30～32。

來描述道未爲不可，但終究是無法說得徹底。

王弼如此辨析名稱的不同，應是企圖從名理限制的邊緣去逼顯道的玄義。本來名理方法就不可能積極的展現道的玄義。故老子與王弼的玄理都有賴辯證詭辭的洗鍊；關於這點，下文將有詳細說解。

二、定名──概念的定義

爲古代經典作注，若只是疏解文字而沒有義理的貫通，其理論只能平面地鬆散並列，而不足以立體地形成一套嚴謹的義理架構。不過，文字疏通無論如何終究是最基本的，王弼於此亦可見其細密功夫。老子一書由於欲道其不可道，名其不可名，故名相繁多眞可謂層出不窮。正因爲如此，老子五千言，常是語意恍惚弔詭，令人難以明瞭其中意涵而容易產生誤解。所幸王弼的注解，不再恍惚其言而改以較顯豁的方式，直接「說文解字」。而且其解說頗能揭開老子書中諸多玄妙名相的神秘面紗，對研讀老子有很大的幫助。詮釋的方法可分「表詮」與「遮詮」兩種，王弼老學對這兩者均有巧妙運用。

（一）表　詮

王弼注老相當周密確實，凡老子書中特別的語彙，皆不厭其煩的詳爲說解，並儘可能具體地描述。在此列出幾個比較關鍵的語彙釋例爲說：

1. 道：

故涉之乎無物而不由，則稱之曰：「道」。（《校釋》，頁 197）

故「生之畜之」，不壅不塞，通物之性，道之謂也。（仝上）

言道則有所由，有所由然後謂之爲道。（仝上，頁 64）

言道取於無物而不由也。（仝上，頁 63）

2. 玄：

求之乎無妙而不出，則謂之曰：「玄」。（仝上，頁 197）

「生而不有，爲而不恃，長而不宰」，有德而無主，玄之德也。（仝上）

3. 玄牝：

處卑守靜，不可得而名，故謂之玄牝。（仝上，頁 17）

4. 自然：

法自然者，在方而法方，在圓而法圓，於自然無所違也。（仝上，頁 65）

以上第一部分，王弼從「物之所由」、「通物之性」兩個概念詮釋道，是借用
經驗界的「道路」義涵說解形上的道。「物之所由」是道的一般性意義，各家
言道皆有此義，至於「通物之性」則比較是道家言道的特色。一般言道或多
或少帶有指示性，亦即給出一個方向，而道家的道並不指示明確的方向，物
是什麼就是什麼，若說還是有方向，則是依著物自己的本質而定。因而若想
解釋道的生、畜義，只能以「通物之性」為說而不能從「創生義」解。一般
老學家把道往宇宙論解釋，皆援引「道生之，德畜之」的原文以論述道在宇
宙起源與萬物創生中的作用，結果必得到一個實有型態的形上根源，故與道
的無宰制性（有德而無主）的玄義遂有扞格。王弼論及道之根源性，是從「不
壅不塞」的境界型態來說明。只是不違物之自然而已，既不指示方向，也沒
有任何宰制性；這稱得上是王弼的神來之筆。當然，不指示方向也是一種指
示，不過較之其他家派「具特定方向」的指示，總歸不屬於同一層次。〔註12〕

　　第二部分以「有德而無主」釋玄德，即是著重在描寫道的「無宰制」性
特質，並且可作〈五十一章〉之「生而不有，為而不恃，長而不宰是謂玄德。」
以及〈三十四章〉之「萬物恃之而生而不辭，功成不名有，……萬物歸焉而
不為主。」兩段原文的註腳。

　　第三部分以「處卑守靜」描寫牝，是因為牝屬雌性之故，類乎古代女性
普遍的卑弱自處以安靜為美德的形象。其實，老子用「玄牝」一辭描寫道，
更重要的應是取其包容畜養的「母性形象」。

　　第四部分解「自然」一辭為「在方法方，在圓法圓。」真可謂一語中的。
老子所講的「自然」本就是物「自己如此」，從客觀而言，消除外在的限制，
任物自在自得即是自然，從主觀而言，則你只能順著物的本性不應有任何意
計造作（無為）「在方法方，在圓法圓。」才能保全物自然的本性。這也就是
道家「全生保真」的義蘊所在。以上王弼這些解釋皆從道的特徵切入，相當
具體容易理解。

（二）遮　詮

　　表詮是直接詮釋，也就是對事物的特徵直接形容，比較可以給人清楚的
印象。至於遮詮則是用否定詞，說出事物沒有的特質，雖未能展示事物清楚

〔註12〕本書所謂不同層次，有時是因二者是異質異層，有時是第二序語言（又稱後
　　　　設語言），在此是指後者。不指示方向的方向之為方向是第二序語言，與指示
　　　　方向的方向不屬於同一層次。

的形象特徵，卻同樣可以提供認識事物的依據。就對經驗世界的認識而言，表詮的詮釋功能較強，至於在形上學（Metaphysics）的詮解上，則遮詮反而比較常見。王弼在詮釋老子形上學時，即屢屢運用此一方法。以下舉幾個具代表性的例子：

1. 自然者，無稱之言，窮極之辭也。（〈二十五章〉，《校釋》頁 65）

2. 凡言玄德，皆有德而不知其主，出乎幽冥。（〈十章〉，仝上，頁 24）

3. 凡此諸若，皆言其容象不可得而形名也。（〈十五章〉，仝上，頁 34）

4. 四大：道、天、地、王也。凡物有稱有名，則非其極也。言道則有所由，有所由然後謂之爲道，然則道是稱中之大也，不若無稱之大也。無稱不可得而名，故曰域也。道、天、地、王皆在乎無稱之內，故曰：「域中有四大」者也。（〈二十五章〉，仝上，頁 64）

第一部分，王弼將「自然」解作「無稱之言」，牟先生解釋道：「即連稱謂之詞亦無者，而況名乎？故曰窮極之辭也。」（《才性與玄理，頁 153）意思是指王弼的注是從排除「有稱」，以得「窮極」之義。準此，則第二部份所謂「凡玄德皆有德而無主」，當是從排除「有主」的概念而得一「無主」的概念。天下萬事萬物皆有其類屬可以依歸，即所謂「有主」，排除這一特性，則不知出於何處。由此可知，王弼所謂「出乎幽冥」是這樣逼顯出來的，並非神祕主義觀念。至於第三部份「不可得而形名」一句，取義相同。又如第四部份，釋「域中有四大」一段，討論所謂的「大」又可分爲「有稱之大」與「無稱之大」。不過，這並不意味著經驗世界眞存在有「無稱之大」的狀態，而只是在理論上，從「大」之中排除了「有稱之大」即得「無稱之大」。這是感官經驗所不能及的領域，可說已瀕臨語意表達的邊界了。

王弼注《老子・首章》，解「玄之又玄，眾妙之門」曰：「不可定乎一玄」，亦不外此一路數。實則，這樣的詮解可以通向「辯證的詭辭」，《老子指略》曰：

「玄」，謂之深者也，「道」稱之大者也。名號生乎形狀，稱謂出乎涉求。名號不虛生，稱謂不虛出。故名號則大失其旨，稱謂則未盡其極，是以謂玄則「玄之又玄」，稱道則「域中有四大」也。（《校釋》頁 197）

依牟先生的詮釋，「即稱亦未能盡其極，故必遞相救遞相遮，經由辯證之詭辭

以求盡其極。」（《才性與玄理》，頁 152）而大、小、微、遠、玄、深等稱謂道的詞，也皆非定名，乃暗示之詞，不可執著，故皆可遮之以會通道之極旨也。這也就是王弼「得意忘象」的道理。觀王弼此章的詮解，幾乎到了支離破碎的地步了，乃由於這是玄理的範疇，勉強地用名理說明，自然不免於辭窮。本來名言詮釋系統只能達到點、線、面的層次，若欲求其全體呈現，恐怕只有在「沈默」〔註13〕之中方有可能。

第二節　王弼老學的辯證方法

　　綜觀老子的玄理方法，不難看出其中的脈絡。首先區分「可道」與「常道」，截然劃分「物」與「道」為兩層，這是玄理的兩層區分。另一方面又以「正言若反」的辯證思維顛覆一般的常識，而邁向玄理之境。這兩種玄理方法都得先經過一番分解的過程。此外，老子所說的「和光同塵」，便是從道之「混而為一」的形上理境，以觀照實存泯化物我的隔閡，進而指向無所分別的渾一境界，此可稱為超越的玄理方法。關於上述這些方法，王弼都有所發揮，其中又以辯證思維最為精采且內容最豐富。故本節先單獨詳述這部分，下一節再討論其超越的玄學方法。

　　追溯老子辯證詭辭的理論根源，乃是從「反」的觀點切入，觀照宇宙萬物，恆有向反面發展的趨向，故老子曰：「玄德深矣遠矣，與物反矣。」誠然，世事的發展往往是執著正面反而更會走向反面。老子曰：「後其身而身先，外其身而身存。」便是以此為理論基礎。而這樣的玄理方法對於王弼，乃至於整個魏晉玄學都有決定性的影響。王弼最重要的「崇本息末」的辯證方法，便是由老子的「正言若反」以及「守母存子」的論點會通而成。不過，王弼的辯證方法相較老子而言，可說是踵事增華後出而轉精的了。雖然老子的論述只是一段段隨處發揮的辯證話語，到了王弼竟形成了一個大的系統。

一、「正言若反」的辯證形式

　　從上一節王弼老學的名理方法，可看出王弼學思的名理傾向。不過《老

〔註13〕玄學家常引孔子：「天何言哉！四時行焉，百物生焉，天何言哉！」以示沈默比言說更接近道。唐君毅先生亦曾針對「默」與「言」的不同作用而作論，主要強調中國思想家對「默」的重視。見《中國哲學原論·導論篇》（臺北：台灣學生書局），頁 207。

子》一書,俯拾即是的弔詭話語,並不是名理邏輯可以釐析清楚的。故王弼在《老子指略》中論及《老子》一書的文字特性說:

> 老子之文,欲辯而詰者,則失其旨也;欲名而責者,則違其義也。
>
> 故其大歸也,論太始之原以明自然之性,演幽冥之極以定惑罔之迷。
>
> (《校釋》,頁 196)

誠如王弼所言,老子一書中確實有不必辯詰的文辭,也有不可名責的話語;其中有關道的玄理論述,辭語恍惚意象迷離,幾乎沒有可具體掌握的依據。因而,讀者只需就其恍惚、混一、玄冥以想見道的形上本質即可,不應再追問其分解的意義;因為這部分乃道不可說的層面。王弼甚知「可說」與「不可說」的分際,故亦僅止於以「幽冥」一辭籠統地概括,而不再作任何不必要的神祕聯想。不過老子以「正言若反」(七十八章)的論述方式,把這些玄理繫之於名理的邊緣,彷彿猶歸之可說的範圍。即如《道德經憨山解》曰:「然柔弱無為,乃合道之正言,但世俗以為反耳。」〔註14〕憨山大師這段話雖只是個簡單的解說,也算接觸到老子義理「正言若反」的玄義。以下分「辯證的詭辭」與「辯證的過程」兩部分闡述之。

(一)辯證的詭辭 —— 知解的進路

王弼以「道之與形反」為綱領,詮釋老子「玄德深矣,遠矣,與物反矣!」的道理,雖頗為簡單明確,然而對「正言若反」的理論,充其量只能及於形式特點,若要論及其內容究竟何所指,則不免還是困於辭窮。實則,古人並無相當的詞彙,而牟先生別開生面以「辯證的詭辭」一說闡明其義理,便具有峰迴路轉,柳暗花明的意義。辯證與詭辭皆是西方的名辭,所謂辯證在西方人的邏輯系統中原指意見不同者之間的論辯,後來黑格爾(Hegel)的歷史哲學受到重視,故其辯證法亦大行其道。以下先略論黑格爾的辯證法,再論道家的辯證詭辭。

黑格爾的「辯證法」與道家的「正言若反」其實是兩回事。黑格爾的哲學是西方哲學,從古典理性主義發展到現代哲學的重要轉折,而其學又以辯證法為樞紐。早期並沒有很多人談辯證法,再加上辯證法確有其迂曲不易解說的一面,因而事實上至今仍有許多人對辯證法不甚了了,即使略知一二的,大多也僅止於正 —— 反 —— 合的形式構造,而未必真的明瞭,殊不知

〔註14〕見憨山大師《老子道德經解》(臺北:琉璃經房,1982 年),頁 146。

辯證法實是人類智慧的極顯豁表現。一般方法均只能解釋世界的部分，辯證法則足可朗現宇宙之全，所以它可說是一種玄理。唐君毅先生在其《哲學概論》中，論述哲學方法時即曾對辯證法有相當細密的解說。他把辯證法分為數種類型：

> 一為謂任一「正面」之觀念或存在，皆涵其「反面」之觀念或存在，而「反面」之觀念或存在，又涵其「反面之反面」或「合」之觀念或存在。因而吾人可由一正面之觀念或存在，以推至其反面與反之反或合。此為黑格爾辯證法之主要意義。一為一切正反二面之觀念，皆相對而相銷，因而使正反二面之觀念，皆歸於化除。此為印度之新吠檀多派，大乘空宗所重之辯證法。一為觀一切相對者皆相反而又相成、相滅者亦相生之法，此為中國之《易傳》、《老》、《莊》之辯證法。〔註15〕

辯證法是西方哲學的專有名詞，唐先生在此雖將所有具有正、反兩面型式的思維方式皆統一名為辯證法，不過其文有詳細的比較釐析，故還不致於造成混淆。沈清松先生也曾為專文，討論黑格爾的辯證法，其中對辯證法的義界，很能突顯黑格爾辯證法的特色：

> 精神不斷走出自己，不斷否定自己，不斷由異化再返回自己的歷程——此即黑格爾所主張的「辯證」的要義。對於黑格爾而言，辯證是精神發展的方法，也是世界歷史發展的步驟，因為黑格爾認為世界的歷史也就是精神的歷史。因此，辯證法既是方法學——意識成長為精神的方法，也是存有學——歷史運動之步驟。〔註16〕

此所謂的精神是何所指呢？牟先生曾就著「精神表現底發展過程」來解說辯證法，他認為「精神生活」的確立，乃在於原始和諧的破裂中形成正、反對立，再經對立的統一達到再度和諧。這顯然是道德實踐上的事，而不是抽象的知解活動。牟先生說：

> 精神生活亦是個綜合名詞，亦須予以分解。它預設著一個虛靈的，涵蓋的，主宰的，絕對無待的，普遍的「道德心靈」。這個便是「體」。……當一個人在不自覺的時候，譬如說是「赤子之心」，它

〔註15〕 見氏著《哲學概論》（臺北：學生書局，1982年），頁190。
〔註16〕 見沈清松〈黑格爾的形上學〉，《哲學與文化》十卷第一期，1983年1月，頁44。

是個渾然一體，「渾然一體」是一個具體的，渾淪的整全（Concrete whole）。……這種狀態，便叫做「原始諧和」。……必須通過「自覺」，將那具體的整全打開而予以分裂，始可言精神生活……重新肯認……。知道什麼是「真我」（real self），什麼是假我，非我（non-self）。……主體就是普遍的道德心靈自己，這便是「正」，而客體（非我）便是「反」。正反之對立是對于「原始諧和」的否定，經由自覺而成的破裂（Schism）就表示這個否定。是謂第一次否定。在此否定中顯出正反來，就知「正」必須是主體，（泛言之，此主體亦曰精神），而「反」必須是客體。〔註17〕

牟先生的說法，正足以彰顯黑格爾辯證法的重要意義，即對人類精神文明的發展史提出一種有機的，動態的詮釋方法。此一方法的提出，可說也同時解開許多古老時代就已存在的非邏輯式之神祕話語的密碼，其功甚至不局限在哲學領域上；實際上，辯證法就是一個共法。鄺錦倫先生的〈黑格爾與辯證法〉即如是主張：

黑格爾的哲學並不是他獨家的哲學……，而是哲學理念自身之完滿的開展。黑格爾所鋪陳的，是對此開展底過程的「現象學」的描述，同時是對此開展底邏輯的「玄思的」展示。〔註18〕

鄺先生又說：

依一般的使用，「辯證」一詞大抵表示事物或概念間的矛盾的或曲折的發展或關係。就矛盾來說，它不限於指謂矛盾命題或命題間的矛盾關係。辯證中的矛盾可以指謂個人在實踐或思想上的 —— 或人與人的關係中的 —— 衝突、對立或不協調。就曲折來說，辯證中的曲折發展或關係可以是實踐上的，也可以是思想上的。……從常識到科學知識，從科學知識到懷疑主義，再從懷疑主義到哲學知識，這是意識之發展的、融通淘汰的過程。這過程是辯證的，是經過重重的否定，由否定而肯定的決定過程（Process of determinations）。〔註19〕

鄺先生這兩段文字，很能說明道家辯證詭辭的形式特質。而透過沈先生與鄺先生的解說，已可具體清晰地掌握到黑格爾辯證法的精髓所在。辯證法的作

〔註17〕見氏著《理則學》（臺北：台灣國立編輯館，1971 年），頁 273。

〔註18〕《鵝湖學誌》第三期，1989 年 9 月，頁 85。

〔註19〕仝前註，頁 77、頁 80。

用，並非只是技術性的從正──反──合的形式去看事情的動態發展而已，它還可以很積極地解釋人類精神文明的昇進軌跡，而人類歷史發展的循環往復歷程，亦可藉此一方法得到整體的觀照。因此，人類的精神文明與歷史發展，不再是由無數個案所組成的，也不再是偶發的一連串事件，而是有跡可循的發展歷程。

黑格爾的辯證法牽涉甚廣，在此沒有必要多作解說。要之，以辯證一辭來說明老子思想，是取其正──反──合的理論形式與老子「正言若反」的話語神似。究其實，老子的「正言若反」與黑格爾的「辯證法」在形式上與內容上都不盡相同。然而，兩者同樣都屬於跳脫邏輯認知領域，進而達到一種整全的宇宙觀。牟先生逕以之詮解老子的「正言若反」誠然深具意義。關於這方面，牟先生曾精闢地論述道：

> 道家不正面對聖、智、仁、義，做一個分析的肯定、原則上的肯定。它只是順著儒家所肯定的聖、智、仁、義，問一個問題：你如何以最好的方式，把聖、智、仁、義體現出來呢？……你可以用分析的方式講，講出好多方法，但是很難找到一個最圓滿的方式。依道家的講法，最好的方式就是「正言若反」這個方式。「正言若反」是道德經上的名言。這個話就是作用層上的話。「正言若反」所涵的意義就是詭辭，就是弔詭（paradox），這是辯證的詭辭（dialectical paradox）。（《中國哲學十九講》，頁 139，以下引用簡稱《十九講》）〔註20〕

若問何以「正言若反」是最好的方式呢？我想，這乃是對一般直向思考的反思。一般的思考都是直向而行的，由直向思考所顯示的道理，是從直接把握價值來成就價值，進而保有價值。然而依實際的發展來看，價值的執著，常反而導致價值的失落。故老子不主張執著任何的價值，即使是德也是「上德不德」才能有德，而「下德不失德」反而是「無德」（《三十八章》）。其意為，在心知的作用層上不執著才可能成就價值，此即是牟先生所提出的「作用的保存」。老子的「反」決非在實有層之事，實有層上的「反」即是反，何能成就正面價值呢？道家的「反」是指向心知的作用，也就是在心知上有恰當的，如理的，合乎自然的反觀，其實比在實有層上去執著更能保住價值使不失落。故老子曰：「故物或損之而益，或益之而損。」（四十二章）又曰：「大成若缺，其用不弊。大盈若沖，其用不窮。大直若屈，大巧若拙，大辯若訥。」（四十

〔註20〕見牟宗三《中國哲學十九講》（臺北：學生書局，1983 年）。

五章）等等話語，均是倡導相反的價值取向，甚至在正、反的對立中，論其統一之理。猶有甚者，老子的「正言若反」之理，其實也可以用來解釋現象界的事，事物表面上顯現的價值，決非至高的價值，而最高的價值常表現出沒有價值的形象。

王弼繼承老子之緒也有極明顯的辯證語言，《論語釋疑》曰：

> 溫者不厲，厲者不溫，恭者不安，安者不恭，此對反之常名也。若夫溫而能厲，威而不猛，恭而能安，斯不可名之理全矣。（《校釋》，頁 625）

王弼這段話是以正反之矛盾的統一，呈顯聖人的形象。他認為只是溫可能缺乏嚴正，只是威可能失之剛猛，一味的恭敬則難免造成拘謹不安，必需達到正反和諧的境界，才可謂臻於聖人的境界。辯證思維從形式上可說是不合邏輯的，若姑且將邏輯思維視為直線思維，則辯證思維即是環形思維。邏輯論證的理路是用前題去推演出前題所涵蘊的內容，結論不會超出前題所涵攝的範圍，也可以說是靜態的思想方法。〔註 21〕辯證法是通過正反矛盾以達到更高的肯定——合論，在辯證的過程中，有超越前題的發展，可說是動態的思想方法。邏輯學是討論思維本身的推理過程，完全屬於抽象的領域而與實存無關，至於辯證法則正可以藉以認識實存的變化。

（二）辯證的過程——實踐的進路

綜觀《老子》五千言有關「正言若反」的表達方式甚多，例如：

> 曲則全，枉則直，窪則盈，敝則新，……（二十二章）
>
> 明道若昧，進道若退，夷道若纇，上德若谷，大白若辱，廣德若不足，建德若偷，質眞若渝，大方無隅，大器晚成，大音希聲，大象

〔註21〕西方傳統邏輯主要是研究人類思維的理則，他們從概念論出發，進而發展出一大套推理系統，以檢視思維判斷的正確與否。其形式主要是由三段論展現，三段論的內容包括：大前提、小前提和結論。其道理是由大前提與小前提推出結論，而何以能推出結論，是因為前提基本上已涵蘊（Imply）了結論，所以說，這推論是在特定範圍中的靜態論述。例如，凡物皆是將壞滅者，今海洋之星是物，故海洋之星是將壞滅者。這個例子很淺顯易懂，若以類的觀念分析之，可作如是解釋：「物」是一類，包含在「將壞滅者」一類之中，而「海洋之星」又包含在「物」之中，故「海洋之星」也在「將壞滅者」之中；這是所謂的定言三段論（Categorical Syllogism）。其實三段論的原理無非就是緣於前提（Premiss）完全涵蘊結論（Conclusion），故推出的結論，並沒有新的內容。

無形。（四十一章）

江海所以能爲百谷王者，以其善下之，故能爲百谷王。是以欲上民，
必以言下之；欲先民，必以身後之。……以其不爭，故天下莫能與
之爭。（六十六章）

這些章節皆是在兩個相反的名言概念之間劃上等號，從邏輯學上看都屬於矛
盾命題，然而卻也是道家的智者之言。例如，老子主張政治上，「絕聖棄智」
則可以達到「民利百倍」的功效，而教化上，「絕仁棄義」反而可使人民回到
「孝慈」的美俗（十九章）。現實生活中，不表現反而顯得傑出，不邀功才能
有功，不爭則無人可與相爭（二十二章）。至於行事上，無爲卻可無不爲（三
十七章）。而德行修養方面，「上德不德」才是有德，「下德不失德」卻反而無
德（三十八章）。這些話語都被論者視爲弔詭之言，因爲從字義表面上看的確
是矛盾的，然而實際卻又都是眞理。故從其意象在正、反之間擺盪的特性，
籠統地給予一個「弔詭」的形容詞。質言之，這些弔詭之言都非「邏輯命題」，
而可名之爲「辯證過程」。

　　所謂「辯證過程」，是從自我反省或人我矛盾的歷程中淬煉出更高的價
值。未經反省矛盾的階段是原始價值，雖然甚好卻沒有保障，很難保證他不
走向反面。例如一個甫從鄉下來到城市的老實人，其淳樸的本質固是純然天
機，然而這樣的純然天機反而很容易迷失於城市的五光十色。若他眞能通過
城市中五光十色的種種考驗，仍未失去其自然淳樸，則他將更能把握自我的
價值，而不輕易被城市的虛華所炫惑，俗語說「浪子回頭金不換」便是這個
道理。當然世事並非全都有機會經過辯證的洗鍊，而從現實世界看，人們一
味執著正面的、肯定的一方，卻總是得到反效果。而像這樣地走過反面再回
到正面，往往更可確保正面的價值，此即所謂的「辯證過程」。老子言「反者
道之動」就是這個道理吧！人們的思維模式原本都是直線而行的，符合因果
律（Principle of Causality）的形式，種瓜得瓜，種豆得豆，這是天經地義的。
而老子卻提出一種逆向思考，他告訴你，宇宙間還有一種律則──「反」，種
瓜不一定得瓜，種豆不一定得豆。這樣的反省，並不是爲了推翻人世間既有
的律則，也不是爲了顛覆現象世界，反而是爲了確保人的世界。因爲當你有
此「反」的體認時，你可能更加虛心的面對客觀世界，減少私心成見的介入，
反而可以把瓜或豆種得更好。《老子‧七十八章》曰：

受國之垢，是謂社稷主，受國不祥，是爲天下王。正言若反。

此處的「正言若反」豈不是所謂的弔詭之言嗎？王弼深解老子這樣的思維理路，故對此有相當精闢的闡釋。《老子指略》曰：

> 凡物之所以存，乃反其形；功之所以剋，乃反其名。……此道之與
> 形反也。（《校釋》，頁 197）

王弼認為，事物的成立，往往與其表現出來的形象或人們給予的名號正好相反。這顯然是在詮釋老子「反者道之動」的話語。王弼在此分形、名兩方面作論，一方面是著眼於人們對經驗現象的執著，另一方面則是針對人們偏執名號的流弊。王弼在《論語釋疑》中說：

> 故至和之調，五味不形，大成之樂，五聲不分，中和備質，五材無
> 名也。（見「子溫而厲，威而不猛，恭而安。」下，《校釋》，頁 625）

王弼認為，最高的價值決不存在於有形象的事物之中，而必然是屬於無形無名的；這是王弼哲學的基本主張。又《老子指略》曰：

> 保其存者亡，不忘亡者存，安其位者危，不忘危者安。……安者實
> 安，而曰非安之所安；存者實存，而曰非存之所存；侯王實尊，而
> 曰非尊之所為；天地實大，而曰非大之所能；聖功實存，而曰絕聖
> 之所立；仁德實著，而曰棄仁之所存。故使見形而不及道者，莫不
> 忿其言焉。（《校釋》，頁 197）

從現實的實例而論，自恃安全往往走向危亡，念念不忘危亡的人，反而更能保住安全。王弼藉此說明價值並非靠執著而獲得，更不靠名號而保有。尤有甚者，對價值加以執著，或執著其名號，反而會導致價值的失落。故王弼總論其義曰：「不求而得，不為而成，故雖有德而無德名也。」（〈三十八章注〉，《校釋》，頁 93）至於如何避免如是的反向作用呢？王弼拈出「崇本息末」的方法，積極地對治這個問題。

二、「崇本息末」的辯證思維

在中國思想史的傳統裡，「本末」原屬於存有論的「範疇」，然而卻往往被運用在方法上。老子書中屢屢出現的「守母存子」的哲學，即屬本末的方法架構。而這樣的方法亦見於儒家的典籍《大學・首章》曰：

> 物有本末，事有終始，知所先後，則近道矣。

《大學》的作者依此本末方法，提出「三綱領」、「八條目」，環環相扣的實踐進路，完整地建構出儒家仁道政治的理論。此外，早在先秦的孔、孟、荀即

有「立本」的觀念，孔子告誡弟子「君子務本，本立而道生」，孟子倡導「立其大者」的理念，以及荀子所講的「三本」皆涵著本、末的分辨。此外《淮南子・泰族訓》有言：「治之所以爲本者，仁義也，所以爲末者，法度也。」〔註22〕也是採用「本末方法」來立說的。至於王弼的「崇本息末」又是怎樣的型態呢？

（一）王弼崇本息末方法的建立

《周易・繫辭下・第四章》曰：

> 子曰：危者，安其位者也；亡者，保其存者也；亂者，有其治者也。
> 是故君子安而不忘危，存而不忘亡，治而不忘亂，是以身安而國家
> 可保也。（《周易注疏》，頁 689）〔註23〕

《繫辭》這段話語，可說完全被王弼所承襲，而王弼更進一步說：「功不可取，美不可用，故必守其爲功之母而已矣！」確立了他的崇本息末方法，並以之籠罩老子全書的義理。《老子指略》：

> 老子之書，其幾乎可一言而蔽之。噫！崇本息末而已矣。觀其所由，
> 尋其所歸，言不遠宗，事不失主。（《校釋》，頁 198）

雖然王弼的「崇本息末」之說，的確曾受到了各家本末方法的啓發，不過其所承襲的主要源頭還是在於《老子》一書。《老子・五十二章》：

> 天下有始，以爲天下母，既得其母，以知其子，既知其子，復守其
> 母，沒身不殆。

《王弼注》曰：

> 母，本也。子，末也。得本以知末，不舍本以逐末也。（《校釋》，頁
> 139）

老子之意首重「立本」（天下有始，以爲天下母），並通過「守本」以建立「末」的價值（既得其母，以知其子）。必需說明的是道家的本末方法，與儒家的本末方法不盡相同。儒家的本末觀仍屬邏輯因果的直線思維路數，而老子與王弼的本末方法，則是環形思考的辯證理路。以《禮記・大學》的政治哲學爲例：其中三綱領的實踐程序，從「明明德」出發，到「親民」最後達到「至善」的境界，是直線發展往而不返的。老子則是「既得其母，以知其子，既知其子，復守其母。」這樣循環往復的環形發展，故在此亦歸之於辯證理路。

〔註22〕見劉文典《淮南鴻烈集解》（臺北：文史哲出版社，1985年），卷二十，頁75。
〔註23〕見《周易注疏》（臺北：學生書局，1984年）。

王弼以「崇本息末」一辭統攝老子義理,是將老子「守母存子」的觀念改以「本末」觀念詮釋,其義一也。《老子・二十八章》曰:

> 知其雄,守其雌,爲天下谿。爲天下谿,常德不離,復歸於嬰兒。
>
> 知其白,守其黑,爲天下式。爲天下式,常德不忒,復歸於無極。
>
> 知其榮,守其辱,爲天下谷。爲天下谷,常德乃足,復歸於樸。

老子以雄雌、白黑、榮辱三組相對的價值爲例,主張守住反面價值才可眞正達到正面價值。如此話語在字面上是得不到確解的,故王弼轉而用「守母存子」的理論爲說。《王弼注》曰:

> 此三者,言常反終,後乃德全其所處也。下章云:「反者道之動也。」
>
> 功不可取,常處其母也。(《校釋》,頁75)

老子主張「守其雌」、「守其黑」、「守其辱」是倡導卑下不爭,而「復歸於嬰兒」、「復歸於無極」、「復歸於樸」即回歸初始「常處其母」的意思。王弼是將老子「守母存子」的方法與「正言若反」的思維模式融合爲一,架構出一套本末方法,並揭櫫「崇本息末」、「崇本舉末」以詮解「反者道之動」的涵義。老子簡單的提出「反」乃是萬有向「道」(本)回歸的歷程,雖然在經驗現象上不難找到驗證,然而要瞭解其中的道理卻並不容易。王弼以本末的辯證關聯來說明,其中的義理就清楚多了。

再以《大學》爲例:當儒家已達到至善之時,老子會提醒他不可執著其功,應回過頭來守住「明明德」這個根本,這與儒家的思考方向不同。儒家的關懷重心在於如何達到「至善」,且其邏輯上總篤定地把「明明德」涵蘊在「至善」之中,所以往往忽略這當中會有割裂的可能性,所謂「名彌美而誠愈外」。這正是「反思型哲學」與「建構型哲學」〔註24〕的不同。建構型哲學重心在建立價值,其思維模式與實踐進路均是一往向前的,至於反思型的哲學,可能未必建構價值,卻是在反思如何保存價值使不失落;老子所有的弔詭話語無不是在這樣的理路中產生的。王弼有見於此,故不致迷惑於老子諸多弔詭的話語。

《老子・三十八章》言:「上德不德,是以有德;下德不失德,是以無德。」可說矛盾弔詭之至。通過王弼的本末方法,我們便能明瞭這是守母崇本之意。王弼曰:

> 棄其所載,舍其所生,用其成形,役其聰明,仁則尚焉,義則競焉,

〔註24〕牟先生即將道家歸入反思型哲學。

禮則爭焉，故仁德之厚，非用仁之所能也……。（《校釋》，頁95）

這段注文細密的詮解，無非是在揭示同樣的道理。倘若人們只一味地在仁、義、禮上營求，卻不知崇本，則不僅不能有所助益，反而將導致仁、義、禮失落其真實價值。總而言之，凡沒有崇本作為基礎的任何作為，都將適得其反。接著，王弼又注曰：

載之以道，統之以母，故顯之而無所尚，彰之而無所競。用夫無名，故名以篤焉；用夫無形，故形以成焉。守母以存其子，崇本以舉其末，則形名俱有而邪不生，大美配天而華不作。故母不可遠，本不可失。（《校釋》，頁95）

從原理上或經驗上，價值的獲得或保存都不是執著價值就能辦到的，必須回歸到本、母；而這本、母即虛靜無為的道，所以守道的方法就在「無為」。王弼又曰：

極下德之量，上仁是也，是及於無以為而猶為之焉。為之而無以為，故有有為之患矣！本在無為，母在無名。棄本捨母，而適其子，功雖大焉，必有不濟；名雖美焉，偽亦必生。（《校釋》，頁94）

老子的道德之意在於虛靜無為的自然境界，凡事無心無為順任自然，其功自成。這正可以反省人類特有的好為，好意計造作的習性。依常理而論，人之有心而為雖功效顯著，卻一定有不夠周全的地方，而且也容易導致詐偽，故不如回歸無為的自然境界。

（二）崇本息末的政治反思

總觀《老子注》的「崇本息末」方法，顯然側重在詮解老子的政治理論。《老子·五十七章》之「我無欲而民自樸」一段，王弼注曰：

上之所欲，民從之速也，我之所欲唯無欲，而民亦無欲而自樸也。此四者，崇本以息末也。（《校釋》，頁150）

至於「以正治國，以奇用兵。」一句王弼則注曰：

夫以道治國，崇本以息末；以正治國，立辟以攻末。本不立而末淺，民無所及，故必至於以奇用兵也。（《校釋》，頁149）

所謂「以正治國」無非是樹立正道讓人民得以遵循的措施，這是為政所必不可免的，老子何以反對呢？儒家、法家的施政，無論仁治或法治皆可視為一種文化發展中的啟蒙運動，自然有其意義。只不過老子，更關心若樹立了正道，指示人們遵行，則恐將戕傷人們自然的本質。《老子·五十八章》之「光

而不燿」，王弼注曰：

> 以光鑑其所以迷，不以光照求其隱慝也，所謂明道若昧也。此皆崇
> 本以息末，不攻而使復之也。（《校釋》，頁153）

「以正治國」好比「以光鑑其所以迷」，目的在引領百姓走出蒙昧，然而卻也
不免與人民的自然秉性有所衝突。如此，則提倡正道便無異把一些不盡合於
正道的民情歸入偏邪，豈不是所謂的「以光照其隱慝」？而且往往最後的結
果，未必能導引人們步上正途，卻必然招致詐偽的回應，可說是適得其反。
所以王弼說：

> 用夫無名，故名以篤焉，用夫無形，故形以成焉。守母以存其子，
> 崇本以舉其末，則形名俱有而邪不生，大美配天而華不作。（《校
> 釋》，頁95）

此所謂「無名」與「無形」即暗指道而言。因為一切存在會入於邪曲的理由，
都是因為捨本逐末所致。而道正是一切存在的根本，故只要能守住「道」，則
一切價值皆將成就而遠離邪曲。這些注文都只是形式上的說，王弼在《老子
指略》中有更具體的論述：

> 夫邪之興也，豈邪者之所為乎？淫之所起也，豈淫者之所造乎？故
> 閑邪在乎存誠，不在善察，息淫在乎去華，不在滋章；絕盜在乎去
> 欲，不在嚴刑；止訟存乎不尚，不在善聽。故不攻其為也，使其無
> 心於為也；不害其欲也，使其無心於欲也。（《校釋》，頁198）

閑邪存誠雖是儒家的道理，放在此處卻相當恰當。要使家、國、天下歸於治
平，不是對治人民的邪惡與淫華，而在讓人民少私寡欲，不慕榮華，不尚賢
能。人民不慕榮華自然不致流於淫邪，則無需動用太多法令，人民不貪欲則
不會為盜，便毋庸嚴刑整頓，人民不尚賢能即不會爭訟不休，就不需要善於
聽審的本事。故不必去對治人民的偏邪貪欲，因為那只是末節，要使得人民
無心於有為貪欲才是根本之道。把根本作好了，則人民的行為即可歸於正，
不正是崇本舉末了嗎？

　　此外，老子的「絕聖棄智」與「絕仁棄義」的說法，是歷來最常引起爭
議的論點，而王弼也認為這是一般人最難理解的道理。所以他在《老子指略》
一書中把這個論題反覆申論一番，他說：

> 故古人有歎曰：甚矣！何物之難悟也！既知不聖為不聖，未知聖之
> 不聖也，既知不仁為不仁，未知仁之為不仁也。故絕聖而後聖功全，

> 棄仁而後仁德厚。夫惡強非欲不強也,爲強則失強也,絕仁非欲不
> 仁也,爲仁則僞成。(《校釋》,頁199)

王弼這段話明白地把老子絕棄聖、智、仁、義一類的話語,定位爲「反省性」
的理論,而非「建構性」的理論。倘若眞的主張不仁,倡導一種「不仁哲
學」,才算建構性的理論。然而王弼解釋老子的「絕仁」並非眞的主張不仁,
而是鑑於有心爲仁往往變成虛僞不仁,使「仁」淪爲只做表面工夫的假仁假
義。所以說這只是一種反省的思維,而非在建構一種有別於儒家「仁愛哲學」
的「不仁哲學」。又《老子指略》曰:

> 有其治而乃亂,保其安而乃危。後其身而身先,身先非先身之所能
> 也;外其身而身存,身存非存身之所爲也。功不可取,美不可用。
> 故必取其爲功之母而已矣。篇云:「既知其子」,而必「復守其母」。
> 尋斯理也,何往而不暢哉!(《校釋》,頁199)

這段文字更加精闢,以方法學的角度把老子哲學剖析得清楚透徹。老子的哲
學是反省性的,但是若只是反省而沒有任何積極建構性,則何足以成就一家
之言呢?事實上,老子的哲學有其積極意義,雖然未必造就任何新的價值,
卻足以保住一切原有的價值使不失落。雖表面上主張「無爲」,卻能得到「無
不爲」的功效。「無爲」是在作用層上講的,「無不爲」則是實有層上之事。
準此,老子的「無爲而無不爲」,即是主張作用上的沖虛無爲,足以保全實
有層的事功,牟先生常以「作用的保存」來判道家的玄理,即是此意。諸子
百家的學問雖各各不同,而其最高的宗旨都是希望天下歸於治平。故他們的
理論與實踐,皆無不緊緊地扣住治平的目的。儒家宣揚仁愛與禮樂教化,法
家推行刑名、法治,墨家鼓吹兼愛、非攻,以宗教式的戒律齊一徒眾;儒、
墨、法家的理論都是正面的建構價值,然而往往尙未成功推展,已是弊端叢
生了。王弼認爲只從治平的目的上著力,仍不免於走向危亂,自恃功業,更
加容易走向衰敗。那麼該怎麼辦呢?答案就在老子所言「知其子,守其母。」
的本末方法上。成就價值,不能靠執著價值本身,而必須回歸到價值的本源,
而執著在功業上,也不能讓你保住功業,應該「取其爲功之母」。而所謂「取
其爲功之母」不就是回歸成就功業的根本。如此即可保住一切,達到無往而
不可的境界。王弼將老子的「守母存子」與「正言若反」的辯證方法聯繫起
來,遂完成了他的本末方法的體系,以此解老,可謂周洽通達。

第三節　王弼老學超越的玄理方法

　　玄理方法相較於知識方法而言，其使用的範圍以及運用的方式均大有不同。知識方法主要是透過分別事物各各的不同以成就知識，故只能用在「分別說」的領域，〔註25〕而道家的玄理方法則務在弭平人們的差別認知或執著，使人們可得到一種超越偏執，洞悉全體的智慧，其理論所及足以呈顯形上無分別之境。前所論述的辯證方法，猶存有正、反相對的分別相，此處所討論之超越的玄理方法，則是直接超越分別，翻升至無分別域。若從論述的形式看，五千言所呈現的理論架構誠可謂「條理嚴整，綱舉目張」。然而其哲學旨趣，又的的確確已進入那渾然玄同混而為一的無分別境界，實很難想像形式上如此嚴整條理的分別相，如何示現渾然無分別的境界；以下先由兩層區分談起。

一、兩層區分 —— 超越的玄理區分
（一）「可道」與「常道」的區分

　　老子的玄學方法，可說是由區分有分別與無分別兩域作為開端的。《老子・第一章》豈不是開宗明義便嚴格地劃分，「可道」與「常道」以及「可名」與「常名」兩層？由於如此嚴格的區分，故不免顯現條理嚴整的架構相。必須強調的是，這區分不是知識性的同一層次的分別，而是玄理的超越區分；其目的在於分別出兩個不同層次的思維理境，可名為「兩層區分」。一般的分別是並列的，被分出的各單位均在同層次上的。像科學分類將萬有依其性質的不同加以分類，其分別的依據是在同層次上，至於玄理中的兩層區分，往往是形上、形下的區分，牟宗三先生稱之為超越的區分（Transcendental distinction）（《十九講》，頁 277）。透過這樣的區分可消極的指示出，除一般語言所能及的意義世界之外，還有一不可道不可名的無分別理境。在確立這超越的兩層區分之後，再用玄同的方法直指一玄同無別，渾然一體的道的境界，則這非邏輯的思維才不致被混淆於神秘冥想的範疇，而被排除在理性思維之外。《老子・首章》：「道可道非常道，名可名非常名。」表面上這句經文，像是在討論名理，實則老子之意是在於區分出形上、形下兩層。其中分出「可

〔註25〕牟宗三先生認為人類的思考歷程，大體可以概括在分別說與非分別說之下。一般的方法都偏重在分別上，即使辯證法，也是先有一番分辨而後再加以統合的。

道之道」與「常道」，並不是在同一層次上，依其質量的多寡優劣所分別出的兩項，而是分屬於形上、形下兩個層次；這點在老子五千言中至為明顯。王弼由於有此一方法為基礎，故得以玄解妙悟大暢玄風。例如：《老子·三十二章》之注曰：「樸之為物以無為心，亦無名。」王弼遂以「無名」訓「樸」，又〈三十五章〉之注曰：「大象，天象之母也，不寒，不溫，不涼，故能包統萬物，無所犯傷。」此以形上道體的境界解「大象」，豈不也是基於這超越的區分方法。這大象之「大」並非與「小」相對的大，而是翻至形上層次來說的。故可言：「不寒、不溫、不涼」云云。王弼在《老子指略》中說：

> 故象而形者，非大象也；音而聲者，非大音也。……故執大象則天
> 下往，用大音則風俗移也。（《校釋》，頁 195）

這句話一方面很簡要的將一般的形象與大象作一超越的區分，一方面又說明了老子「執大象，天下往」的道理。故得到了一個結論：

> 故可道之盛，未足以官天地；有形之極，未足以府萬物。（《校釋》，
> 頁 195）

這就確立了「道」的形上地位。

（二）「有」與「無」的區分

老子首章除了區分「可道」與「常道」之外，還區分了「有」與「無」。《老子·首章》：

> 無名天地之始，有名萬物之母。故常無欲，以觀其妙，常有欲，以
> 觀其徼。此兩者同出而異名，同謂之玄，玄之又玄，眾妙之門。

王弼注曰：

> 凡有皆始於無，故未形無名之時，則為萬物之始。及其有形有名之
> 時，則長之、育之、亭之、毒之，為其母也。言道以無形無名始成
> 萬物……。（《校釋》，頁 1）

王弼在此頗能突顯老子的「無」，而對「有」的論述比較模糊，不過雖不中亦不遠。他明白的把存有論的本體（Substance）繫屬於「無形無名」，這是依著「無名天地之始」的經文而說的，至於「有名萬物之母」則沒有講得很清楚。另外再參考《老子·四十章》的經、注：

> 天下萬物生於有，有生於無。

王弼注曰：

> 天下之物，皆以有為生。有之所始，以無為本。將欲全有，必反於

無也。（《校釋》，頁 110）

王弼這裡的「有」是形上的或形下的並不清楚，然而他既沒有特別說明，則應是與《老子・十四章》的注文，「有，有其事。」同樣是指形下的萬有。不過王弼依老子有、無的區分與「有生於無」之言，依然成功地建立「以無爲本」的本體論體系（Ontology theory）。他在《老子指略》中，開宗明義便說：

> 夫物之所以生，功之所以成，必生乎無形，由乎無名。無形無名者，
>
> 萬物之宗也。（《校釋》，頁 195）

這一論題即無異高擎「貴無」的旗幟。而後，遭逢「崇有」一派的非難，王弼的哲學猶能屹立不搖，不就是有賴此兩層區分的清楚思路。畢竟，王弼所貴的「無」與斐頠所崇的「有」完全屬於不同的層次，而且王弼「貴無」是要成就「有」，不會產生「賤有」的後果。至於「無」何以能成就「有」呢？不也正是由於「無」與「有」根本不在同一層次上。形上本體之能夠成就萬物，最基本最起碼的條件就是其超越性，也就是不在物之中。若缺少這超越性，則其宗主的地位就說什麼也不能成立。老子以「無形無名」描述道，其實就是在指示出其超越性。而用「無」隱喻道，也是從這超越性著眼。學者每望文生義，以爲「無」即無所有「空無」之義，而如此的「空無」卻能生出萬有，簡直是無稽之談，便大加撻伐。而王弼以本、母的觀點嚴謹地將「無」與「有」關聯起來，很可以化解這些誤解。他的論點是：若只留意在「有」上，則有成功必有失敗，有美名也會帶出詐偽。只有守住「無爲」之本，才能眞正保住萬有，而不致於產生流弊。

王弼這樣建立的存有論體系，是一純觀照的存有論，牟先生名之曰「無執的存有論」，這部份牟先生完全贊同王弼。不過，牟先生又把老子所講的「有」，歸入形上的層次，這是依著《老子》的原文「此兩者同出而異名，同謂之玄，玄之又玄，眾妙之門。」而立的。順著這個理路，牟先生有「兩層存有論」的理論，亦即在形上本體中又分出「作用層」與「實有層」兩層，也就是「執的存有論」與「無執的存有論」兩層存有論架構，關於這部份不屬於王弼老學的範圍。

（三）「本」與「末」的區分

除上述的區分外，王弼最著名的「崇本息末說」也可以用兩層區分討論。前文曾以辯證的形式析論「崇本息末」，乃是在判別其不屬於邏輯因果的本末，而此處以兩層區分討論「崇本息末」，則是強調其本末的區分是異質異層

的，而非同一層次並列的兩項。王弼曰：

> 食母，生之本也，人皆棄生民之本，貴末飾之華。(〈三十八章注〉，
> 《校釋》，頁 49)

又前所引王弼所言：「母，本也。子，末也。」更明白地分出「本」、「末」兩層，並用母、子概念來理解其中的關聯。王弼說：

> 用夫無名，故名以篤焉；用夫無形，故形以成焉，……母不可遠，
> 本不可失。(〈三十八章注〉，《校釋》，頁 95)

由於「末」的存在必須靠「本」來實現，故「本」屬於高一層的存在。依道家的存有論而言，道是一切存在的「本」，而現象界的林林總總則均屬於「末」的層次。好有一比，一棵樹無論其枝葉如何凋零，都不見得損害到它的生命，若樹根受到傷害，則可能導致整棵樹枯死的命運。從存有論的觀點看，事物的存在之理若是消失，則這事物就不可能存在，而只要存在之理成立，則好比樹的種子，即使再怎麼微小，只要有機會得到土壤與陽光等必要的助緣，假以時日就有可能長成大樹。王弼在老子指略中曾歷數儒、法、墨家的得失。他認為法家重視整齊劃一的秩序，而用刑名之學去管理人民，使得人民只得用巧詐、虛偽來應付；儒家重視仁愛，用名譽鼓勵人們實踐仁德，則反而造成爭競比較的心理；墨家重視刻苦節儉，勉強的矯正人們奢侈與放逸的習性，最後卻導致許多不合常理的事。這樣只在末節上下工夫而忽略了根本，完全缺乏背後支持的原動力（即本、母），難怪不僅不能成功，甚至還衍生出許多流弊。〔註26〕

此外，王弼標舉「崇本息末」，除建立「以無為本」的本體論架構外，更重要的是作為老子政治哲學的綱領。在這個環節裡，王弼將此一區分更是發揮得淋漓盡致。前所引〈五十七章注〉，王弼曰：「以道治國，崇本以息末，以正治國，立辟以攻末。」在〈五十九章注〉中，王弼更確切地說：

> 國之所以安，謂之母。重積德，是唯圖其根，然後營末，乃得其終
> 也。(《校釋》，頁 156)

在此，王弼以植物為譬喻。若要植物枝葉長得茂盛，必須根本穩固才行；同樣的道理，任何事物若沒有好的基礎，終將無法長久的。所以王弼又曰：

〔註26〕《老子略例》：「夫刑以檢物，巧偽必生；名以定物，理恕必失；譽以進物，爭尚必起；矯以立物，乖違必作；雜以行物，穢亂必興。斯皆用其子而棄其母。物失所載，未足守也。」(《校釋》，頁 196)。

故仁德之厚，非用仁之所能也；行義之正，非用義之所成也；禮敬
之清，非用禮之所濟也。（《校釋》，頁 95）

依存有論而言，事事物物的成立，都有其本，不會是他自己本身。而從倫理
學來看，一切德的成立，也不是靠德本身就能有所發用。這樣的觀點是建立
在萬事萬物皆有其本的立場，而這也正是王弼與郭象最大的歧異處，下文討
論郭象時再詳論。

附帶一提的是，老子書中亦有語言上的兩層區分，例如：「爲無爲，事
無事，味無味。」（六十三章）「爲」與「無爲」，「事」與「無事」，「味」與
「無味」，看似矛盾，其實是分屬兩層，即現代語言學所講的「後設語言」
（Meta-language）。前面的「爲」即是後設語言，比「無爲」的「爲」高一
層。再參照「無爲而無不爲」就再清楚不過了。「無爲」與「無不爲」必須
以兩層視之，「無爲」是修養工夫所達到的境界，「無不爲」是在實有層所得
的結果。又如：「天地不言，四時行焉。」一語，「天地不言」乃說明天地沖
虛無爲的境界，而「四時行焉」則不可再說是一個境界，否則豈不是一句徹
底的空話。因爲若說兩者均屬境界層，則工夫作用上沒有著力處，而實際上
亦無實功可言，豈不等於虛說？若兩者皆屬實有層則又會流於權謀思想。《莊
子‧天道》中有一段論述，將「無爲而無不爲」解爲君主無爲，而臣子無所
不爲，就是將兩者均置於實有層解釋，以致完全乖離道家哲學。這語言上的
兩層區分，實爲名理方法的運用，談不上玄理方法，只因形式雷同，故在此
稍作解說。

二、玄　同

前文介紹王弼以辯證方法以及超越的兩層區分，詮解道家的玄理，已算
得上是成就斐然了。然而無論如何，這樣仍不足以契入道家哲學的核心問題。
畢竟，道家學問的最終目標在於示現道之渾然無別的境界，從名理方法到兩
層區分都只是消極的，印象式的指出一個方向而已。本章所要討論的玄同方
法，則是直指玄冥不經過分解而呈現道家上下與天地同體的渾然之境。

人對事物的認知，必是透過分解的方法，而所謂渾然無別的理境，不可
能是在經驗知識的範疇中，而只可能是在本體論或修養工夫的層面上。老子
申言這渾然無別的道的境界，主要是依著形上根源的向上追溯，以及主體境
界的一體玄同兩個綱領，王弼也順著這個脈絡爲論。

（一）形上根源的追溯

　　兩漢道家的重心，傾向於宇宙論，而宇宙論是順著人們對大自然的好奇而發的，這是從遠古以來，人類永遠感興趣的題材。其中最常見的問題，不外乎宇宙是怎麼形成的，而其中的質料與形式又是如何。諸如此類的問題，即使以今日科技如此昌明，我們所能得到的答案還是很有限的。畢竟就物理世界而言，人的存在實為短暫，理應無法窮究宇宙的始源。因此討論到了最後就只能存而不論，或者轉到存有論的方向；魏晉人的玄理便是屬於這個路數。反觀老子的論述，到底是偏向宇宙論或存有論呢？老子曰：

　　　　道生之，德畜之，物形之，勢成之。（五十一章）

又曰：

　　　　道生一，一生二，二生三，三生萬物。（四十二章）

這兩段經文都有十足的宇宙論意味。不過，除了這類「道生」、「德畜」的話語，五千言實際上並沒有足夠架構出一套宇宙論的內容。因此要把老子《道德經》一書中的生、畜論點，往宇宙創生上加以解釋，基本上是大有問題的。而且尋繹《老子》一書，凡語涉生、畜的章節，必再補充一段「生而不有，為而不恃，長而不宰，是謂玄德。」之類的話語做為說明，把讀者對道可能產生的主宰性聯想，完全化去。準此，王弼不從創生義為解釋，而以「不塞其源，不禁其性」解釋「道生之，德畜之」的經文，是以形上學的實現原理，取代宇宙論的創生原理，並依此理路嚴格地架構出一套屬於道家的存有論，算是對五千言頗有周延的詮釋。其實老子有些類似宇宙論的論述，原本就是屬於形上學的內容。老子曰：

　　　　天下有始，以為天下母，既得其母，以知其子；既知其子，復守其
　　　　母，沒身不殆。（五十二章）

由既知其子，復守其母，沒生不殆。可知這不是在討論宇宙的創生或構造的問題，而是在演論天下萬物存在的形上依據。王弼老學「天下萬物以無為本」，基本上即是存有論的論述，而他又是如何證成「無」為形上本體呢？牟宗三先生曾說，道家沒有把「實有層」和「作用層」分別清楚。他說：

　　　　這主要是因為道家所講的「無」是境界形態的「無」。我們先把「無」
　　　　當動詞看，看它所「無」的是什麼？道德經說：「常無欲以觀其妙，
　　　　常有欲以觀其徼。」這是從主觀方面講。道家就是拿這個「無」作為
　　　　「本」作為「本體」。這個「無」就主觀方面講是一個境界形態的「無」，

那就是說，它是一個作用層上的字眼，是主觀心境上的一個作用。把
這主觀心境上的一個作用視作本，進一步視作本體，這便好像它是一
個客觀的實有……其實這只是一個姿態。（《十九講》，頁 127）

西方哲學的形上學都是在討論實有層上的本體，而道家「以無為本」的本體
論似乎很難在實有層上解釋，而只能從境界形態的作用上講。故若要以本、
末為論，則這個「本」不應解為創生之本，最多只能歸之實現原理。王弼從
「不塞」、「不禁」去解道生、德畜，即是從境界的作用義去建構其「以無為
本」的本體論。老子曰：「天下萬物生於有，有生於無。」（四十章）這句經
文雖看似明確，卻仍有很大的理論空間。而王弼的注解則明確地從「物」的
生成原理上討論。王弼注曰：

天下之物，皆以有為生。有之所始，以無為本。將欲全有，必反於
無也。（《校釋》，頁 110）

由此可見，王弼心目中的「有」與〈崇有論〉的「有」涵意一致。〔註 27〕又
王弼注〈四十二章〉曰：

萬物萬形，其歸一也。何由致一？由於無也。由無乃一，一可謂無？
已謂之一，豈得無言乎？……故萬物之生，吾知其主，雖有萬形，沖
氣一焉。百姓有心，異國殊風，而王侯得一者主焉。以一為主，一何
可舍？愈多愈遠，損則近之。損之至盡，乃得其極。（《校釋》，頁 117）

這一段直接標舉萬物的形上根源歸於「一」的說法，而形上根源是「一」或「不
一」實非理性思維可及。他一方面從萬物之「沖氣一焉」與「王侯得一者主焉」
以證，又用老子「損之又損」之義為訓，其實只能算得上是不完整的實證資料，
其基礎乃在於萬物皆有一個根源的預設上。王弼以此為基礎得到以下的結論：

夫物之所以生，功之所以成，必生乎無形，由乎無名。無形無名者，
萬物之宗也。……故其為物也則混成，為象也則無形，為音也則希
聲，為味也則無呈。故能為品物之宗主，苞通天地，靡使不經。……

〔註27〕老子曰：「天下萬物生於有，有生於無。」又曰：「無名天地之始，有名萬物
之母，故常無欲以觀其妙，常有欲以觀其徼，此兩者同出而異名，同謂之玄，
玄之又玄，眾妙之門。」審視老子的本意，宜是把「有」、「無」均視為玄，
在本體論中各佔一定的份量。牟先生即以兩層存有論名之，「無」是統攝無執
的存有論，「有」是統攝有執的存有論。不過，王弼的體會並不是這樣。王弼
的有與無，其間有著形上、形下的兩層區分。個人以為，這是牟先生在老學
上，超越王弼的創發之一。

雖古今不同，時移俗易，此不變也。(《校釋》，頁 195)

這樣的將形上根源歸向「無」，不免予人設準獨斷的印象，如果只是如此，恐很難談得上是超越兩漢而重建的新學。因為如此客觀地形式地去談萬物宗主的問題，比起兩漢透過聯想推理的方法，並沒有增加多少說服力。王弼能成功地建立「以無為本」的本體論架構，在於他又進一步以主體的修養境界充實「無」的形上內涵。所以「無」才不致於淪為一無所有的「空無」之意，反而具有足以成就一切萬有的玄德義涵。

(二) 主體境界的玄同

若論主體境界的玄同方法，老子的論述實遠不如《莊子·內篇》的精采，不過在老子五千言中，這個方法卻最具關鍵地位。王弼詮釋老子的形上玄理，也正是在這個基礎上踵事增華，而樹立了自己的玄學體系。以下分別論述老子與王弼這方面的理論：

1. 老子的玄同方法

道家的學問當以修養論為核心，沒有主體工夫就沒有道的呈現。老子曰：

> 致虛極，守靜篤，萬物並作，吾以觀復，夫物芸芸，各復歸其根。(十
> 六章)

老子的工夫關鍵就在這「觀」字上，透過「致虛守靜」的工夫，觀照萬物各歸其本源，由此指示人們，惟有因應無為，順應自然而不可妄作。又老子曰：

> 知者不言，言者不知。塞其兌，閉其門，挫其銳，解其分，和其光，
> 同其塵，是謂玄同。故不可得而親，不可得而疏，不可得而利，不
> 可得而害，不可得而貴，不可得而賤，故為天下貴。(五十六章)

「挫其銳，解其分，和其光，同其塵」，是依道所呈現的混同樣態，泯沒人間世的種種分別相，像親、疏、利、害、貴、賤種種的分別，皆予以玄而同之。老子說出這「玄同」兩字，可謂足以發聵振聾，把世人的分別心一舉掃除。「玄同」簡單具體的說就是混而為一，無所分別。不過應注意的是「玄同」一辭是從「同」上說「玄」而非從「玄」上說「同」。因為「玄」的意象飄忽抽象，而「同」的意象則比較具體確切，以同的意象去解說玄，可以稍稍把握玄的某一面相，才有方法上的積極意義。〔註28〕老子執同以論玄，不是知識論上的統合，而是實踐工夫所達到的境界。牟先生說：

〔註28〕例如若以玄秘論玄，就缺乏積極意義。因為，既是玄就包含秘，故以秘言玄，在詮釋沒有太大的作用。老子在此算是樹立了很簡易的玄學方法。

> 但依中國的傳統思想而言，達到物我雙忘主客並遣，是經過修行實
> 踐而達到的聖境。……如無達到這個境界就不能成聖成佛。故成聖
> 成佛非得經由經驗知識界，現象界往上翻而一定達到超越層，即康
> 德所謂 noumena。……〔註29〕

雖然從老子那些話語，還談不上已達到物我雙忘主客並遣的境界，不過雖不
中亦不遠矣。老子開玄學之先，先列出萬物芸芸森羅的不同，再從而觀照其
同，名曰玄同，這即是主體往上一翻，進入了超越層的境界。又老子曰：

> 聖人無常心，以百姓心為心。善者，吾善之；不善者，吾亦善之，
> 德善。信者，吾信之，不信者，吾亦信之，德信。聖人在天下歙歙，
> 為天下渾其心。（四十九章）

老子主張以「無心」對天下，不作任何是非分別，則天下將「渾其心」而歸於
玄同。而所謂「德善」與「德信」，即無分別之意，如此也才能對「善者」、「不
善者」乃至於「信者」、「不信者」等量齊觀，進而能涵容一切。又老子曰：

> 故以身觀身，以家觀家，以鄉觀鄉，以國觀國，以天下觀天下。吾
> 何以知天下然哉？以此。（五十四章）

這段話更具體地消融主觀的意計造作，以物觀物，讓物皆回歸自己的價值，
則主客二者方得以兩泯無別。

2. 王弼的玄同方法

　　王弼的玄同方法之關鍵，就在《老子‧二十五章》之「道法自然」一句
的注文：「在方而法方，在圓而法圓，於自然無所違也。」這個詮解，犀利地
點出老子以「玄同」混同萬物的「不同」，並非在說有什麼神秘力量能抹平物
理世界的差異性，而是從主體工夫的觀點，化掉心的分別執著。因為只要心
不起分別，自然萬事萬物也無有不同。也就是在主觀境界上因順萬物，則萬
物可安於其自然，此即王弼所言：「因物之性，不執平以割物。」（〈四十一章
注〉）誠然，若以這樣的平等心看待萬物，豈不是等同於「和其光，同其塵」
的境界嗎？王弼曰：

> 無所特顯，則物無所偏爭也……無所特賤，則物無所偏恥也。（《校
> 釋》，頁 148）

也只有這樣，不特別標榜什麼是好的，也不特別貶低什麼是不好的，一切才

〔註29〕見氏著《中西哲學之會通十四講》（臺北：學生書局，1990 年），頁 74。

可能同樣具足圓滿。雖然這樣的圓滿並非實有層上的圓滿乃是透過主體之沖虛境界的觀照，使一切萬物均有自己的價值。世界在這樣的觀照下，其實也是一種圓滿。又，王弼曰：

> 何以得德？由乎道也。何以盡德，以無爲用。以無爲用，則莫不載也。……是以天地雖廣，以無爲心；聖王雖大，以虛爲主。……故滅其私而無其身，則四海莫不瞻，遠近莫不至，殊其己而有其心，則一體不能自全，肌骨不能相容。(《校釋》，頁93)

這段話是《老子・三十八章》「上德不德」句的注文。其說無異在宣說，天地或聖王之爲宗主，都是一種「無私無我」(滅其私而無其身)的展現。若不如此，則不成其爲天地或聖王。王弼論道，恆透著一形上宗主的意味，不過彼之論述也一直宣說這形上宗主乃是一「沖虛境界」(無)。問題是這沖虛境界又如何成其爲宗主呢？王弼在《老子指略》中說道：

> 故象而形者非大象也，音而聲者非大音也。然則四象不形，則大象無以暢，五音不聲，則大音無以至。四象形而物無所主焉，則大象暢矣；五音聲而心無所適焉，則大音至矣。

「象而形者非大象也，音而聲者非大音也。」是順著老子「大象無形」的論述以明道與物的兩層區分，前文已討論過。接著「四象不形，則大象無以暢」兩句，則是指無形的道要在有形的物中顯，這也可以說「道不遠人」。最後再以「物無所主焉」、「心無所適焉」這樣的沖虛境界把道與萬物絪緼無間，這就是王弼的玄同方法。

王弼從這一理路發展出其「境界型態的形上學」，故能與兩漢老學涇渭分明。所謂境界型態的形上學，是有別於實有型態而言。兩漢老學以實有型態架構老子的形上學，故傾向氣化宇宙論的論述。正因爲夾雜著氣化，故不免要論及物的創生根源，乃至於形式與質料的問題。以致於使得老子「生而不有，爲而不恃」的生、畜義便往物的方向沉落，而其清通無礙一體實現的玄理遂滯礙難通。今所流傳的兩漢道家著作，唯嚴遵的《老子指歸》能接觸到這個層面，不過嚴遵之學猶雜有兩漢氣化宇宙論的成份，在玄理上還是不夠透徹，必到了王弼才完全滌除兩漢實有型態論述，而將老子道的玄理妙用展現無遺。〔註30〕

〔註30〕並非實有型態有什麼不如境界型態之處，只是倘若以實有型態來解說《老子》一書的形上學，則將有很多齟齬難通之處。不如從境界型態爲論，可得到較周洽通透的詮釋。

第三章　王弼的易學方法析論

　　儒家與道家的義理重心實有根本的歧異性，而其間最大的分歧就在於，儒家主張為天地立心，必須明確地指示方向，而道家主張自然無為，則不明確地指示某一特定方向，兩者基本上是相對立的。既是如此，王弼又是如何會通其中的歧異呢？依王弼的詮解，他認為儒家的為天地立心，推到最高的原則，也是順著萬物自然而立，兩者追本溯源，是殊途而同歸的。這樣的解釋方法也常常在郭象《莊子注》中出現。

　　雖世傳王弼注《周易》是用老子的義理解易，頗有附會牽強之嫌。而且仔細地研讀王弼的《周易注》，也不難發現如同其《老子注》般清通簡要的風格。不過平心而論，就《周易注》整體而論，王弼是順著《周易》的學統而作論，似乎看不出有任何隨意引入老子義理為解的情形。王弼注解《周易》雖著重在以傳解經，對《易》的倫理學內涵大有發揮，然而他也不曾無視於《周易》最原始的占卜本質。故在他的注文中，《易經》所強調的吉、凶、悔、吝之道仍是主體，而且其主要論述理路也不曾脫離占卜的數術性格。檢視他的論述，歸納起來比例最多的還是從卦爻得位與否、得時失時、有應無應等因素去討論吉凶，大抵而言，並未偏離易學的解釋系統。他在《周易注》中所建立的三項方法，基本上都是從周易經、傳本身的方法開發而來的。周易的經文本來只有卦畫、卦辭、爻辭，由周入秦漢之際，又加入了許多學者的研究成果，才形成今日《周易》的規模。這些後來加入的內容即今所謂的《易傳》——十翼。十翼中以《彖辭》、《象辭》以及《繫辭》最為精闢富哲理，而王弼易學方法也幾乎全出於此。當然，《易傳》的論述有很大成分與原始純粹占卜的《易》是有距離的。其中最明顯的不同是，原始的《易》保存並呈

現了上古先民的占卜實錄，《易傳》則是從中架構出一套完整的宇宙觀以及道德哲學，其間甚至可說具有本質性的不同。王弼注《易》如果有比較不合於原始《易經》的主旨，其主要的理由就在於他的易學是依循《易傳》的。

職是之故，雖然從古到今不乏許多博學通儒疵議王弼以老入易，在此猶要為王弼有所解說。誠然，王弼《周易注》多有老子「柔弱謙下」的內容，然而早在《易傳》已存有這樣的人生哲學，故若說王弼治《易》的方法有取於老、莊，則《易傳》應是肇端者。湯用彤先生曾評論說：「王輔嗣兼綜名理，其學謹飭。」（《玄學論稿》，頁 29）則若他果真隨意私心自用，以老入易，又怎談得上謹飭二字呢？湯先生又說：「然在漢魏之時，此風已長，王弼用之，並非全為創舉也。」（《玄學論稿》，頁 94）陳鼓應先生也曾為文詳論《易經》之《彖》、《象》以及《繫辭》在義理內容與論述方法上受到老莊的影響很深。〔註1〕可見若從《周易》的學統而言，王弼實未有混淆之失。當然，陳鼓應先生的研究自有其哲學發展史的構想，與此無關。只是其中分析《易傳》與老莊思想的一致，正可以解釋王弼《周易注》與老、莊思想雷同的理由。

《易經》與道家思想有一極大分野處，即《易》所揭示的是自然界「天體」所呈現的剛健秩序，而老、莊所說的道，則是偏向「主體」透過修養所達到之沖虛無為的自然境界，兩者雖均歸向自然，但前者有十分明確的方向，而後者則無特定的方向。誠如王弼所言，老子的自然是「在方法方，在圓法圓。」郭象解莊子的逍遙為「所遇斯乘」，皆原則性地指向無特定方向的精神。王弼注《易》，實看不出他有泯沒兩者差別的意圖，他只是發掘出聖人亦不乏沖虛無為的主體境界，卻並未以沖虛無為的主體境界作為《周易》的主旨。誠然孔子主張「毋意、毋必、毋固、毋我」也能顯出沖虛的主體境界。但是孔子的政治理念重在治國平天下的實務上，而《易經》的主要精神也是在「知周萬物」以道濟天下，與「厚德載物」以德涵容萬物的實理上，其重心不在主體境界上是顯而易見的，王弼從未輕忽這點。

王弼易學方法大抵可分為三部分，即：「言意之辨」、「以一統眾」以及「陰陽二分法」。「言意之辨」是魏晉時代最風行的論題，主要是受到原始周易，乃至於整個《易傳》系統特有的詮釋模式所啟發；而「一多之辨」則反映了魏晉時代執簡馭繁的玄學思潮。至於「陰陽二分法」，則是《周易》本有的知識方法。若論「周易學」的理論方法形成的次第，應是從「陰陽」到「一多」

〔註1〕 參見陳鼓應《易傳與道家思想》（臺北：台灣商務印書館，1994 年）一書。

再到「言意」。本文所將採取的次第正好相反，理由無他，從魏晉玄學的觀點看，「言意之辨」可謂最為特色，可稱得上是魏晉玄學理論方法的核心，而「一多之辨」亦是魏晉玄學的重心，至於「陰陽二分」的方法則是周易學所本有的，不是魏晉玄學的特色。以下分別論述之。

第一節　言意之辨

　　湯用彤先生曾言，魏晉玄學系統的建立有賴於「言意之辨」，並推許為玄學家所發現的「新眼光新方法」，雖其說甚為簡略有待補充，然而的確已反映出部份的事實。「言意之辨」其實是個老方法，所以王弼在這方面算是舊法新用，不過，廣義地說還是稱得上新眼光新方法。

　　上溯先秦時代，就有《繫辭》之「書不盡言，言不盡意」以及《莊子・外物》之「得意忘言」等論述。《周易・繫辭上・十二章》曰：

　　　　子曰：「書不盡言，言不盡意。」然則，聖人之意，其不可見乎？子
　　　　曰：「聖人立象以盡意，設卦以盡情偽，繫辭焉以盡其言，變而通之
　　　　以盡利。」（《周易注疏》，頁 640）

《莊子・外物》曰：

　　　　筌者所以在魚，得魚而忘筌。……言者所以在意，得意而忘言。吾
　　　　安得夫忘言之人而與之言哉？（《莊子注》，頁 495）〔註 2〕

《周易・繫辭》先言：「書不盡言，言不盡意」，又曰：「聖人立象以盡意，繫辭焉以盡其言」，其中存在著「盡」與「不盡」的矛盾。而莊子一方面主張「得意而忘言」，另一方面又要「與之言」，其中則存在著「忘言」與「言」的矛盾。魏晉玄學家的論述也從《繫辭》這段話語，發展出兩派分殊的理論，即「言盡意論」與「言不盡意論」；至於「存言」與「忘言」，可與王弼的「存象」與「忘象」相互參照，以下先討論「盡與不盡」。

一、盡與不盡的問題 —— 荀粲與歐陽建

　　「盡」是窮盡之意，從知識論的觀點看，「盡」必指向一特定範圍，而若在道德實踐上言「盡」則沒有特定的範圍。例如孟子主張從「盡心」到「知性」到上契天道，與荀子所言：「聖人盡倫，王者盡制。」的「盡」均是實踐

〔註 2〕見郭象《莊子註》（臺北：藝文印書館，1975 年）。

上的事。這樣的「盡」是存乎一心的，只要一心誠意則是「盡」。至於《繫辭》中所提到的「盡」是屬於認知層面的窮盡之意。認知上的窮盡必須有特定對象的，人的認識對象又有「可言說」與「不可言說」的分別，「可言說」者，是指可用名言概念充分表達的，「不可言說」者，則是指沒有文字概念可說盡其義，而充其量只能有某種程度的形容與描述。牟宗三先生以「指實語言」與「啓發語言」作爲分別。可涵蓋對象的概念名言即是「指實語言」，至於只對對象加以形容描述的詞語則是「啓發語言」。〔註3〕

魏晉玄學「言意之辨」的論題，除了王弼以外當以荀粲與歐陽建的理論最爲著名。兩家所持論點，形式上即成對壘之勢，荀粲主張「言不盡意」，而歐陽建則主張「言盡意」，較之王弼的「得意忘言」之說，更顯旗幟鮮明理論清晰。然而以玄學的範疇而言，兩家各執一端不免失之偏狹，故其解釋性多有不如王弼之處。在此論述荀粲與歐陽建兩家的理論，除擬與王弼言意理論作比較外，附帶也可略窺魏晉「言意之辨」的概況。

（一）荀粲的「言不盡意論」

魏晉人的「言不盡意」理論以荀粲爲代表，而荀粲的說法見於《魏志・荀彧傳・注》，其中引何劭〈荀粲傳〉云：

> 嘗以爲子貢稱夫子之言性與天道，不可得聞。然則六籍雖存，固聖
> 人之糠秕。……蓋理之微者，非物之象所舉也。今稱立象以盡意，
> 此非通于意外者也。繫辭焉以盡言，此非言乎繫表者也。斯則象外
> 之意，繫表之言，固蘊而不出矣。〔註4〕

這段文字從「天道不可得而聞」說起，可知其所論主題是形上學的傳述問題。天道誠然理甚微妙，非言說概念所能形容，故不可得而聞。因此，《易》之卦象所盡之意，以及繫辭所盡之言，均不足以通向天道；荀粲之說顯然是受莊子的影響。《莊子》有一段話，表示語言所能達到的，只是事物的粗略表象，而語言所不能達到的，有極端精微只可意會不可言傳者，此外還有甚至意會也不能至的玄妙之境。因此莊子主張言語所能及者必非道，而人惟有在不言之中才可能默契道妙，〔註5〕這可說是道家名理觀的基本主張。〔註6〕然而《周

〔註3〕 啓發語言是與指實語言相對的表達方式，兩者的差別類似內含與外延的差別。參見本論文第二章〔註8〕。

〔註4〕 見楊家駱主編《三國誌・魏書》（臺北：鼎文書局，1979年），頁319。

〔註5〕 《莊子・田子方》中有一則寓言，敘述孔子求見溫伯雪子卻默默不言，溫伯雪子反而歎之「若龍若虎」。（《莊子注》，頁388）這表示言詮的必然偏離道，

易》的詮釋傳統，對卦畫的抽象化表徵，以及卦爻辭的變化推演，常極端高
張其解釋層面，甚至賦予它昭示形上道體的功能。尤其《繫辭》作者明確地
主張，聖人設卦的目地在透過這些卦象來表達天道，而繫辭者則是以卦爻辭
詮解聖人的用意。荀粲對此完全持否定的立場，認為道的微妙是卦象所不能
及而言辭所不能說的。他顯然是持形上學的觀點，故而完全否定一切符號系
統的詮釋功能，以至激越地把聖人經典一概否定。

（二）歐陽建的「言盡意論」

　　歐陽建著〈言盡意論〉，他的論點與荀粲的說法相比較，顯然有不同的視
野，其文留存在唐初官修類書《藝文類聚》之中。〈言盡意論〉曰：

> 然則名之於物，無施者也，言之於理，無為者也。而古今務於正名，
> 聖人不能去言，其故何也？誠以理得於心，非言不暢，物定於彼，
> 非名不辯。……原其所以，本其所由，非物有自然之名，理有必定
> 之稱也。（《藝文類聚》卷十九）

歐陽建在此，首先申明名言的工具本質，說明名言只是為了便於人們認識世
界或解說道理而設的，只有功能意義而非實存。此外〈言盡意論〉又曰：

> 欲辯其實，則殊其名。欲宣其志，則立其稱。名逐物而遷，言因理
> 而變。此猶聲發響應，形存影附，不得相與為二。苟其不二，則無
> 不盡。吾故以為盡矣。（《藝文類聚》卷十九）

歐陽建認為，名言雖只具工具義而非實存，卻有其實用上的價值。因此古聖
先賢都相當重視正名的工作。所謂正名也就是要求名實相符（不得相與為
二），若果真名實相符則理論上「名」便可涵盡「實」的意蘊。由這段文字可
確定歐陽建所持的論點，是名實相應的名理立場。名理的本質是實用上的必
要，只是人類認識世界的工具，並不是天經地義的，故只有知識論的意義，
與存有論沒有直接相關。在人類面對雜多紛陳的萬事萬物，要把它們對象化

而沈默才可能上契天道。這雖不免為一偏之言，不過考之《莊子》一書對名
言的論述，確是有一番透徹的反思。〈天道〉曰：「語有貴也，語之所貴者意
也。意有所隨，意之所隨者，不可以言傳也。」（《莊子注》，頁277）

〔註6〕　道家之學不甚講論名言積極的實用意義，而往往反省其流弊，一者名言不可
　　　　代表實，再者名言的功能只能及於物象的粗略部分。〈知北遊〉中有一寓言，
　　　　贊揚無為謂，三問三不知，才是真知。（《莊子注》，頁402）又言老農寧藏其
　　　　狂言而死，也不願落於言詮，不愧為體道之人的風範（《莊子注》，頁414）。
　　　　這些寓言的涵意為，即令莊子所謂的謬悠之說、荒唐之言、無端崖之辭皆應
　　　　一舉滌除之。

加以認識時，名言是一大利器。因為名言的標示功能，有助於將事物納入人類特有的認識系統中，以便於確實的辨識。

　　職是之故，理論上必須要求名言的使用切合客觀的實。當然，這名言必是「指實語言」，而以一名言代表一可確定的事物，自然是可盡的。例如一般語言的使用，若以「山」言山，以「水」言水，便是以「山」這一概念說盡山，以「水」這一概念說盡水，如此的盡是語言表達約定俗成的盡，只有在語言學的範圍中是真理。前述荀粲所言「理之微者」，顯然不能使用「指實語言」加以指稱，故卦象不可能盡其意，而繫辭也不足以盡其言。牟先生又以「內容真理」與「外延真理」（相當於邏輯學中的內含與外延），說明其中的分殊，簡單的說，歐陽建論「言可盡意」，是從外延的方向看言與意的關係，而荀粲所主張「言不盡意」，則是從內含的觀點看名言的限制性。牟先生曰：

> 是以吾人疏導歐陽建之說，必引至外延真理與內容真理之分別論。
> 如真「言無不盡」，則當限於「外延真理」，而不能擴至於「內容真理」。既限於外延真理，則「名言」與「盡」之意義俱亦隨之而不同：
> 名言是指實名言，或外延名言，而盡亦是名實相應之盡。外延真理，指實名言，名實相應之盡，此三者，皆屬可道世界，或現象世界。
> 而主「言不盡意」者，則意指超現象界或「不可道界」。此則不可泯也。（《才性與玄理》，頁253）

牟先生此說，是從言、意使用的限制性而劃分出兩境，即言意境與超言意境之分，這還不算是形而上之道與形而下之器的分別。因為除了形而上之道屬超言意境外，即使形而下的領域，亦存在有超言意之境（不可道界）。例如，人的心理上有一些細微的感覺，可以籠統的言之為「別有一番滋味」亦可算說盡，不過若要分析其內容，則未必真能說得盡的。在此說「盡」是從外延觀點言之，然而涉及其內容情態則還是不可盡的。準此，則雖歐陽建與荀粲所持論點完全相反，卻都可以成立，而且也並不矛盾。因為他們所指的言與意並不是同一範圍的言與意，而他們所謂的「盡」也有不同的意涵。牟先生以西方邏輯學中概念論的內含、外延的方法，〔註7〕解說「盡」與「不盡」的

〔註7〕內含與外延的關係是對反的。凡增加一概念的內含，則其外延必縮小，例如，「四足的動物」，馬、牛、羊、豬等許多動物均在其列，若內含加上一項「有鬃的」則就剩下馬與豬兩種，羊與牛等沒有鬃的四足動物便被排除在外，若再加一項「善跑」的內含，則豬又被排除在外了。參見《哲學邏輯》，頁30～32。

分歧，十分具有啓發性。

　　此外，若從語言表達的觀點看，外延有限乃在於它是依著客觀實存的範圍而立，內含無窮盡的理由，是由於一概念的內含乃關聯著人的感官經驗對事物性質的分辨而立。依牟先生的分析，外延眞理（即外延）相當於指實語言，意謂這種語言是在指出所指實存物的範圍，例如：馬概念只有馬在其中，牛、羊則被排除在外，其範圍是可以確定的。而內容眞理（即內含）則可歸入描述語言，因爲那是抽象的，是由人的感知而產生出來的。由於人內心的感知所得的印象實無有定向，故亦無有窮盡。

二、盡而不盡——王弼的存象與忘象

　　王弼注《老》有廓清兩漢道家的作用，而其注《周易》亦未始不致力於廓清漢易的繁瑣支離。究竟而言，他能建立出與兩漢黃老〔註8〕大相逕庭的新道家體系，最主要的方法便是化繁爲簡。不過在易學上若只是化繁爲簡而已，應該還無法動搖漢易的地位。即其言意之辨的理論而言，王弼不僅掃除了漢易象數的繁瑣不合理而已，還能藉以條理井然地架構出屬於周易的形上學與知識論。

（一）明　象

　　王弼治《周易》，最大的重點是掃除漢人易學中過分的牽強附會，具體地説是反對所謂的互體、卦變、五行的説法。〔註9〕而依王弼的看法，漢易之所以如此複雜，乃是由於過分執著象的關係。在〈周易略例・明象〉中，王弼曰：

　　　　案文責卦，有馬無乾。則僞説滋漫，難可紀矣。互體不足，遂及卦

　　　　變。變又不足，推致五行。一失其原，巧愈彌甚。……蓋存象忘意

　　　　之由也。忘象以求其意，義斯可見矣。〔註10〕

王弼在此申言忘象以得意的主張，故論者多以爲王弼易學完全掃除象數。其實王弼並未完全抹殺「象」的意義，反而還明白的肯定「象」是通向「意」的橋梁。又〈明象〉曰：

〔註8〕　兩漢對道家的認識，基本上是黃老式的道家。（參見拙著〈黃帝四經與荀、韓、淮南子法、刑名理論的比較〉，《鵝湖月刊》二九六號，頁20）

〔註9〕　湯用彤先生曰：「漢代易學，拘拘於象數，繁亂支離，巧僞滋盛，輔嗣拈出得意忘象之義……。」牟宗三先生認爲王弼忘象的動機是：「打破漢人互體，卦變，五行等拘泥於象數的滋漫見解。」（見《周易的自然哲學與道德函義》，臺北：文津出社，1998年，頁111）此説相當切要。

〔註10〕　見樓宇烈《周易王弼注校釋》（臺北：華正書局，1983年），頁609。（以下引用簡稱《周易注校釋》）

> 夫象者，出意者也。言者，明象者也。盡意莫若象，盡象莫若言。
> 言生於象，故可尋言以觀象；象生於意，故可尋象以觀意。意以象
> 盡，象以言著。故言者所以明象，得象而忘言。象者所以存意，得
> 意而忘象。（《周易注校釋》，頁609）

王弼在明象中完全順著《繫辭》的脈絡，既肯定立象可盡意，又曰：「得意而
忘象」，其中包涵兩個層次，足以涵攝「盡」與「不盡」的矛盾，故牟先生判
定他的主張是「盡而不盡」而仍屬於「言不盡意」一系。形式上看起來，王
弼的主張彷彿與周易沒有兩樣，實際上是有別的。首先，《繫辭》既言：「書
不盡言，言不盡意」，又言：「聖人立象以盡言，繫辭焉以盡情偽」，是主張雖
不盡卻可盡，至於王弼所言，則是主張雖可盡卻有不可盡者。其實，王弼的
哲學理念與《周易》乃至於《易傳》的作者所秉持的，完全是不同的型態。
牟先生認爲《繫辭》所持觀點是實在論的觀點，牟先生說：

> 《周易》一支的知識論乃是由《周易》中所用的『象』和『象』而
> 昭示出的。……由此所昭示的知識論，概括言之，可說是一種實在
> 論的知識論。由經驗的普遍化而歸類而歸納而類比而至於概念的解
> 析，這一整個的過程我們可攝之於『象』和『象』這兩個名目下。（《周
> 易的自然哲學》，頁418）

所謂「實在論的知識論」是指羅素所主張的「經驗實在論」，這種學說是先肯
定經驗世界自有其條理，而人的認知能力也足以理解這種條理。準此，則所
謂「書不盡言」乃從人有其限制而言其不可盡，而聖人「立象以盡意」則是
從符號的功能性而言可盡。因爲，若藉重符號的指涉象徵功能，則可盡經驗
世界的範圍，如歐陽建所主張之「言盡意」的道理是一樣的。又，《繫辭上·
第十二章》曰：

> 是故，夫象，聖人有以見天下之賾，而擬諸其形容，象其物宜，
> 是故謂之象。聖人有以見天下之動，而觀其會通，以行其典禮，
> 繫辭焉，以斷其吉凶，是故謂之爻。極天下之賾者，存乎卦，鼓
> 天下之動者，存乎辭，化而裁之，存乎變，推而行之，存乎通，
> 神而明之，存乎其人。默而成之，不言而信，存乎德行。（《周易
> 注疏》，頁643）

《繫辭》作者在此揭示一種最高的詮釋極致：即聖人能有見於宇宙間幽深難
知的事物或道理，便用卦畫來形容或象徵出其形象或意義，這就是「象」。此

外，又把宇宙間有關變動不居的部分，表現在爻辭的吉凶判斷之中，而在爻的推衍變化之中呈現變動，這是客觀可見的。至於，神妙非一般人可達到的澄明理境，則只有聖人才有，且是存於不言之中，屬於道德實踐的。因此象有不可盡的領域，那是神而明之存乎其人，只存在聖人的「意」中。這樣的論述，透顯著一形上理境——屬於儒家道德形上學的理境。王弼的言意之辨亦有形上學與知識論兩面，不過其知識論不是經驗實在論的立場，其形上學亦非道德形上學。

　　綜觀王弼的「言意之辨」，不僅深具形上學意義，且又涵有道家的名言觀，故他並未如荀粲般完全抹殺象的意義。因為在王弼的得意忘言中猶有知識論的空間，肯定象是成就知識所必須，因為象是符號，即相當於西方人所謂的概念分析，只不過執著象也是迷妄，畢竟象也只有工具意義而沒有實質意義。〔註11〕〈周易略例・明象〉中，王弼借用《莊子・外物篇》的話為說：

　　　　猶蹄者所以在兔，得兔而忘蹄；筌者所以在魚，得魚而忘筌也。然
　　　　則，言者，象之蹄也，象者，意之筌也。(《周易注校釋》，頁609)

此申明「言」與「象」的工具性質，以解消人們的執著，去除了這項執著才可能通向易之形上理境。接著王弼又說：

　　　　是故，存言者，非得象者也；存象者，非得意者也。象生於意而存
　　　　象焉，則所存者乃非其象也；言生於象而存言焉，則所存者乃非其
　　　　言也。然則，忘象者，乃得意者也；忘言者，乃得象者也。得意在
　　　　忘象，得象在忘言。故立象以盡意，而象可忘也；重畫以盡情，而
　　　　畫可忘也。(《周易注校釋》，頁609)

若仔細玩味「言」、「象」與「意」的本質和限制，其中大有語言學的意義。這當然非王弼所及，他也只是從實際運用的觀點上，申明「言」是無法表達「象」的意境，而「象」也無以達到「意」的形上理境，因為它只是工具而已。故若拘於「言」與「象」，則對體證道而言，反而是滯礙難通的，故言「得意在忘象，得象在忘言」。以上是王弼「得意忘言說」之大要。

（二）存　象

　　若把《周易》視為一詮釋體系，則無疑「象」是其詮釋方法的重心所在，

〔註11〕牟先生曰：「象是知識的成立之必須條件。……可是這個『象』並不就是具體
　　　　世界的實體。它是事體間的關係之相像的表意。」(見《周易的自然哲學與道
　　　　德函義》，頁115)

這點是王弼所深知且認可的。王弼並未太過輕估「象」在《周易》中的份量，只不過不像漢人那樣執著於「象」的特定表意作用。他認爲《易》之取象是隨其事義自然而爲，不是天經地義的。雖然易象的確有啓發眞理之境的作用，但是卻不可執著而應忘之。前述歐陽建的「言盡意論」，對於名言的工具意義也有所闡釋，不過其中所闡明的是「指實語言」的工具意義，與王弼所論「象」的工具意義，有著不同的層次。從「指實語言」之爲工具，只能呈現形名所能及的客觀實在，而「象」屬於「啓發語言」，知其爲工具，卻可藉以開發出一超越形名，非形名可及的玄理境界。〔註12〕這是怎麼說呢？簡單的說，指實語言本是以名稱標示事物，故若能明白「名稱」的本質爲虛，則事物的眞實性就顯現出來了。至於卦象的象徵作用是對天理流行的觀照，則若能明白「象」的工具意義，則其所象徵的天理流行亦得以顯豁。

　　王弼「言意之辨」的主旨其實只是在申明「象」的性質。首先，「象」只是工具不可執著，再者，「象」之使用不可拘泥鑽營。〈坤・初六〉下有孔穎達對「象」的一番析論：

> 凡易者象也，以物象而明人事，若詩之比喻也。或取天、地、陰、陽之象以明義者，若〈乾〉之「潛龍」、「見龍」，〈坤〉之「履霜堅冰」、「龍戰」之屬是也。或取萬物雜象以明義者，若〈屯〉之六三：「即鹿無虞」，六四：「乘馬班如」之屬是也。（《周易注疏》，頁93）

孔氏以詩之比喻言象，可以說明王弼的觀點。王弼對象的定位亦無非類似詩中的比喻，故言觸類皆可以爲象。前賢多以爲王弼對易學中象的部分毫無所取，故有用「擯落象數」四字爲王弼易學的特徵。其實從《周易略例・明象篇》看，王弼雖主「忘象」實未嘗無「存象」之意。而且檢視王弼的易學，側重象的釋例亦有數見：

> 澤中有雷，動說之象也。（〈隨☲卦・象注〉，《周易注疏》，頁235）
>
> 渙之爲義內險而外安者也。（〈渙☲・六三・注〉，《周易注疏》，頁535）
>
> 坎陽而兌陰也，陽上而陰下，剛柔分也。（〈節☲卦・象注〉，《周

〔註12〕牟先生認爲，知指實語言爲工具，乃在呈現客觀眞實世界，「不能開闢一超形名之領域，反而只是呈現形名之領域。」而知啓發語言之爲工具，「乃在袪執以達圓，遮形以通微，撥封域畛界以會通而爲一。故可由形名而至超形名。」（見《才性與玄理》，頁254）

易注疏》，頁 538）

首先，〈隨䷐卦〉是「震下兌上」，《象辭》爲「澤中有雷」，王弼此注則取「震」之動象以及「兌」之悅象，合爲動悅之象，以釋「隨」義。其次，〈渙䷺卦〉是「坎下巽上」，王弼此注是取「坎」的險象與「巽」的順象爲釋，故有「內險而外安」之象。最後，〈節䷱卦〉爲「兌下坎上」，〈象〉曰：「剛柔分而剛得中」，王弼用「陽上陰下」詮釋這「剛柔分」一義，是取「坎」中男與「兌」少女之象，故合爲陽上陰下男尊女卑之義。從這些例子不難看出王弼並未完全抹殺「象」在《周易》中的價值。

（三）隨義取象

　　具體而言，王弼對象的觀點其實是偏重在「隨義取象」上，例如，《周易·乾文言》：「是以動而有悔也」之下，《王注》曰：

　　　　夫易者，象也，象之所生，生於義也。有斯義，然後明之以其物，
　　　　故以龍敍乾，以馬明坤，隨其事義而取象焉。是故初九、九二，龍
　　　　德皆應其義，故可論龍以明之也。至於九三，乾乾夕惕非龍德也，
　　　　明以君子當其象矣。統而舉之，乾體皆龍，別而敍之，各隨其義。（《周
　　　　易注疏》，頁 79）

此段肯定《周易》用象明事的本質。只不過，王弼特別強調象並不是天造地設的，而是由事義產生出來的，故隨其事義而有不同的取象，不必拘泥任一意象。如〈中孚䷼〉爲「兌下巽上」，〈象〉以「乘木舟虛」釋「利涉大川」，〈象〉以「澤上有風」解「中孚」，前者「巽」爲木，後者「巽」爲風。豈非所謂「隨其事義而取象焉」？王弼的注解亦一併採納。又，〈屯䷂卦·象辭〉有二說，其一：「剛柔始交而難生，動乎險中。」其二：「雷雨之動滿盈」，而《王注》總言之曰：「皆剛柔始交之所爲。」透過孔穎達的疏解，可知《王注》的意思是指〈象辭〉二說皆取「剛柔始交」之象。《孔疏》曰：

　　　　若取屯難則坎爲險，則上云：「動乎險中」是也。若取亨通，則坎爲
　　　　雨，震爲動，此云：「雷雨之動」是也。隨義而取象，其義不一。（《周
　　　　易注疏》，頁 104）

〈屯䷂〉是「震下坎上」，其卦辭：「元亨利貞」。「坎」可解爲「險」又可解爲「雨」，配上「震」的動象，遂成「屯難」與「亨通」兩義，不也正是王弼「隨義取象」的用意嗎？實則，孔穎達這段文字不止在說明易的取象原則，也是在申明王弼易學的「隨義取象」原則。王弼在〈明象〉中論道：

> 是故觸類可爲其象，合義可爲其徵。義苟在健，何必馬乎？類苟在
> 順，何必牛乎？爻苟合順，何必坤乃爲牛？義苟應健，何必乾乃爲
> 馬？（《周易注校釋》，頁 609）

誠如王弼所言，使用象徵的方法，的確是觸類皆可以取象的，故而所取的象
不是固定不變的。例如：《易》中以「馬」象徵剛健，以「牛」象徵溫馴，於
是漢人便執著「健」的象徵只能用在馬，而「馬」必屬健，「順」的意象只能
指稱牛，而「牛」即是順。由於這些取象被限制在固定的對象上，則若有超
出這些取象定式的情形，則必須再創造一些原則來解釋它，因此就有許多迂
迴複雜的說法出現。

　　總觀《周易注》，王弼取象的方法以「卦德」與「卦體」爲主，大抵循《易
傳》的詮釋系統，只是他的取象確實在傳統的象學上，作了大刀闊斧的簡化。
依據〈明象〉的內容，可知王弼反對漢「互體」、「卦變」、「五行」等類型的
取象理論。其實漢易的象論還不止於此，除前述王弼所採納與反對的以外，
還有依「卦畫」、「大象」的取象以及所謂「錯卦」與「綜卦」的理論，以下
約略敘述其內容：

1. 卦德：即依卦名所指的內容而取象。
2. 卦體：即依內外卦相合而成之義而取象。
3. 卦畫：即依六爻排比的形狀，取其所肖的物象。
4. 大象：即將重卦六畫整體的看而取象。來知德曰：「凡一卦陽在
   上者，皆象艮、巽，陽在下者，皆象震、兌。陽在上下者，皆象
   離，陰在上下者，皆象坎。是合六爻疊而觀之，以像其大體之卦
   也。」
5. 互體：即卦之二爻至四爻，三爻至五爻，各合成另一卦。以此取
   象。（來氏稱「互體」爲「中爻」）
6. 錯卦：即卦之六爻，陰皆變陽，陽皆變陰，如〈震☳〉與〈巽☴〉，
   〈坎☵〉 與〈離☲〉。又稱「對卦」、「類卦」、「旁通」。
7. 綜卦：即一卦倒反之，而另成一卦者也。如〈兌☱〉倒反變成
   〈巽☴〉。又稱「反卦」、「覆卦」。
8. 五行：即以金、木、水、火、土配合八卦取象。「乾」、「兌」爲金，
   「震」「巽」爲木，「坤」爲土，「坎」爲水，「離」爲火。〔註13〕

〔註13〕見徐芹庭博士《易經研究》（臺北：五州出版社，1979 年），頁 60。徐先生之

漢人的易學於上述的取象方法均甚重視，故象之易學亦形成了一門繁複的學問，到了王弼則大加簡化，遂得其清通簡要的風貌。當然這當中亦是利弊參半，不過這未始不是詮釋經典必然面臨的兩難局面。

（四）忘　象

　　如上所述，王弼對於易象的態度是介於「存象」與「忘象」之間，而絕無廢象之意。然而王弼《周易注》卻予人輕忽「象」的印象，在其注文之中，誠然絕少關於「象」的論題，除上一段所舉出王弼明顯側重在「象」上作解的幾個釋例，即使加上未舉出的，總的算來還是少數。這是否可說明王弼忽略「象」呢？答案自然是否定的。玄學家多偏好玄學式的表達方式，故而材料的稀少，決不足以證明他們有忽略的心態。王弼在明象中強調「忘象」，未必是「廢象」的意思。眾所周知，道家所言「忘」是具有玄學方法的意義，不宜視同實際生活上的忘懷或忽略。若披閱《周易注疏》，比對《王注》與《孔疏》，最明顯的不同是，王弼所不言的象全在《孔疏》中完整補足，而王弼的「要言不煩」與《孔疏》的「條分縷析」更是形成了強烈的對比。不過，儘管如此，王、孔之義一也，因為孔之疏論，完全是師承自王弼，只是孔之篇幅增多而已。當然，《孔疏》的不厭其煩，對初學者大有助益，然而王弼的言簡意賅，卻避免了許多不必要的重複。王弼忘象的態度，是表現在其〈象辭注〉中，而《周易》象論幾乎全集中在〈象辭〉，〈象辭〉說解卦、爻辭大多簡單明瞭，而且自有其體例，相信對於這點，王弼是完全了然於心的；而他之所以多半略過象的解釋，應該只是不作重複申說而已。基本上，王弼在《周易注》中對卦義的詮釋，是順著〈象辭〉並沒有太多修正，可見他對〈象辭〉的理論是贊同的。即以〈臨䷒卦〉為例：〈臨䷒卦〉「兌下坤上」，〈象〉曰：「澤上有地，臨，君子以教思無窮，容保無疆。」《王注》曰：

> 相臨之道，莫若說順也。不恃威制得物之誠，故物無違也。（《周易注疏》，頁 245）

《王注》只釋「君子以教思無窮，容保無疆。」實是其象淺顯易知，有象辭即可，毋庸費辭。《孔疏》則曰：

> 澤上有地者，欲見地臨於澤，在上臨下之義。故云：「澤上有地」也。（《周易注疏》，頁 245）

大作以介紹來知德易學為主，此處所引用的取象原則即屬來氏易學內容，大抵可稱完備。

《孔疏》在「澤上有地」外更發明「在上臨下」之義,對卦義的解說未始沒有增益,不過王弼卻十分刻意的省略不論。兩漢易學的繁複枝蔓,無疑是在過分的引伸演論下產生的。《王弼注》只用了最簡明的取象,且不多加引伸旁生枝節,難道不是有所戒懼,避免重蹈漢人的覆轍嗎?

　　不過話說回來,王弼象論大體只取卦德、卦體爲論,對漢人許多象說全持反對態度。這種簡化取向對易學的發展未始不是必要的,然而王弼恐怕還是有矯枉過正之嫌。就拿互卦來說,互卦的說法源遠流長,早在《左傳》已有記載,〔註14〕實未始不是解易的好方法,王弼一概取消是不是也有點武斷?

　　總之,從玄學方法的觀點看,「言意之辨」是語言層面的兩層區分,意是言的內涵,而言只是表達意的工具而已。故結論就是得意之後便可忘言,這是個融通淘汰的方法。

第二節　以一統衆

　　《周易》的原始經文本來只有「卦畫」以及「卦辭」、「爻辭」而已。以「卦畫」而言,每卦有六爻,由陰爻陽爻參錯構成,而六個爻位,各有陰陽兩種可能,排列組合的結果即得六十四卦。若以「重卦」的觀點言,以原始三子卦:乾、坤、坎、離、艮、震、巽、兌等八卦爲基礎兩兩相重,各成一卦即爲六十四卦。這未始不是先民的數學觀念,故周易學中有一派屬「數術派」,還衍生出一套算學理論。除了「卦畫」以外便是「卦辭」、「爻辭」,分別繫於卦下與爻下,六爻分初、二、三、四、五、上六位,陰爻加「六」,陽爻加「九」以爲名稱,由初至上順序條列,初至三爲「內卦」,四至上爲「外卦」。卦辭統論一卦的性質並載吉、凶、悔、吝等占辭,「爻辭」內容較爲豐富,亦有吉凶的占辭。從數量看,六十四卦共有三百八十四爻,如此,卦爻

〔註14〕《左傳》莊公二十二年:「陳厲公蔡出也……生敬仲,其少也,周史有以《周易》見陳侯。陳侯使筮之,遇〈觀䷓〉之〈否䷋〉。曰:『是觀國之光,利用賓于王。此其代陳有國乎?』……坤,土也,巽,風也,乾,天也。風爲天於土上,山也,有山之材而照之以天光,於是乎居土上,故曰:『觀國之光,利用賓于王。』」杜注以爲古之筮法有此。(詳見竹添光鴻《左傳會箋‧第三》,臺北:鳳凰出版社,1978 年,頁 63)從《左傳》中所記載的筮例看,重卦〈觀䷓〉是坤下巽上,若〈巽☴〉變爲〈乾☰〉,則成〈否䷋卦〉之坤下乾上了,而〈否䷋卦〉中自二至四又有〈艮☶〉象,故謂「風爲天於土上,山也」。而其從二至四取象豈非互體?

辭便多達四百四十八條。其中吉、凶、悔、吝的變化，相當詭譎多端。若孤立地看只當它是占辭，也許覺得那只是隨機而得的占辭，沒有特別的道理可言。不過《易傳》的詮釋傳統，卻肯定其中存在著十分嚴謹的義理架構。而王弼的易學，也是依據《易傳》這樣的精神發展而成的。在王弼的易學中，六十四卦是條理井然的體系，其吉、凶、悔、吝的判斷都有相當的倫理學意義。綜觀王弼的《周易注》，其內容大半以時、位、應的得失剖析各卦、爻吉凶的原由。雖然其內容完全承襲《易傳》，不過透過王弼《周易略例》的整理分析才使得《周易》的卦爻辭，得以呈現繁而不亂系統嚴謹的風貌。

　　《周易》的本質歸根究底也可以說是一種「詮釋」，正所謂：「聖人立象以盡意，繫辭焉以盡言。」眾所周知，《周易》的內容是在探討宇宙間的實然之理，則聖人畫卦立象，豈非在詮釋宇宙萬有？而繫辭則是在詮釋這宇宙萬有之象。而且其中實有其系統性，故《易傳》詮釋《周易》也有其系統性。戴璉璋教授曾爲王弼易學抽繹出四個重點：卦以存時、爻以示變、象以明體以及象以盡意。〔註15〕當然王弼的易學本來就師法《易傳》，只不過《易傳》是依附在卦爻辭之下，故其中雖有系統性，終究不容易掌握。以致於自先秦以下，《周易》的發展不免趨於繁複分歧。王弼作《周易略例》探討《周易》經傳的原理脈絡，條分縷析不厭其煩，故能綱領清晰地架構出《周易》的理論體系，不僅建立了一家之學，也連帶彰顯了《易傳》的義理綱維，其中又以〈明象〉一章最具洞見。

一、〈明象〉的方法理論

　　王弼《周易略例》辨析《易》之凡例，甚爲精闢。其中〈明象〉提出了「主一原則」並論述「中爻」與「獨爻」的特殊地位；很能呈顯《易傳》的方法理路。〈明象〉曰：

　　　故自統而尋之，物雖眾，則知可以執「一」御也；由本以觀之，義
　　　雖博，則知可以「一」名舉也。（《周易注校釋》，頁591）

這段文字中有兩個「一」，皆道的別稱。王弼認爲萬物雖眾多，卻有一個最高的普遍之理可以加以統攝，聖王便是憑藉這普遍的理則來治理萬物。天下的義理雖多端，卻有其共同的原理，而這普遍的理則與共同的原理皆獨一無二

〔註15〕參見戴璉璋先生〈王弼易學中的玄思〉。（《中國文哲研究集刊》創刊號，頁5
　　～25）

的，正所謂天無二日，國無兩君。〈繫辭下・第七章〉之「陽卦奇，陰卦耦」
下，韓康伯注曰：

> 夫少者，多之所宗，一者，眾之所歸。(《周易注疏》，頁 682)

對此我們要問道：何以「少」爲「多」之所宗，「一」爲「眾」之所歸呢？這
是預設事事物物皆有一定的秩序。而這個預設實爲先秦諸子普遍的共識。

西方人的歸納法雖爲科學方法，未始不可用於文獻的研究，也就是將文獻
當作材料，予以分析之後再藉以歸納出其中的理則。王弼在〈明象〉中所申明
的「眾不能治眾」之理，自然是源自其所秉持的本體論哲學。至於〈明象〉的
另一主題，「中爻」與「獨爻」的獨一無二地位，則似乎是藉由歸納而知。此外
王弼周易注有一個很大的要點，就是「物無妄然」的秩序原則。〈明象〉曰：

> 物無妄然，必由其理。統之有宗，會之有元，故繁而不亂，眾而不
> 惑。(《周易注校釋》，頁 591)

王弼在此主張事事物物皆有一定的理則可尋，只要能找到這個理則，就可掌
握林林總總繁多的事物，而不致於陷入迷惑。〈明象〉曰：

> 故六爻相錯，可舉一以明也；剛柔相乘，可立主以定也。(《周易注
> 校釋》，頁 591)

王弼的意思是，易卦雖有六爻與陰陽的變化，卻是有理則可尋的，一卦之中
若能先確立主爻所在，則可確定其卦的主旨，這就是所謂的「執一以御」與
「以一名舉」的意思。另外，在《繫辭下・第七章》中有言：「知者觀其彖辭，
則思過半矣。」其下的〈韓注〉正可與王弼之說相參照。韓康伯曰：

> 夫彖者，舉立象之統，論中爻之義。約以存博，簡以兼眾，雜物撰
> 德，而一以貫之。形之所宗者道，眾之所歸者一。其事彌繁，則愈
> 滯乎形，其理彌約，則轉近乎道。象之爲義，存乎一也；一之爲用，
> 同乎道矣。形而上者可以觀道，過半之益不亦宜乎。(《周易注疏》，
> 頁 706)

在此，韓康伯順著王弼的說法，並更具體的說出，〈彖〉的主旨在於指示《周
易》的「主一原則」，而這主一的作用又是通向「道」的。

如上所述，可以很明顯地看出王弼已經成功地把這部龐雜多方的《周
易》，架構成一井然有序的哲學體系。漢人相信宇宙間是井然有序的，所以他
們的易學，大多表現得條理井然，且充滿著邏輯因果順序的論述。王弼雖有
反漢傾向，然而關於這點卻與漢人不謀而合。

二、主　一

　　觀王弼的著述，首先予人的印象便是簡明扼要，可以看出其簡化的取向。古今學者本各有好尚，有好精詳不厭其煩者，也有尚簡約只求點到爲止者。而王弼的簡要只是因爲個人好尚而已，抑或有其哲學發展上的必要呢？《易傳》的內容頗爲龐雜，不僅兼取儒、道的義理，甚至不乏陰陽家、法家乃至於黃老道家的影子。實際上，《易傳》的龐雜，正是反應出從戰國以迄漢初，易學的多元化發展，與整理統合的痕跡。不過，《易傳》雖然龐雜，卻還是有明顯的主流思想貫穿其中，若能掌握這個環節，則不難理出其中的義理綱維。王弼一反漢人的繁瑣進路，並非只是爲簡化而簡化，實是繼承《易傳》「主一」的精神。而《易傳》的論述方法，的確就是以這「以一統眾」的方法爲其統合的最高原則。《繫辭下‧第一章》：

　　　　天下之動，貞夫一者也。夫乾，確然示人易矣！夫坤，隤然示人簡
　　　　矣！

韓康伯注曰：

　　　　乾坤皆恒一其德，物由以成，故簡易也。（《周易注疏》，頁 671）

依這段《繫辭》的內容而論，不難察覺其中「主一」的傾向。「一」的意涵，有「全體」、「一貫」、或「主一」等，總之皆有簡易的功用。總觀王、韓與《繫辭》作者的論點，顯然一致地傾向於主一的思維模式。王弼在〈明象〉中說：

　　　　夫《彖》者，何也？統論一卦之體，明其所由之主者也。（《周易注
　　　　校釋》，頁 591）

在〈明象〉一文中，王弼開宗明義便說明《彖》的內容是在於統論一卦的主體所在，即所謂的「主爻」。而爲什麼一卦必有一主，王弼主要是依著《彖》的詮釋理路作注。《彖》所呈現的主旨多半是統論一卦之義，宜是《彖》作者對《周易》的籠罩性解說。王弼注〈履☲卦〉的彖辭，對《彖》的體例有簡要的說明：

　　　　凡《彖》者，言乎一卦之所以爲主也。……三爲履主，以柔履剛，
　　　　履危者也。（《周易注疏》，頁 173）

又，〈略例下〉曰：

　　　　凡《彖》者，通論一卦之體者也。一卦之體必由一爻爲主，則指明
　　　　一爻之美以統一卦之義，〈大有〉之類是也。卦體不由乎一爻，則全
　　　　以二體之義明之，〈豐卦〉之類是也。（《周易注校釋》，頁 615）

這兩段文字主要在說明《周易》各卦的取義，大多以一爻爲主，是全卦的樞紐。不過也有例外，像〈豐䷶卦〉的卦象是合內外卦義而成的。

《易》的名稱有簡易、變易、不易三個涵意，其中當以「變易」最爲特色，而正因爲其「變易」的特色，使得易學的發展極爲多樣化；然而，綜觀兩漢易學，其所表現出的繁複多端之風貌，相信未必全出自漢人，恐怕是戰國以降易學長期發展的結果。到了《易傳》無疑是進入了整合期，而其整合工作即具有濃厚的簡化與主一的色彩，王弼解易的基本精神也是如此。因此他的注解往往先標舉一卦的主爻，再順主爻的義理重心發揮，而且儘可能要言不煩避免橫生枝節。先不論王弼對《易傳》的承襲，其實他的哲學理念中，原本就有強烈的主一傾向，〈明象〉曰：

> 夫眾不能治眾，治眾者，至寡者也。夫動不能制動，制天下之動者，
> 貞夫一者也。故眾之所以得咸存者，主必致一也；動之所以得咸運
> 者，原必無二也。(《周易注校釋》，頁 591)

這段文字與前引韓康伯「少者多之所宗，一者眾之所歸。」的話語毫無二致，由此可看出〈韓注〉與《王注》論點的一致性。而這樣從道的觀點發展「以一統眾」的政治理論，在先秦自有其歷史發展的脈絡，即使以自然爲中心的《老子》五千言仍不乏這樣的觀點。至於王弼的玄理又是如何接續此一脈絡的呢？且參看王、韓對於「大衍之數」的論述。〈繫辭上・第八章〉曰：

> 大衍之數五十，其用四十有九。

韓康伯注曰：

> 王弼曰：演天地之數，所賴者五十也。其用四十九，則其一不用也。
> 不用而用以之通，非數而數以之成，斯易之太極也。四十有九，數
> 之極也。夫無不可以無明，必因於有，故常於有物之極而必明其所
> 由之宗也。(《周易注疏》，頁 619)

《周易》的義理基本上是儒家的，六十四卦所呈現的內涵，豈不就是一幅從自然到人文之演化過程的藍圖？其中不難看出明顯的方向色彩，似乎「作易者」有意爲世人提供一個明確的人生方向，而這與道家不給出特定方向的原則是有衝突的。而王弼的「大衍之數」的解釋，則將此一方向消化於無形。他認爲《易傳》所言「大衍之數」有五十個，卻只用了四十九個，有一個數是「不用」的，而這「不用」的數即「易之太極」。雖然它無所用，甚至不是個「數」，但卻可成就其他四十九個有用的「數」。由於「不用」與「非數」

均沒有具體的形態，故還是要假借有用的數來呈現。

這段大衍之數的說明，至少有兩項方法學意義，首先，其中有兩層區分：其「一」不用者與有用的四十九個「數」，是屬異質異層的兩層區分。其次，不用的「一」與可用的「四十九」又有相互成就的「辯證」關係。「不用」可以成全「可用」的，而「可用」的又得以呈現「不用」的大用。

三、中爻與獨爻

王弼解易的重心當推主爻的論述，而何者可以爲主爻呢？王弼主張一卦的主爻所在，多半是中爻或獨爻。以下分別論述之。

（一）中　爻

王弼在〈明象〉一文中引用《繫辭》的文字曰：

> 是故雜物撰德，辯是與非，則非其中爻莫之備矣！（《周易注校釋》，頁591）

在此王弼很清楚地提出了「中爻」的重要性。而易學中所討論的「中爻」有兩種：一種指內外卦的中爻即二爻與五爻，另外一種是指一卦中除初、上以外的四爻，亦即二、三、四、五；這裡所討論的應指前者。《易》中，二、五多得吉占，故易學家咸相信，這二爻是全卦的靈魂。所謂「可以執一御」，意思是可以透過這中爻的占辭一窺全卦的卦象。〈繫辭・第八章〉論及爻位的吉凶問題說：

> 二與四同功而異位，其善不同，二多譽，四多懼，近也。柔之爲道，
> 不利遠者，其要無咎，其用柔中也。三與五同功而異位，三多凶，
> 五多功，貴賤之等也。其柔危，其剛勝邪。（《周易注疏》，頁708）

二與四同爲陰位，三與五同爲陽位，卻吉凶不同。依《繫辭》的解釋，二多譽的原因在「處柔居中」（柔是指二乃陰位而言），「五多功」的原因在於地位尊貴，這是附會人事而言。而王弼對二、五的吉占一概以「居中爲吉」解釋其理，非但簡明扼要而且具統一性。依周易爻辭的吉凶判斷，二、五大半適得其吉，寧非居中爲吉的道理嗎？實則，除中爻的因素外，五之爲君位本是傳統易學家普遍的共識。〔註16〕

〔註16〕《周易》之卦、爻辭，「五」多述王事，自漢以下均以爲君位之象，歷來學者
　　　皆無異議地襲用。王夫之《船山易學》（臺北：廣文書局，1974年）中〈履☲・
　　　九五〉「夬履貞厲」條下有言：「九五，剛、中正以履帝位。健而能斷，難說而
　　　不可犯。」（頁99）。又，《易程傳・坤☷・六五》（臺北：世界書局，1982年）

（二）獨　爻

除了「中爻」以外，王弼也非常重視「獨爻」，〈明象〉曰：

一卦五陽而一陰，則一陰爲之主矣！五陰而一陽，則一陽爲之主矣！
夫陰之所求者陽也，陽之所求者陰也。陽苟一焉，五陰何得不同而
歸之？陰苟隻焉，五陽何得不同而從之？故陰爻雖賤，而爲一卦之
主者，處其至少之地也。（《周易注校釋》，頁591）

在這一段文字中，王弼明確地主張一卦中單獨的陰爻或陽爻，最有資格成爲
一卦的主爻，這個觀點是王弼首先大加提倡的，相當值得討論。

若要印證王弼之說的正確性，恐怕得先回溯到《易傳》乃至於更原始的
卦、爻辭。《周易》的六十四卦本是由陰爻、陽爻雜錯於六個爻位，而形成六
十四個不同的卦象。故依排列組合原理，只有十二卦出現一陰五陽或一陽五
陰的獨爻情形。其獨爻位置分別在初、二、三、四、五、上等六個位置上，
陽爻與陰爻各六組。而處於全卦五陰而唯一陽爻的有：〈復☷☳·初九〉、〈師☷☵·
九二〉、〈謙☷☶·九三〉、〈豫☳☷·九四〉、〈比☵☷·九五〉以及〈剝☶☷·上九〉。
考案六者的爻辭大抵皆爲吉占，且依王弼的詮解，除了〈剝☶☷·上九〉外均
爲主爻。這六者的爻辭甚有意謂：

〈復☷☳·初九〉：不遠復，無祗悔，元吉。（《周易注疏》，頁272）

〈師☷☵·九二〉：在師中吉，無咎。王三錫命。（頁155）

〈謙☷☶·九三〉：勞謙，君子有終，吉。（頁203）

〈豫☳☷·九四〉：由豫，大有得，勿疑，朋盍簪。（頁210）

〈比☵☷·九五〉：顯比，王用三驅，失前禽，邑人不誡，吉。（頁162）

〈剝☶☷·上九〉：碩果不食，君子得輿，小人剝廬。（頁267）

大體而言，易卦的各爻之中，初、上的爻辭往往表現艱困的情境，而〈復☷☳·
初九〉則言以不遠復而可無悔恨，是少數處初而得吉者。〈剝☶☷卦〉之初六、
六二、六四均占「凶」，六三占「無咎」，六五占「無不利」，而獨爻上九雖不
若六五的占辭「無不利」爲典型的吉爻，卻也算是有條件的吉占。綜觀爻辭
的詮釋現象看來，易卦的義理似乎果眞有重視獨爻的意思。在此再依序列出
這六爻的象辭：

亦言：「坤雖臣道，五實君位。」（頁15）由此可見，「五」爲君位本是通例。

不遠之復，以修身也。(《周易注疏》，頁 272)

在師中吉，承天寵也。王三錫命，懷萬邦也。(頁 155)

勞謙，君子萬民服也。(頁 203)

由豫，大有得，志大行也。(頁 210)

顯比之吉，位正中也。舍逆取順，失前禽也。邑人不誡，上使中也。
(頁 163)

君子得輿，民所載也。小人剝廬，終不可用也。(頁 267)

六爻之象辭，除〈復䷗·初九〉訓「修身」之象，其餘皆有「得眾」之象。
是巧合呢？或是有意安排的呢？無論如何王弼是看到這點了，或許這正是開
啟王弼以獨爻為主爻的理論根據吧！不過，再看六個陰爻的獨爻，其爻辭的
吉凶判斷則似乎沒有特別的趨向。茲條列於下：

〈姤䷫·初六〉：繫于金柅，貞吉。有攸往，見凶。羸豕孚蹢躅。(頁
428)

〈同人䷌·六二〉：同人于宗，吝。(頁 191)

〈履䷉·六三〉：眇能視，跛能履，履虎尾，咥人，凶。武人為于
大君。(頁 175)

〈小畜䷈·六四〉：有孚，血去惕出，無咎。(頁 169)

〈大有䷍·六五〉：厥孚交如，威如，吉。(頁 198)

〈夬䷪·上六〉：無號，終有凶。(頁 427)

〈姤䷫·初六〉占得有條件的吉，〈同人䷌·六二〉占「吝」，〈履䷉·六
三〉占「凶」，〈小畜䷈·六四〉占得「無咎」，〈大有䷍·六五〉得「吉」，
〈夬䷪·上六〉，占「凶」。吉凶參半且吉凶所處爻位，大抵合乎易卦的普
通原則，所謂「三多凶」、「四多懼」以及「五多吉」等。〈姤䷫·初六〉王
弼注曰：

金者堅剛之物，柅者制動之主，謂九四也。初六處遇之始，以一柔
而承五剛，體夫躁質，得遇而通，散而無主，自縱者也。柔之為物，
不可以不牽，臣妾之道，不可以不貞，故必繫于正應，乃得貞吉也。
若不牽于一，而有攸往，行則唯凶是見矣！(《周易注疏》，頁 429)

〈同人䷌·六二〉之「同人于宗，吝道也。」下，注曰：

應在乎五，唯同於主，過主則否，用心偏狹，鄙吝之道。(《周易注

疏》，頁 191）

〈履☰☱·六三〉注曰：

> 居履之時，以陽處陽，猶曰不謙，而況以陰居陽，以柔乘剛者乎！
> 故以此爲明眇目者也，以此爲行跛足者也；以此履危見咥者也。志
> 在剛健，不修所履，欲以陵武於人，爲于大君，行未能免於凶。而
> 志存于五，頑之甚也。（《周易注疏》，頁 175）

通過《王注》看，周易作者對獨爻中的陰爻似乎沒有獨厚的意思。其解〈姤☰☴·
初六〉的時位，責其「以一柔而承五剛」，不專繫於四而有他往，故凶。注〈同
人☰☲·六二〉，又責其專應於五，所應不廣，「用心偏狹」故爲鄙吝之道。至
於〈履☰☱·六二〉，又因爲以陰居陽，而嫌其「以柔乘剛」，有履危之象。總
觀周易的爻辭與象辭，陰爻中的獨爻也多有凶吝的占辭，卻決無「五爻同歸」
的吉象，可見獨爻之中，只有陽爻是得天獨厚的，王弼籠統的推尊所有的獨
爻，似有欠周延。

第三節　陰陽二分法

在探討主題之前，必須先說明一點：周易的「陰陽二分法」並不等於西
方邏輯學的「二分法」（Dichotomy）。西方傳統邏輯（Traditional logic）的二
分法，是其「三段論」推理不可或缺的一環。此二分法是指一個概念與此概
念的否定，合起來等於全體。至於周易中的二分法，是爲了便於認識大自然
而設計的簡單分類方法，是關聯著具體對象而作，並不像邏輯學中的二分法，
只是思想方法中的抽象概念。〔註17〕

王弼注《周易》，除了師承《易傳》沒有太大逾越之外，對於《周易》本
身的特性也了然於胸。他深知《周易》的本質是從認識宇宙萬物出發，而有
了一番心得之後，再反觀人文世界乃至於人內在的理性生命。《周易》作者對

〔註17〕例如，西方人把人分爲白種人與有色人種，這是一般的二分法應用，至於邏
輯中的二分法，是不對特定對象加以分類，乃思想方法本身的理則性。牟先
生說：「普通講二分法是就一個概念分成兩個既排斥又窮盡的副屬類而
言。……邏輯中的二分法，其自身的意義與成立並不是就一個代表對象的類
概念而言，這裡只是它的應用處。……關連著思想律底本義而講二分法，……
先不將一個對象類分成兩個副屬類，而是說：對於任何一項a，加以否定，便
得一反項「-a」，對於「-a」加以否定便得a。……所以 a + -a = 1。……所以
邏輯的二分法，當該就是肯定與否定的「對偶性」。（《理則學》，頁 73～74）

宇宙萬物從認知進而加以描述，他們所用的方法首推「陰陽二分法」。《繫辭上》的第四章與第十一章，分別對陰、陽二分的觀念，有以下的論述：

> 一陰一陽之謂道，繼之者善也，成之者性也。（《周易注疏》，頁601）

> 是故易有太極，是生兩儀，兩儀生四象，四象生八卦，八卦定吉凶。（《周易注疏》，頁636）

《周易注》的理論結構完全順著這樣理路：首先將萬事萬物用陰、陽剖判為二，由陰、陽的分判便顯出事物不同的性質。事物的性質其實不一定非二分不可，然而在《周易》所描繪出的宇宙萬物，卻是如此截然二分。依照王弼的論述可知，爻有陰、陽，位也分陰、陽，二、四為陰爻，三、五為陽爻，一般而言陽為貴而陰為賤。《周易》從簡單陰、陽二分原則，從一陰一陽發展成八卦，再演變到六十四卦，踵事增華，僅僅爻辭便擴充到三百八十四條，而其中卦、爻辭所斷的吉凶占辭，更是變化多端。此外，易雖主占筮，其中卻蘊藏許多先哲對宇宙人生的智慧觀照，由於內容繁複加上歷史悠遠以及傳述方式的古奧，表現出來的仍是相當的紛雜沒有系統。還是到了王弼的《周易注》，才真正將《周易》之義理，系統化地朗現在世人眼前。使得《周易》經、傳可以脫去他原始占卜的神祕外衣，而透顯上古演卦先哲對大自然的深刻觀察，以及《易傳》作者在倫理學上的一番苦心孤詣。以下依據《王注》的論述脈絡，分幾點討論。

一、陰陽、剛柔與貴賤

在《周易》的義理系統中，陰陽與剛柔的意義幾乎是一致無別的。《說卦》曰：

> 立天之道曰「陰與陽」，立地之道曰「柔與剛」。……分陰分陽，迭用柔剛，故易六位而成章。（《周易注疏》，頁738）

然而我們在卦、爻辭與《易傳》乃至於《王注》、《孔疏》的文字中可以看出，當他們使用剛、柔的概念時，往往帶著價值判斷的意味，只不過剛、柔的高下是依其卦義與時、位而有變動。例如〈屯☵☳卦‧王注〉：「剛、柔始交是以屯也。」其實是陰、陽始交之意。《周易》的六十四卦的卦序編排有先哲宇宙論的考量，首兩卦〈乾☰〉、〈坤☷〉代表天地，〈乾☰卦〉由六陽爻組成，為「純陽」，〈坤☷卦〉由六陰爻組成，為「純陰」，到了第三卦〈屯☵☳卦〉，才開始陰、陽錯雜，故言「剛柔始交」。在《易經》的詮釋系統中，陰、陽和

合屬於吉象，乖違則是凶象。而且陽有「剛強」、「大有爲」之象，陰有「柔弱」、「順承」之象。例如：〈蒙䷃・九二〉王注曰：

> 以剛居中，童蒙所歸，包而不距，則遠近咸至；故包蒙吉也。……
> 處于卦內，以剛接柔，親而得中，能幹其任，施之於子，克家之義。
> （《周易注疏》，頁 113）

此言〈蒙䷃・九二〉雖以陽居陰是失位，但是由於〈蒙䷃卦〉之初、三、四以及五均爲陰爻，二雖位處六爻之中較低下的地位，然而因爲居中，且又處眾陰之中，故雖居二還是能有包容得眾的吉象，以至於能得到「以剛接柔，親而得中。」的稱譽。《周易》從剛柔論陰陽很容易得到認同，至於加入了貴賤的觀點，則不免帶有階級意識的色彩。〈繫辭〉曰：「列貴賤者，存乎位。」韓康伯注曰：

> 爻之所處曰：「位」，六位有貴賤。（《周易注疏》，頁 594）

王弼在《周易略例・辯位》說：

> 位有尊卑，爻有陰陽。尊者，陽之所處，卑者，陰之所履也，故以尊爲陽位，卑爲陰位。去初、上而論位分，則三、五各在一卦之上，亦何得不謂之陽位？二、四各在一卦之下，亦何得不謂之陰位？（《周易注校釋》，頁 613）

王弼這段文字，甚爲周延且有邏輯性。他主張因爲三、五兩位居內、外卦的相對上較高的位置，所以爲陽爲尊，反之，二、四兩位便爲陰爲卑。孔穎達疏曰：「六爻皆上貴而下賤」，與王說基本的精神是一致的。在《周易》的詮釋傳統中，各爻的特質除了在全卦六爻中的地位外，其分屬於內、外卦的位置，也是必需考量的。像〈繫辭上〉曰：「三與五同功而異位。三多凶，五多功，貴賤之等也」，因爲五居一卦中最尊貴的爻位，乃是由於居全卦高層位置的原故（初上不論）。如此的以貴賤與尊卑的階級觀念討論陰、陽，在現代而言，雖然很難令人接受，但我們不得不承認，這的確是不折不扣《周易》時代的思考模式。尤有甚者，在這個基礎上，韓康伯更藉以論述君權時代專制政治的合理性。〈繫辭下・第三章〉：

> 陽一君而二民，君子之道也。陰二君而一民，小人之道也。

韓康伯注曰：

> 陽君道也，陰臣道也……。故陽爻畫奇，以明君道必一，陰爻畫兩，以明臣體必二，斯則陰陽之數，君臣之辨也。以一爲君，君之德也，

二居君位，非其道也。故陽卦曰：「君子之道」，陰卦曰：「小人之道」
也。（《周易注疏》，頁 683）

這樣的理論明顯地可看出兩漢黃老的影子，和玄學思想大有隔閡。韓氏注《繫
辭》，世人皆把他視爲王弼的後繼者，大體而言未嘗不可，只不過韓的思想除
了繼承王弼外，還受到黃老道家以及郭象的影響，故他的思想有些與王弼不
同。而且，他的歧出路線，似乎也影響了唐代的孔穎達。〔註18〕

────────────────

〔註18〕 綜觀韓康伯注《繫辭》，對於王弼也算得上亦步亦趨的了，然而有些注文，卻
　　　　顯露他的思想路數有逸出王弼學術之處。〈繫辭上・第五章〉：「陰陽不測之謂
　　　　神」下韓康伯注曰：「神也者，變化之極，妙萬物而爲言，不可以形詰者也，
　　　　故曰：『陰陽不測』。嘗試論之曰：『原夫兩儀之運，萬物之動，豈有使之然哉？
　　　　莫不獨化於大虛，欻爾而自造矣。造之非我，理自玄應，化之無主，數自冥運，
　　　　故不知所以然而況之神。是以明兩儀以太極爲始，言變化而稱極乎神也。夫唯
　　　　知天之所爲者，窮理體化，坐忘遺照。至虛而善應，則以道爲稱，不思而玄覽，
　　　　則以神爲名。蓋資道而同乎道，由神而冥於神也。』」（《周易注疏》，頁 606）
　　　　這段注文，曰：「嘗試論之」云云，似乎在慎重地聲明以下是康伯自己提出的
　　　　論點。而從中也不難看出他與王弼的不同。王弼之學祖述老子玄義，對形上學
　　　　的建構不遺餘力，至於有關宇宙論的問題，則是淡而處之。到了郭象，其學有
　　　　涵蓋莊學的氣勢，對《莊子》全書所涉及的宇宙論內容，也慨然地架構出一套
　　　　體系，亦即其「獨化說」，而這正是他真正能異幟獨樹的觀點，也是其學與王
　　　　弼之學最大的分野。今觀韓康伯這段注文中：「莫不獨化於大虛，欻爾而自造
　　　　矣。」（《周易注疏》原文作「故欻而自造矣！」今依樓宇烈本改訂。）以及「造
　　　　之非我，理自玄應，化之無主，數自冥運，故不知所以然而況之神。」可說完
　　　　全是郭象的思路。此外，韓康伯有些注文，亦有近黃老道家之處，這也是他與
　　　　王弼不同的地方。例如〈繫辭下・第三章〉：「陽一君而二民，君子之道也。」
　　　　下〈韓注〉曰：「陽，君道也，陰，臣道也。君以無爲統眾，無爲則一也。臣
　　　　以有事代終，有事則二也。故陽爻畫奇，以明君道必一。陰爻畫兩，以明臣體
　　　　必二。斯則陰陽之數，君臣之辨也。以一爲君，君之德也，二居君位，非其道
　　　　也。故陽卦曰：君子之道，陰卦曰：小人之道也。」（《周易注疏》，頁 683）如
　　　　是地用「有爲」與「無爲」來分判「君道」與「臣道」，並將「道」與「一」
　　　　全歸之君德，這是黃老道、法融合之政治理論的特徵。（參見拙著《王弼老學
　　　　之研究》，臺北：文津出版社，1982 年，頁 54。）
　　　　附帶而言，本文中曾言「孔疏王注一也」，這只是大體而言，其實孔穎達與韓
　　　　康伯在詮釋《周易》時都常不自覺的傾向老莊的義理。例如〈復䷗卦〉中，《王
　　　　弼》以「反本」解「復」還算切合，至於《孔疏》，則將「復」等同於「靜默」，
　　　　便難免予人「格義生解」的聯想。《易傳》作者的意思應是，一切德行均有其
　　　　本，而「復」的意思是反其「原本」，所以復可以象徵返回德行之本，未必非
　　　　要向道家看齊，而把義理往靜默上解（《周易注疏》，頁 270）。又，〈繫辭上・
　　　　第四章〉：「一陰一陽之謂道」，〈韓注〉曰：「在陰爲無陰，……在陽爲無
　　　　陽……」，《孔疏》則曰：「無陰無陽乃謂之道……」從〈韓注〉到《孔疏》，
　　　　豈不清清楚楚地可以看出以老解易之「格義生解」漸次深化的痕跡？

二、履中、得位與應拒

《易》從八卦演至六十四卦，每卦兩兩相重，詮釋功能倍增，而且卦象更清楚。至於爻就不同了，六十四卦均有六爻，總共為三百八十四爻，各有其陰陽、剛柔與貴賤的差別，所以他們的吉、凶、悔、吝可以說是千變萬化的。〈繫辭上・第二章〉曰：

> 聖人設卦觀象，繫辭焉而明吉凶，剛柔相推而生變化。(《周易注疏》，頁 589)

每一卦的卦象算是比較固定的，由內、外卦的卦義相會合，意象自然甚為具體容易掌握。至於爻則由於所謂的「剛柔相推」以至於有詭譎多端的表現，所以爻的吉、凶不但受卦義的影響，還更受其所處的位置所左右。而一爻是否履中，是否得位，以及有無應援，都是決定吉凶的因素。以下分別論述之。

（一）履 中

所謂履中，是指居於一卦的二與五兩爻，由於這兩爻分居內外卦的中爻為「履中」，其餘各爻為「不中」。例如，〈乾☰・九二〉的爻辭「見龍在田，利見大人。」下，王弼注曰：

> 居中不偏，雖非君位，君之德也。(《周易注疏》，頁 52)

王弼認為，〈乾☰卦〉六爻，初九屈居最下故沈潛不彰，九三居於內、外卦之交，故惕惕不寧，九四則在外卦下層又近於尊位，故躍躍不定，上九則居於高亢之地，故不免危懼，六爻唯九二與九五因為居中，故得「利見大人」。

（二）得 位

除了居中以外，還有得位與否 [註19] 的講究。例如〈乾☰・九二〉因為陽爻委屈在二是不得位，雖為居中，只能算有「君之德」而已，而〈坤☷・六二〉爻辭曰：「直方大不習無不利」，可見在《周易》的詮釋系統中，恐怕只有「履中得位」才算得上大吉大利。王弼注曰：

> 居中得正，極於地質。……故不習焉而無不利。(《周易注疏》，頁 94)

在此，〈坤☷・六二〉由於得位又居內卦的中爻，故得此少見的「無不利」之占。綜觀六十四卦的爻辭，吉爻佔一半以上，但大部分是有限制的吉占，其限制或人、或事、或時間、或方位乃至於地區不一而足；像這樣不假修營無

〔註19〕凡陰爻居陰位，陽爻居陽位是為「得位」，否則為「失位」。

條件的吉占,是很難得的。不過,除了其居六二之「履中得位」外,當然也是由於坤卦的樞紐地位,以及全卦純陰沒有應拒問題故爻位關係單純所致。

由以上的論述,可約略得到一個結論,即在眾多原則中以居中最具決定性的地位,所以往往有些履中不得位還能瑕不掩瑜。例如:〈泰䷊・六五〉,以陰爻居於陽位是為「失位」,卻還能得「元吉」之占,乃是因為居中,並且「降身應二」的關係。此爻之吉占除了居中為吉的因素之外,還牽涉到應拒的問題。

(三)應 拒

所謂的「應」是指內、外卦相對位置的陰陽繫應關係;也就是初與四、二與五、三與上之二爻,若分別為一陰一陽是為「有應」,相反的,若同為陰或同為陽則是「無應」;這是標準的繫應規則。有時也不一定限於內、外卦相對位置,凡是卦中有一陰一陽若其他條件配合得宜也可能形成繫應關係。相對於「應」的情形,即一卦任一陰爻或一陽爻,即使在其相對位置來說是無應,他還是會尋求繫應,這樣的情形若其他爻處於較有利的地位,他就會受阻,即所謂「拒」。在《周易注》的詮釋系統裡,一卦之中,爻與爻之間的相互應援或違拒的情況,也是舉足輕重的因素。例如,前所引〈泰䷊卦〉,便是由於內、外卦應合無間故能大吉大利;而〈師䷆・六三〉之所以占凶,則在於「進則無應,退無所守。」又〈屯䷂・六三〉之所以得吝之占,是因為「不揆其志,五應在二,往必不納。」而這些應拒情形的發生,又有什麼道理可言呢?〈泰䷊・六五〉下王弼曰:

> 女處尊位,履中居順,降身應二,感以相與,用中行願,不失其禮,
> 帝乙歸妹,誠合斯義。(《周易注疏》,頁183)

其意為,六五地位尊貴卻繫應於九二,可比作公主下嫁,故方之「帝乙歸妹」。且又以陰爻居於陽位,得順承之象,故曰:「不失其禮」,所以占得「大吉大利」。而且,以〈泰䷊卦〉整體的應承關係,誠可謂六十四卦之冠。〈泰䷊卦〉之〈彖辭〉曰:

> 泰,小往大來,吉,亨。則是天地交而萬物通也,上下交而其志同
> 也。內陽而外陰,內健而外順,內君子而外小人,君子道長小人道
> 消也。(《周易注疏》,頁178)

又,〈泰䷊・初九〉王注曰:

> 三陽同志,俱志在外,……上順而應,不為違距,進皆得志,故以
> 其類征吉。(《周易注疏》,頁179)

因為〈泰☷☰卦〉是「乾下而坤上」，所以「三陽同志，俱志在外」，是指內卦三陽爻（乾），一致繫應於外卦的三陰爻（坤），三陽爻各得其所，皆能得志，故能團結一志無所爭奪，而可有一番作為。

不過，有應雖為好事，而如何應還有不同的分別。例如，〈比☵☷·六二〉：

> 繫應在五，不能來它，故得其自內，貞吉而已。（《周易注疏》，頁162）

〈比☵☷·九五〉：

> 為〈比〉之主，而有應在二，顯比者也。比而顯之，則所親者狹矣。
>
> 夫無私於物，唯賢是與，則去之與來皆無失也。（《周易注疏》，頁163）

這兩爻皆因「履中得位」而獲吉占，只不過兩爻互相繫應與其它爻沒有關聯，有狹隘不廣的缺失。反倒是〈比☵☷·初六〉，雖地處低下，卻由於「應不在一」（無應）而得「心無私吝」之象，故能有「它吉」。此外，上章所論獨爻的特殊地位，即由於獨爻肩負繫應其它五爻的重任，故往往為全卦綱領。

相對於有應的吉象，則無應往往占凶。以〈師☷☵·六三〉為例，王弼注曰：「進則無應，退無所守。」六三與對應的上六皆陰爻，故稱「進則無應」，且比鄰的九二又已繫應於五，故曰「退無所守」。

除無應以外尚有所謂的「拒」的情況，在周易注中以「拒」為說的釋例略少。〈屯·六三〉王注曰：「五應在二，往必不納。」〈屯☵☳卦〉的初與五為陽爻，則其九五下應於六二，而初九上納於六四，故六三自是處於上下受拒的窘境，而這也就是其得吝之占的原由。

在這樣應拒的原則裡，足以顯示一種鮮明的分位觀念，而這也是先秦倫理學的重要骨幹。〈訟☰☵·六三〉王注曰：

> 處兩剛之間，而皆近不相得，故曰：「貞厲」。柔體不爭，係應在上，
>
> 眾莫能傾，故曰：「終吉」也。（《周易注疏》，頁149）

這是說〈訟☰☵·六三〉夾在九四與九二之間，雖近卻無法相應，因為其所繫應宜在上九，故處境甚為危險，故稱「貞厲」。不過在分位上，其繫應於上九是受到保障的，故終究還是得吉。

三、本末、先後與體用

除了剛柔、貴賤以及是否履中、得位、有無應援外，王弼也常以「本末」詮釋《周易》的卦爻辭。

　　在先秦諸子的論述中，「本末」是一組普遍常見的觀念。然而必須別析的一點是，王弼討論本末有邏輯的本末與辯證的本末兩種。王弼注老標舉「崇本息末」，其本末方法是承老子的本末觀而來，故就著「正言若反」的「辯證思維」談本末。至於在《周易注》中，王、韓所講的本、末大多是邏輯形式的本末，而其中又有「先後」與「體用」兩個方向。〈略例・辯位〉：

　　　　初上者，體之終始，事之先後也。（《周易注校釋》，頁 613）

所謂「事之先後」，是指時間的先後，即物理世界變化的先後順序。如〈繫辭下・第四章〉：「幾者動之微，吉之先見者也。」韓康伯注曰：

　　　　合抱之木，起於毫末，吉凶之彰，始於微兆，故爲吉之先見也。（《周
　　　　易注疏》，頁 691）

這是從植物的成長過程，解釋事物的發展由幾微到顯著的先後順序。〈繫辭下・第七章〉曰：

　　　　其初難知，其上易知，本末也；初辭擬之，卒成之終。

韓康伯注曰：

　　　　夫事始於微而後至於著，初者數之始擬議其端，故難知也。上者卦
　　　　之終，事皆成著故易知也。（《周易注疏》，頁 705）

這是解釋《周易》各卦，在初爻是記述一事的發端，故隱晦不明，難以明瞭；而上爻是事件的完成階段，故其象較爲清楚易知。除此之外，本末還往往藉以區分先在本體與後起的發用，即所謂的體用之說；這樣的思維模式無疑更具哲學性。〈復卦・象〉曰：「復，其見天地之心乎！」王弼注曰：

　　　　復者，反本之謂也，天地以本爲心者也。凡動息則靜，靜非對動者
　　　　也。語息則默，默非對語者也。然則，天地雖大富有萬物，雷動風
　　　　行運化萬變，寂然至無是其本矣。故動息地中，乃天地之心見也，
　　　　若其以有爲心，則異類未獲具存矣！（《周易注疏》，頁 270）

王弼這一段文字最有以老解易的嫌疑。王弼的意思是將「動」與「靜」予以兩層區分，「靜」與「動」不是一對相反的概念，而是屬於兩個不同的層次。「靜」是常態的「體」，「動」則是離了常態的「發用」狀態，故「動」注定要回歸到「靜」的狀態。《老子・二十六章》：「重爲輕根，靜爲躁君」，即以穩重安靜爲常態，而輕浮與躁動則是失常的狀態。如是的觀點，王弼《易》、《老》二注屢屢有互相發明的論述，而最清楚的莫過於《老子十六章》「吾以觀復」下的注解：

以虛靜觀其反復。凡有起於虛，動起於靜，故萬物雖並動作，卒復歸於虛靜，是物之極篤也。（《校釋》，頁36）

又《老子三十八章》有一段注解，王弼也明顯的引〈復☷☳卦〉爲說：

是以天地雖廣，以無爲心，聖王雖大，以虛爲主。故曰：「以復而視，則天地之心見；至日而思之，則先王之志睹也。」（《校釋》，頁93）

〈復☷☳卦〉是「震下坤上」，其〈象辭〉曰：

雷在地中，復，先王以至日閉關，商旅不行，后不省方。

王注曰：

方，事也。冬至，陰之復也，夏至，陽之復也，故爲復則至於寂然大靜。先王則天地而行者也，動復則靜，行復則止，事復則無事也。
（《周易注疏》，頁271）

依〈復☷☳卦〉的卦象內卦爲雷，外卦爲地，是動息地中，故有歸於寂靜之象。與《老子十六章》以「歸根復命」解釋芸芸萬物的存在，取義是一致的，故王弼的注並非完全妄加比附。而且像這樣神似老子義理的內容，在《周易注》中並不多見。此外，從體用觀解〈復☷☳卦〉，在《繫辭》也可以找到根據。〈繫辭下·第六章〉：

謙，德之柄也。復，德之本也。

《王弼注》曰：

夫動本於靜，語始於默。復者，各反其所始，故爲德之本也。（《周易注疏》，頁699）

孔穎達疏解曰：

謙德之柄也者，言爲德之時以謙爲用，若行德不用謙，則德不施用。
是謙爲德之柄，猶斧刃以柯柄爲用也；復，德之本者，言爲德之時，先從靜默而來，復是靜默，故爲德之根本也。（《周易注疏》，頁699）

綜合《繫辭》中王弼與孔穎達的疏解，可推測王弼可能是從《繫辭》作者對〈謙☷☶〉與〈復☷☳〉的特殊定位，而得到這本末、體用的靈感。不過先不論易、老學說殊途，用這樣的體用觀解〈復☷☳〉的象辭「復，其見天地之心乎！」似乎也沒什麼不妥。

還有一點有必要說明，關於各家以體用解易的內涵，宜是與近代哲學所使用的體用觀念，嚴格分劃出本質與現象之別，不可等量齊觀。〔註20〕近代哲學

〔註20〕此所謂體用是專指先在的「主體」與後起的「發用」之先後順序而言。王弼

的體用觀，其內容是分割不可見的物自身的主體位格，與現象中可見者為兩個層面。王弼在周易注中言體用，未必是這樣的分辨。例如：〈泰䷊‧九二‧注〉：

> 體健居中，而用乎泰。能包含荒穢，受納憑河者也。(《周易注疏》，頁 180)

這裡的體是指事物所秉持的德而言，用是指作用。廣義而言，從今日的體、用之分看來，這些都屬於用的範圍。以王弼的解釋系統而言，把它列入本、末區分的一種類型，應該比較沒問題。〔註21〕

總論王弼三項易學方法：大抵「言意之辨」著重在釐析「象」在易學中的功能與限制，而「以一統眾」是從《易傳》的論述中提煉出來的綱領性的方法，至於周易本有的「陰陽二分法」，則王弼藉以尋繹《周易》詭譎多端的卦爻變化之條例。由於有這三項方法為利器，王弼確實繁而不亂的建立了一套周易的義理詮釋系統，其功不小。

哲學基本上與先秦的主流哲學是一脈相傳的體系。在形上學的範疇裡，先秦哲學普遍地傾向體用之本末觀。形式上各家均主歸本於道，只是各家所言的道有所不同而已。而且，即使在形下的領域，普遍也往往依體用的分別去思考。王弼在這點上確實表現得很明顯。本章第三節，曾引述〈䷗復卦‧象〉：「復其見天地之心」的注文，王弼舉「靜」、「動」與「語」、「默」為例，論靜、默是體，與動、言不屬於同一層次，而「無」是天下萬物的體（《周易注疏》，頁 270）。這是一種邏輯序列的思考，若與郭象《莊子注》的並列思考模式相較最見特色。王弼的論點，一切必有其體用關聯可言，在郭象則主張一體打平，因此王弼是呈縱貫思維方向，郭象則呈橫向思維方向，以致王弼有「天下萬物以無為本」的結論，而郭象則演論出萬物無有其本，皆自生的說法。錢穆先生在《莊老通辯》中，有專篇討論王弼的體用觀（見錢穆《莊老通辨》，臺北：東大圖書公司，1991 年，頁 405）。

〔註21〕王弼《周易注》的重點在於尋找《周易》的論述原則，而其觀點較偏向本、末的邏輯序列，與荀子的統類義不同。荀子所謂統者是指並列關係，那是由歸納而得的關聯。而所謂本末則是在縱貫關係中，依邏輯的序列向上推演而得的根源性關聯。

第四章　郭象的玄學方法研究（上）

　　觀郭象的《莊子注》，〔註1〕不難看出郭象並非僅止於闡釋莊子哲學，而
頗有在前賢的玄理建構之外獨樹一家之學的意圖。然而較早的王、何已成功
的建立了「以無為本」的本體論架構，要想另闢蹊徑，豈是容易的呢？無疑
的，郭象的玄學架構雖未必足以撼動前賢，但是至少已達到此一目標了。郭
象最主要的憑藉便是，他能承襲《莊子》一書中的各種哲學方法，並善加運
用。因此，在討論郭象的哲學方法之前，有必要先對《莊子》一書的哲學方
法，作一番探討。

第一節　莊子的哲學方法析論

　　前章探討王弼《易》、《老》二注，並沒有個別地把這兩部經典的方法，
加以析論。在此卻獨獨把《莊子》的哲學方法提出來單獨討論。理由是，《老
子》的哲學方法無論是名理的或是玄理的，都比較單純而不甚迂曲，所以在

〔註1〕　《世說新語》記載，郭象《莊子注》是剽竊自向秀而成的，此一陳說早已被
懷疑，只是學者大多還是籠統的認為《郭注》與《向注》一也。不過本文仍
把《莊子注》歸為郭象的玄理，實是，今流傳的《郭注》與《向注》內容相
較，似乎有相當程度的發展。據湯一介先生考證，《郭注》與《向注》從東晉
到唐初一直同樣流行，到了唐末向秀本才漸漸失傳。若《郭注》的內容大部
分剽竊自《向注》，應不太可能長時間同樣流行才對。而考之經典引用《向注》
內容，則又與《郭注》有相當程度的不同，而且在義理的重要環節，《郭注》
似乎有更大的建設。且《郭注》不只用向秀的莊子義，還引用司馬彪等人的
說法，算是集注性質，將向、郭兩注視為一家，顯然不恰當。關於這點，湯
一介先生總言之曰：「郭象《莊子注》在解釋「名教」與「自然」的關係上，
可以說又比向秀大大前進一步……」參見湯一介先生《郭象》（臺北：東大圖
書公司，1999 年），頁 26。

討論王弼的方法時一併討論，還不致於泯滅兩者理論脈絡的界線。而王弼的易學，可以說完全循著《易傳》的方法系統而沒有太多變化，因此更加沒有分別論述的必要。至於討論郭象莊學的方法就不同了。其原典《莊子》的理論方法，已是變化多端層出不窮，其中有老子方法的複雜變化，而且也有莊子獨創的玄理方法。若說《莊子》一書爲先秦哲學方法的寶典，誠不爲過。郭象以治莊學名家，其哲學方法亦復取自《莊子》而有不少變化。討論郭象若不參照《莊子》的方法，則可能會不知其所以然，而若與《莊子》的方法軋在一起討論，恐怕又很難顯現郭象方法的精采。故在此先把《莊子》一書的方法詳爲析論，以便後文討論郭象時作爲參照。

　　《莊子》一書，以〈內篇〉的義理最爲純正，〈外篇〉與〈雜篇〉則或多或少都雜有黃老〔註2〕的成份，故本文論述的重心在於〈內篇〉。而且，總觀〈內篇〉以論莊子哲學的方法已可得其大要，若再輔以〈外篇〉、〈雜篇〉一些精要的段落，就能稱得上詳備了。雖然《莊子》一書能建立所謂的「通天地，序萬物，達生死」的玄理體系，多賴「玄理方法」的開拓，不過「名理方法」的輔助也並不少見；以下先論其「名理方法」。

一、莊子的名理方法

　　莊子的學問本來不宜用名理來詮解，因爲其主要的論述，均是超越名理層面的「謬悠之說」或「荒唐無端崖」的話語。即以《莊子》首兩篇爲例，〈逍遙遊〉的理論目標在證成一「逍遙無待」自主自足的境界，〈齊物論〉的義理方向則在於消弭分別心，直指那「一體無別」的理境，這些都是莊子哲學的核心論題所在。不過雖然如此，他還是不能無視於客觀世界的限制，以及人類主觀的分別傾向，故《莊子》一書還是免不了要觸及名理方法。

（一）尋繹名理辨析的極限

　　莊子的學說其理論的目標是在證成一「人我無別，萬物一體」的境界，這其實不只是莊子的想法，即以身爲名家泰斗的惠施，也是以此爲其學說的終極目標。在他目前僅存的著作〈歷物之意〉中，舖陳了種種抽象概念分析，最後以「氾愛萬物，天地一體。」〔註3〕爲結論，與莊子「天地與我並生，萬

〔註2〕　參見拙著《王弼老學之研究》之第二章第二節〈莊子外雜篇之老子義理之詮釋〉，頁46～72。

〔註3〕　《莊子·天下》：「惠施多方，其書五車，其道舛駁，其言也不中。歷物之意曰：至大無外，謂之大一，至小無內，謂之小一……大同而與小同異，此之

物與我爲一。」的玄理之言，雖異曲卻有同工之妙。以惠施之說，他在一番名理辨析之後，陡然上翻，將精神境界提昇至「氾愛萬物，天地一體」的偉大理念，雖稱得上慧心，然而若論及理論過程，則終究還是斷裂的。〔註4〕反觀莊子「萬物與我爲一」的高妙境界，可不是憑空獲得的，而是由〈逍遙〉與〈齊物〉兩篇，無數的「巵言曼衍」，種種的「玄理觀照」以及層層的「實踐工夫序列」的證成，才能淘洗出這樣一泓人間世的清流，直可稱得上千錘百鍊了。這本來非關名理，不過莊子還是不避名理層的試鍊，在此姑且視爲玄理與名理的對話。《莊子・齊物論》曰：

> 天地與我並生，而萬物與我爲一。既已爲一矣，且得有言乎？既已謂之一矣，且得無言乎？一與言爲二，二與一爲三，自此以往，巧歷不能得，而況其凡乎？故自無適有以至於三，而況自有適有乎？無適焉，因是已。（《莊子注》，頁51）

莊子證成「萬物與我爲一」的境界，原不必乞貸於名理，然而仍不避麻煩地轉至名理層討論，目的在於反省名言使用的限制。而就在反省名言限制的同時，等於向玄理推進一步。怎麼說呢？他用一、二、三的數字序列，說明依著名言的分別，是一往向前無限延伸的。其結果必陷入「無窮無盡」的追溯，而得不到答案。〔註5〕故不如選擇道的進路，「各適其適」（無適焉，因是已），反而可以適可而止。

不過，雖說莊子以道的境界觀照天地萬物，已達到一體無別的境界，卻也不能眞無視於世俗的分別。故他對人文世界有「八畛」之說，對語言世界也提出了存、論、議、辯的劃分。《莊子・齊物論》曰：

> 夫道未始有封，言未始有常，爲是而有畛也，請言其畛：有左，有右，有倫，有義，有分，有辯，有競，有爭，此之謂八德。六合之外，聖人存而不論，六合之內，聖人論而不議，春秋經世先王之志，聖人議而不辯。故分也者，有不分，辯也者，有不辯。曰：何也？

謂小同異，萬物畢同畢異，此之謂大同異，……氾愛萬物，天地一體也。惠施以此爲大觀於天下而曉辯者。」（《莊子注》，頁582）

〔註4〕從惠施的「歷物之意」看來，前六段均屬於抽象思維，並不足以支持此「氾愛萬物，天地一體」的理念。莊子批評他「弱於德，強於物，其塗隩矣！」是沒錯的。

〔註5〕所謂「無窮後退」是指一理論的過程陷入循環推演，不能得出最終的結論，例如，「雞生蛋，蛋生雞」的模式即是。這裡的意思，若造物者是物，則最先的物，他是誰造的呢？若他也是物造的，則這造物者的推演將是沒完沒了的。

聖人懷之，眾人辯之以相示也。(《莊子注》，頁52)

道是一體無別無所封界的，而名言的分別原為虛無非關實存的事，這是莊子一再強調的。不過世俗畢竟是處處樊籬無不分辨的，故莊子在此也走進世俗客觀實境，並歷數其分辨。他把人文世界的分辨以「八畛」概括，把語言詮釋的方式分為存、論、議、辯，「存」是知其存而已，「論」是予以合理的解說，「議」是客觀的評論是非，「辯」是主觀的分別。這些詮釋方法，均因應人文世界的差別現象而設，一般人以為金科玉律，而聖人才知其為行權，故雖有時不得不有所分辨，卻知其分辨不是真理，故聖人知道應消弭分別而眾人卻執著分別。莊子的論述終究是走出了人文的分辨，而將義理的勝境指向無分別之境。這也可以說，既知「天之所為」，也能知「人之所為」，就憑這點即足以駁斥荀子在〈解蔽篇〉中，對莊子「蔽於天而不知人」的批判。先不談天人的分殊，在人類感官世界中，自然有著種種的分殊，而這些分殊是認識客觀世界的憑藉，也是成就知識不可或缺的，在這個意義下，分別乃是必要的。然而無分別原就不是對應著認知心所對的自然世界，而是一種境界的呈現，它所對應的是自然世界最原始的本質（在心知加入之前的本來面目），是萬物一體的自然境界，以及人透過修養工夫所達到的物我無別的沖虛境界。

(二) 玄理與邏輯推理的對峙

「邏輯推理」本與莊子哲學無關，莊子對名學一向沒有很高的評價，因為他認為名學不外是一些疏離生命的文字遊戲罷了，至於邏輯推理，在莊子的眼中就如同鷇音（鳥剛孵出時的鳴叫聲）一樣無意義（《莊子注》，頁41）。不過莊子有個知己惠施，是位名學大師。惠施不僅學富五車辯才無礙，而且好辯成癖。莊子書中有很多關於惠施與莊子互相論辯的記載，從中可看出兩人均想折服對方，並證明自己學說的優越性。以下引兩則《莊子》書中兩人的對談，深具邏輯意義。

1. 惠施的邏輯推理與莊子的玄理觀照

《莊子》一書中以〈秋水篇〉的哲學思辨之意味最為濃厚。其中一段相當有趣的故事，描寫莊子與惠施討論水中的魚是否快樂，內容透著點詭辯的意味，卻顯露惠施優越的邏輯素養。故事是由莊子開端的，有一天他與惠施走到水邊，看魚在水中悠哉悠哉地游來游去，不禁感嘆地說：「儵魚出遊從容，是魚之樂也。」這本是一句極普通的話，卻引起一番論辯，其內容便頗具邏

輯意義。以下依其條理分爲四段：

    a. 莊子曰：「儵魚出游從容，是魚樂也。」惠子曰：「子非魚，安知魚樂也？」

    b. 莊子曰：「子非我，安知我不知魚之樂？」

    c. 惠子曰：「我非子，固不知子矣，子固非魚也，子之不知魚之樂全矣！」

    d. 莊子曰：「請循其本。子曰：女安知魚樂云者，既已知吾知之而問我。我知之濠上也。」（《莊子注》，頁 340）〔註6〕

尋繹兩人的論辯，不難發現其中有相當完備的邏輯推理形式。惠施的談鋒犀利，莊子一句話便敗下陣來。最後，莊子趕緊改絃更張，捨棄邏輯推理而改用直觀的方法。〔註7〕

    若論莊子的失敗，理由在於他不該順著惠施的邏輯路數，以致於誤入名家人物所擅長的語言陷阱。一開始惠施詰問莊子「你不是魚，怎能知道魚快樂呢？」這句話是依邏輯推理而發的。接著，莊子一時不察順勢反問道：「你又不是我，怎能知道我不知魚快樂呢？」這是以其人之道還制其人。在第三段中，惠施用同樣的方法反將莊子一軍，遂使莊子退無可退。最後，莊子趕緊要求從頭來過。因爲若依邏輯推理的理路，則魚、莊子、惠施三者，在兩兩相知之下莊子知魚樂是可以成立的，然而只要有兩者不能相知，即皆不能相知。事實上莊子觀察水中魚的悠遊快樂，本就不是透過邏輯推理而得的，乃是一種同理心的「直覺觀照」。

〔註6〕在此將這段原文白話翻譯並略作說明：

    a. 莊子説：「魚在水中悠遊從容，很快樂。」惠施駁道：「你又不是魚，怎能知道魚快樂呢？」

    b. 莊子答辯説：「你又不是我，怎會知道我不知道魚快樂呢？」

    c. 惠施的回答道：「我不是你，固然不能知道你是否知道魚快樂。」接著他又説：「同理可證，你也不是魚，也應該不知道魚快樂。這是顯而易見的」。此可謂以子之矛攻子之盾的方法，所以惠施算是勝了一回合了。

    d. 最後，莊子要求再從頭說過。他解釋他是由自己站在濠上自在快樂，而推知魚在水中也是悠遊快樂的。（《莊子注》，頁 340）

〔註7〕所謂直觀的方法，是指一種非科學方法式的認識方法。科學方法，是將事物對象化，形成能知所知二分模式，對所知對象加以經驗的分析或概念的定義，以成就知識。唐先生論述柏格森之說：「人之投入事物之內，而同情的了解或直覺其非固定的概念所能把握之內在運動或內在生命，由是以直達於事物之本身……。」見《哲學概論》，頁 180。

2. 沒有標準的辯論與一體圓融的玄理

　　惠施之流的名家學者無不熱衷於辯論，因爲他們都相信辯論是達到眞理的最好途徑，然而名家學者的邏輯心靈並未引起廣泛的共鳴，以致於往往只是被當作「玩琦辭，飾怪說」者流。至於莊子，更是對辯論持著完全消極的態度，他認爲論辯只能服人之口，而不能證明眞理；莊子屢屢向惠施傳達這樣的道理。有一回，他以射箭爲例，《莊子・徐無鬼》曰：

> 莊子曰：「射者非前期而中，謂之善射，天下皆羿也。可乎？」惠子
> 曰：「可。」莊子曰：「天下非有公是也，而各是其所是，天下皆堯
> 也。可乎？」惠子曰：「可。」「然則儒、墨、楊、秉四，與夫子爲
> 五，果孰是邪？」（《莊子注》，頁447）

在此莊子以射箭比賽爲例，討論所謂的「公是公非」很難成立。凡射箭比賽都得先設立一個目標，而後張弓向目標發射，才能討論高下。否則，沒有事先預定共同的目標，不論射到何處皆稱「中的」，那麼每個人都可稱得上神射手了。同樣的道理，天下事往往沒有公認的標準，即使通過辯論也一樣，任誰在辯論之前皆有個人的預設立場，豈不是有如舉行一場沒有共同目標的射箭比賽一般嗎？這一點惠施也無可否認。根據這個論點，莊子下了一個結論：儒家、墨家、楊朱以及秉，再加上惠施合起來共五派說法，同樣也難有定論。接著，莊子又舉魯遽的例子爲說。《莊子・徐無鬼》曰：

> 或者若魯遽者邪！其弟子曰：「我得夫子之道矣，吾能冬爨鼎而夏造
> 冰矣。」魯遽曰：「是直以陽召陽，以陰召陰，非吾所謂道也。吾示
> 子乎吾道也。」於是爲之調瑟，廢一於堂，廢一於室，鼓宮宮動，
> 鼓角角動；音律同矣。（《莊子注》，頁448）

故事是這樣的，魯遽的弟子，自誇得到了老師的眞傳，能夠在寒冬中生火煮飯，炎熱的夏天裡造出冰來。魯遽教訓他，這只是「以陽召陽，以陰召陰」的平常技倆，談不上高妙的道理。魯遽拿出兩張瑟來做示範，一張放在廳堂上，一張放在內室裡，隨意彈那個音調的弦則另一張相同音調的弦也跟著顫動。當然，這即是樂理上所謂的「共鳴」，談不上有什麼玄妙之處，亦即魯遽所謂的「以陽召陽，以陰召陰」。接著魯遽又說：

> 夫或改調一弦，於五音無當也，鼓之，二十五弦皆動，未始異於聲。
> 而音之君已，且若是者邪？（《莊子注》，頁448）

這句話頗費解，大多注解皆依宣穎的說法，認爲這句話是莊子修正魯遽說法

的論點。而王夫之的《莊子解》，把這句話解作魯遽向弟子解釋道的眞義。意思是，若將其中一弦調到不合於五音中任一音調時，則二十五弦都將齊聲共鳴。由於它不屬於任一音調，所以才能與所有的音調和鳴，這才可稱得上「五音之君」，也才算達到道的境界。《莊子解》曰：

> 自爲改調一弦，不執於五音，而五音皆應，可以並包兼容，而唯吾
> 所利用，其説似矣。〔註8〕

其實在現實世界中這樣的音調是不存在的，這應是在暗指道家以無爲用的智慧。《禮記・學記》有言：「鼓無當於五聲，五聲弗得不和。」〔註9〕與此有異曲同工之妙。不過莊子講這個故事的重點也不是在討論「以無爲用」的道家玄理，而是在提醒惠施，他與儒墨各家的理論都是自己先預設立場再進行推論，其結果自然像「鼓宮宮動，鼓角角動」般的應驗。這有點像西方邏輯所謂的「同語重覆」（套套邏輯 Tautology）。〔註10〕莊子的意思當然也不是在討論「套套邏輯」的問題。他只是在說明辯論不可能判定是非，因爲人們心中都各有一把尺，必符合他們的尺度者才予以認可。所謂的是非，都是私心自用，豈有「公是公非」可言？故事中所言音律的共鳴是有選擇性的，彈一個音調只有同音調的弦會產生共鳴，所以它只是一個普通的音。也只有不屬於任何音調的音，才可以引動所有的弦一起共鳴，這樣的音才可以稱爲「音之君」。同樣的道理，只有在人們都捐棄成見，心中沒有任何預設立場時，才可能出現「公是公非」。莊子在〈齊物論〉中有一段「辯無勝」的理論，具體地說明，想透過辯論以尋求眞正的是非，乃是毫無指望的。因爲，凡兩造辯論，必定各執一辭，即使有仲裁者仍將圍於仲裁者的主觀判斷，可見得要獲得公正的是非不能靠辯論。〔註11〕

3. 宇宙根源的無窮追溯

　　不可否認的，宇宙根源的論題已超越人類的認知範圍，既沒有定解，也

〔註8〕見王夫之《莊子解》（臺北：里仁書局，1984年9月），頁216。

〔註9〕語見于《禮記・學記》，《禮記鄭注》（臺北：學海出版社，1981年），頁472。

〔註10〕所謂「套套邏輯」是指分析命題（Analytic proposition），即前提完全涵蘊結論，如二加二等於四，紅色的花是紅花屬之。

〔註11〕《莊子・齊物論》：「既使我與若辯矣，若勝我，我不若勝，若果是也，我果非也邪？我勝若，若不吾勝，我果是也，而果非也邪？……吾誰使正之？使同乎若者正之，既與若同矣，惡能正之？使同乎我者正之，既同乎我矣，惡能正之？……然則我與若與人，俱不能相知也，而待彼也邪？」（《莊子注》，頁64～66）莊子這段論述，旨在徹底地主張辯論的無效性。

很少具積極意義。《老子》與《莊子·內篇》，對此大多只是消極的點到為止而已，這是堅守理性思維者的態度。至於莊子〈外篇〉、〈雜篇〉則對此有積極的建構性理論，〈知北遊〉的作者即對此類論題特別感興趣。〈知北遊〉曰：

> 有先天地生者物邪？物物者，非物，物出不得先物也。猶有物也，
> 猶其有物也無已。（《莊子注》，頁 418）

這段話的主旨在說明天地萬物的根源必非物，其論述方法是基於邏輯推理，在此先將原文分為三小句：

> a. 物物者，非物。
>
> b. 物出不得先物。
>
> c. 猶其有物也，無已。（無先於天地的物）

以下且分析這段話的論述脈絡：a 句正面的主張生成萬物的不是物，b 句反過來補充萬物生成之前沒有物的存在，c 句是，若物之前還有物，則要尋求最早的物，將陷入無窮的回溯，由此可見「物之前還有物」不能成立。郭象即據此倡言萬物的根源是不存在的，而轉出其「獨化自生說」，後文將有詳論。〔註12〕

　　綜觀莊子一書對名理有如此多的著墨，彷彿意味著他對名理有某種程度的肯定，而事實上，卻是恰恰相反。觀《莊子》一書，凡對名理有所討論，都無非在對名理結構進行解構，尤以《內篇》最為顯明易見。

（三）名理的層遞方法

　　層遞性的論述在《莊子》一書最為常見，其中有的呈顯實踐工夫的融通淘洗的層遞性，有的則表達名言概念上的層層釐析。這樣的方法不僅繁複且顯得謬悠擺蕩，不像一般名理那樣容易掌握。

1. 由人到天的層遞追溯

　　道的境界本廣大周遍綿延無窮，無法以名言概念加以描述。因此老子避開正面的詮釋，而改以遮詮的方法消極的指點道的特徵。到了莊子則選擇一層一層逼進的方法，試圖正面逼顯出道的境界。〈大宗師〉曰：

> 南伯子葵曰：「子獨惡乎聞之？」（女偊）曰：「聞諸副墨之子，副墨
> 之子聞諸洛誦之孫，洛誦之孫聞諸瞻明，瞻明聞之聶許，聶許聞之
> 需役，需役聞之於謳，於謳聞諸玄冥，玄冥聞之參寥，參寥聞之疑
> 始。」（《莊子注》，頁 146）

〔註12〕參見本章，第二節，一之（二）。

這裡是用一些詩化隱喻的語言將人類由語言文字的層次，一層一層的逆推以回溯至道渾然一體的狀態。其中列出九個名目，可分為四個層次：

　　a. 語文傳播層：副墨之子（文字）、洛誦之孫（語言）。

　　b. 感官分辨層：瞻明（視覺）、聶許（聽覺）。

　　c. 本能反應層：需役（本能行為）、於謳（本能語言）。

　　d. 道的境界層：玄冥（有）、參寥（無）、疑始（未始有無）。〔註13〕

這四個層次，前三者比較具體容易理解，而第四層之玄冥、參寥與疑始的分別頗費解。理論上，三者應該都屬於道的層次，只不過，不知這樣分別的用意為何。在此不妨將〈齊物論〉兩段文字拿來參照，或許可以看出莊子的用意。〈齊物論〉曰：

> 古之人其知有所至矣！惡乎至？有以為未始有物者……其次以為有物矣，而未始有封也；其次以為有封焉，而未始有是非也。是非之彰也，道之所以虧也。（《莊子注》，頁47）

又：

> 有始也者，有未始有始也者，有未始有夫未始有始也者。有有也者，有無也者，有未始有無也者，有未始有夫未始有無也者。俄而有無矣，而未知有無之果孰有孰無也。（《莊子注》，頁50）

這兩段文字均屬於細密的名理分析，實與莊子的風格不太相襯，或許是因為戰國末是名學大盛的時代所致吧！不過，在名言分析之後，莊子總不忘一竿子打翻，讓那原本條理井然的理論脈絡全盤散落，再接續上那些曼衍無端的玄理語言。總之，莊子總是不至於落入名言的窠臼之中。

　　這樣的以名理分析一層一層逼顯的結果，其實只能形式的顯示道的超越性格，仍不足以具體的呈顯道的境界。倘若要尋求道的呈顯，還是應以主體修證境界為著力點。

2. 主體逍遙境界的層遞逼顯

　　莊子的〈逍遙遊〉，旨在證成一「逍遙無待」的境界。在其篇首即塑造出可以一飛沖天的大鵬，以及可以在大海中遨遊的巨大鯤魚，象徵體道者高蹈不凡的逍遙境界，不過無論如何，那些還只能算是印象式的書寫，都不夠具體清晰。而「知效一官」那小節，才算是把「逍遙義」發揮得淋漓盡致。其內容是把逍

〔註13〕此一分析參考了黃錦鋐先生的觀點。

遙的境界層級化，分出四個等級，一筆一筆鉤勒出「逍遙無待」的境界：

  a. 知效一官，行比一鄉，德合一君，而徵一國者。

  b. 宋榮子⋯⋯舉世而譽之，而不加勸，舉世而非之，而不加沮。定
   乎內外之分，辯乎榮辱之境。

  c. 列子御風而行，泠然善也。

  d. 乘天地之正，而御六氣之辯，以遊無窮者。（《莊子注》，頁 17）

首先，敘述一個政通人和且受長官信任的地方官。他在自己的轄區中，推展
事務很可以得心應手左右逢源。看來似乎很有自主性，實則充其量只是擁有
轄區內的自主權，完全談不上逍遙。第二，談到宋榮子，一個完全知道自我
價值的人。無論全天下人如何對他稱讚或責難，都不致於影響他的信念，可
以說，他已把自我的價值與身外之物分得清清楚楚。由於他能守住自我的價
值，因此不會迷失於外物。然而他還是不免困限在自我的成見之中，所以還
不能算是真正的逍遙無待。第三，以傳說中能御風而行的列子為例，他雖能
駕著風遨遊，不受物理世界的範限，想到那裡就到那裡，誠然相當的自由自
在。不過，由於還是得等待風起的日子，故也稱不上完全無待。講到最後，
莊子說出真正逍遙無待的典型——「乘天地之正而御六氣之辯者」。

  這是由極有限的自由，一級一級的提昇，到完全自由無待的逍遙境界。
而所謂「乘天地之正」，即安於一切，「御六氣之辯」，即順應自然的運行，換
句話說，也就是遇到什麼都能安之若素，亦即郭象所謂的「所遇斯乘」。如此
一來，當然可以遊於玄冥的「無窮」之境了。

  然而若問如何達到此一境界？這又得訴諸主體的修養工夫了。莊子工夫
進路多屬於層遞的形式。其中最典型的是「坐忘」與「外」的工夫，兩者均
見於〈大宗師〉。「坐忘」是從「忘仁義」、「忘禮樂」到「坐忘」，一層層深化
「忘」的工夫層級，最後到了「墮肢體，黜聰明，離形去智，同於大通」的
境界。「外」的工夫，有「外天下」、「外物」、「外生」、「朝徹」、「見獨」、「無
古今」到「不死不生」等七層次第，一層層的將生命中的干擾因素由外至內
逐一褪去，到了可洞澈事理（朝徹），得見道體（見獨），而最後進入道的境
界（無古今與不死不生）。這兩段可名為莊子實踐上的層遞逼顯方法。

二、莊子的玄理方法

  由前述莊子的名理方法，真是繁複燦爛令人目不暇給，不過我們都知道，

那只是莊子哲學論述方法的過渡地帶，不是目的也不是重點，而其重點自然非玄理方法莫屬了。觀莊子的玄理方法更可說是波瀾壯闊氣象萬千，對魏晉玄學的啓迪尤巨。

（一）莊子玄理方法的兩層區分

前文曾言，兩層區分是玄理方法不可或缺的一環，而討論莊子的玄理方法，格外適合從這一點說起。《莊子》書中俯拾即是一對對的概念，如：同異之辨、小大之辨、夢覺之辨、跡本之辨、本末之辨，乃至於天與人或道與物的分別，都不應只視爲兩兩對反的概念而已，其分殊應是「異質異層」的兩層區分。

首先談談《莊子》書中最核心的問題：天人之辨。〈大宗師〉曰：

> 知天之所爲，知人之所爲者，至矣！知天之所爲者，天而生也。知人之所爲者，以其知之所知，以養其知之所不知，終其天年而不中道夭者，是知之盛也。雖然有患，夫知有所待而當，其所待者特未定也。（《莊子注》，頁129）

莊子這段文字明顯的提出天與人的區分，「天之所爲」是自然天成的，而「人之所爲」則必是以其所知，養其所不知，充其量達到了「知之至」而已，終究還是有問題的。因爲凡「知」都是「有待」的，甚至其所待都不確定，即使是最圓滿的「知」，還是達不到天的境界。莊子論述至此，天、人的分殊彷彿隔著一道衝不過的圍牆。不過莊子接著又論道：

> 庸詎知吾所謂天之非人乎？所謂人之非天乎？且有眞人而後有眞知。……不以心損道，不以人助天，是之謂眞人。（《莊子注》，頁130～133）

莊子這段話，把前文天、人的兩層區分打散，天可能同於人，人也可能上契於天。若只是如此，未必有實質意義。到了「有眞人而後有眞知」這句主體性宣示話語，才足以眞正溝通兩層。其實，所謂「天之所爲」並不是天外飛來的，而是眞人透過主體修養而悟得了「不以心損道，不以人助天」的「眞知」。

再者，莊子屢屢以「小大之別」呈顯修道者超凡入聖的境界，具體的有「小知與大知」以及「小年與大年」的分辨，而〈逍遙遊〉中描述大鵬與學鳩的小大對比，也是同樣的用意。其中渲染大鵬可以一飛沖天而學鳩卻只能飛越極有限的範圍，這樣的小大懸殊，是象徵有道者的精神境界，與一般囿於世俗之見者的區分。其間決不是量的高低不同而已，實有異質異層的殊異。然而郭象以「小大雖殊，逍遙一也。」來詮釋這段，是將大鵬與學鳩放在同

一層上討論。從文字上看，似乎也未爲不可，只是如是解釋所達到的只是一體弭平的境界，然而若從兩層區分來解釋，則可顯一「上下與天地合流」的神人境界。

此外，莊子也雅好以夢、覺之別，象徵俗情與道眞的差別。人在睡夢中不知身在夢中，可譬之於人迷失在世俗之中，非有大覺悟很難翻昇上道的境界；這當中自有兩層區分可言。而〈內七篇〉的要旨即在揭示此一道的境界，這是本體論的範圍。〈外雜篇〉比較多宇宙論的探索，而且有很多形質層上的討論，故內容比較駁雜。不過其中也有藉著物與道的區分以顯道的超越性格，不僅甚爲精要，而且更具體容易瞭解。在〈則陽篇〉中，即把道與物分爲兩層以見形上理境的「非名理本質」。〈則陽〉曰：

> 「或之使」、「莫之爲」，未免於物，而終以爲過。或使則實，莫爲則虛，有名有實，是物之居，無名無實，在物之虛。可言可意，言而愈疏。未生不可忌，已死不可阻，死生非遠也，理不可睹。「或之使」、「莫之爲」，疑之所假。吾觀之本，其往無窮，吾求之末，其來無止，無窮無止，言之無也，與物同理。「或使」、「莫爲」，言之本也，與物終始。道不可有，有不可無，道之爲名，所假而行，「或使」、「莫爲」，在物一曲，夫胡爲於大方。（《莊子注》，頁 482）

「或使」指宇宙間有一種力量影響萬物的動作生長，「莫爲」是指沒有這種力量存在；有點類似西方的目的論課題。〔註 14〕在此把「莫爲」與「或使」均歸於「在物一曲」而與道無關，是將「物」與「道」明白的區分爲兩層。這段話旨在說明，從物的角度討論宇宙的道理，是得不到答案的。〈則陽〉又曰：

> 言而足，則終日言而盡道，言而不足，則終日言而盡物。道、物之極，言、默不足以載，非言非默，議有所極。（《莊子注》，頁 482）

這裡更確切地指示出，「道」與「物」的分野是無法以言語道盡的。至於何以如此呢？當然得歸之於其中的兩層區分，也正由於道與物本分屬兩層，故無法一起討論。

此外，莊子引述惠施的「歷物之意」，其中的「同異之辨」，明顯也是兩層區分。〈天下篇〉曰：

> 大同與小同異，此之謂小同異，萬物畢同畢異，此之謂大同異。（《莊子注》，頁 583）

〔註 14〕 「目的論」是主張宇宙萬象的生成與運動皆爲了合乎某一目的而有。

這是在揭示一種絕對的「同」的境界。經驗世界所呈現的同、異現象，同與異是相對的觀念，而在形上道體所觀照的同是絕對的「同」，不是與異相對的同。莊子也有這樣的區分，〈德充符〉曰：

> 自其異者視之，肝膽楚越也。自其同者視之，萬物皆一也。（《莊子注》，頁 110）

在此莊子要言不煩地描述出「異」與「同」兩境界。經由一般感官認知看世界「自其異者而視之」，自然是萬象殊異，若能超越感官認知的執著「自其同者而視之」，則心靈無異達到天的境界，自然具有對萬物「一體觀照」的智覺。這樣的「同」與「異」並非相對的同與異，此「異」是在經驗世界中與同相對的「異」，而此「同」是透過主體觀照所呈的絕對的「同」，故屬兩層區分。如此而言萬物皆一，才不會被視爲空言或怪論。

再者，莊子提出「無用之用」的論點有點玄妙，說穿了也是「兩層區分」。無用的「用」是虛用，是絕對的，故有無限的大用。一般世俗的「用」是實用，其作用是相對的，可能從另一個觀點看未必有用。兩者是不同層次的。這是在說明世俗功利觀念，常看似有利而其實未必眞的有利。〈人間世〉曰：

> 匠石之齊，至於曲轅，見櫟社樹。……是不材之木也，無所可用，故能若是之壽。……夫柤、梨、橘、柚果蓏之屬，實熟則剝則辱，大枝折，小枝泄。此以其能苦其生者也，故不終其天年而中道夭，自掊擊於世俗者也。物莫不若是，且予求無所可用久矣，幾死乃今得之爲予大用，使予也而有用，且得有此大也邪？（《莊子注》，頁 98）

莊子所講的「無用」並不是與有用相對的無用，而是在這層次向上翻一層。這與老子所言「無」的境界類似。老子所講的「無」本可成就一切萬有，並非一無所有的「空無」。例如：容器用的是在中空的部分，房舍居住的也是在中空的部分，〔註 15〕人越虛心越能學習新知。反之，若容器沒有中空的部分就無法使用，房舍沒有中空的部分，就不能居住，人心充滿了成見必然阻礙學習。而莊子所言「無用」，亦非一無可用的意思，而是回歸自我的大用。例如，對樹木而言生命活動才是它自己的利益，至於材美可用的用，可能反而

〔註 15〕《老子·十一章》：「三十輻共一轂，當其無有車之用。埏埴以爲器，當其無有器之用。鑿戶牖以爲室，當其無有室之用。故有之以爲利，無之以爲用。」這是王、何以無爲本的理論根據之一。

是大不利的。所謂有用就是指有利益的事，而最大的利益應是利於生命的事。然而，世俗中的活動多半是功名利祿的競逐，實在不利於生命，卻被稱爲有用，許多對生命大有助益的活動，卻由於無關功名利祿，便被稱爲無益之事。

（二）辯證與詭辭

一般「辯證」與「詭辭」常連用，因爲辯證就是詭辭，精確地講，辯證是詭辭的一種，而詭辭並不等於辯證。詭辭所指的範圍比較大，凡內容自相矛盾不合邏輯的命題都可稱爲詭辭。在此先論「辯證」的問題。辯證思維在東方哲學中是極重要的一環，尤其在玄理論述領域中，辯證幾可稱得上是個「共法」，無怪乎深受道家始祖老子的青睞，一部《老子》五千言，多半都是由辯證思維架構而成的。莊子是道家的第二人，其學當然不能無備於斯，只不過，其所呈現的辯證形式幾乎全是《老子》的翻版。大抵可分爲兩類，其一是在正、反兩概念之間劃上等號，其二是將正、反兩概念融合爲一。莊子所言「殺生者不死」、「生生者不生」（《莊子注》，頁 145）、「至言去言」、「至爲去爲」、「大道不稱」以及「大仁不仁」（《莊子注》，頁 54）等等辯證語言，從形式看，就是把正、反兩概念劃上等號。而這反面的概念，並不是在實有層上加以否定，而是在境界層上消去執著而已。意思是，凡事有心有爲，常適得其反，而無心無爲常反而可得到大功利，這顯然是師承《老子‧三十八章》「上德不德是以有德」的辯證語言。

此外，莊子還有另一種辯證語言形式，是將兩正、反概念融合爲一，例如：「以死生存亡爲一體」、「以可不可爲一貫」（《莊子注》，頁 118）、「相與於無相與」、「相爲於無相爲」等等，這些皆是藉正反和合以顯全而不偏，一體呈現的玄理境界。舉「可」與「不可」爲論，兩者是正反對立的矛盾，而還能融合爲一，故顯一體圓融無隔，至高至廣的圓通境界，豈可一般視之？

又，牟先生在《才性與玄理》中，曾將老莊的表達方式作一番比較。他認爲「老子採取分解的講法，莊子採取描述的講法」，故老子「系統整然，綱舉目張」，至於莊子，則「隨詭辭爲用，化體用而爲一」（《才性與玄理》，頁176）所以莊子的玄學方法並非僅止於這些辯證語言而已，還有一些玄冥弔詭的詭辭。牟先生曾說莊子的語言特色是以詭辭爲用，把道的境界消融在詭辭之中。必須分辨的是，莊子使用的詭辭常不盡然是辯證語言。若問莊子的詭辭是何種型態的語言，則〈天下篇〉中所謂「謬悠之說」、「荒唐之言」與「無端崖之辭」，都算是典型。

　　莊子不同於一般學者對名理方法多所倚重，他對名理的態度除了解構以外還是解構，而且他也確實成功的營造出非名理，非系統，非結構的玄理氛圍。當然，其書偶而也會涉及言詮，但皆隨說隨掃，有時也不免落入系統結構中，但他總能適時地截斷那聯結的環扣，使其書寫復歸於曼衍無窮，而至於肆恣放縱無所掛搭。前引莊子〈齊物論〉「有始也者」，那段宇宙論的論述豈不是相當具有結構，而文末一句「俄而有無矣，而未知有無之果孰有孰無也。」便將其結構全盤打散，進而將論述導入「天下莫大於秋毫之末，而泰山爲小，天地與我並生，萬物與我爲一。」的玄理之中。此外莊子也常假藉夢境的弔詭本質暗示出玄理之境，〈齊物論〉：

> 昔者莊周夢爲胡蝶，栩栩然胡蝶也。自喻適志與，不知周也，俄然覺則蘧蘧然周也。不知周之夢爲胡蝶與？胡蝶之夢爲周與？周與胡蝶則必有分矣，此之謂物化。（《莊子注》，頁 68）

這段文字，把莊周與胡蝶攪混在一起，用一個「不知」便取消人的認知主體的主導性，把主體與宇宙萬物一起放在一個夢幻般的境界，雖不否認莊周與胡蝶必有其分，但猶以「物化」一辭渾化其分。這是藉由「存在」與「認知主體」本身固有的割裂，〔註16〕所營造的弔詭情境。莊子另有一則說夢段，更是深得弔詭三昧。〈齊物論〉：

> 夢飲酒者，旦而哭泣，夢哭泣者，旦而田獵。方其夢也，不知其夢也；夢之中又占其夢焉，覺而後知其夢也；且有大覺而後知此其大夢也。而愚者自以爲覺，竊竊然知之。君乎！牧乎！固哉！丘也，與女皆夢也，予謂女夢亦夢也。是其言也，其名爲：「弔詭」。（《莊子注》，頁 63）

牟宗三先生曾引這段文字，用以詮釋詭論。他說：

> 這個「詭」就是莊子所說的「是其言也，其名爲弔詭。」弔詭就是詭譎……「予謂女夢亦夢也」這不是弔詭嗎？……我說你們在做夢也是在夢中，把自己也含在內，這不是矛盾嗎？你說人家作做夢，至少你不做夢才行啊！我說你夢，我也是夢，這個在邏輯上是不行的啊，……但辯證的詭辭，它就要通過這個轉圈子，要把自己包括

〔註16〕笛卡爾「我思故我在」，把我思與我在分別開來，即可看出其間的割裂本質。人的存在本應渾然爲一的，然而認知主體被強化之後，存在便被客體化，以致形成主、客相對，而割裂爲二。

在裡邊。這是自我否定，就是個矛盾。這個嚴格講不是個矛盾，……
它是一個詭譎，奇詭，不正常。邏輯是正常的，詭辭是不正常的。……
我們就用弔詭這兩個字來翻譯西方那個 paradox，很恰當。(《十九
講》，頁 142)

牟先生認為莊子所提出的弔詭一辭，相當於西方人有所謂的詭論(或稱悖論)。
他明白點出詭論是奇詭不正常的，也就是在邏輯上說不通的命題。在此好有一
比，西方人著名的「說謊者悖論」，即某位雅典人說：「所有的雅典人都在說謊」，
這句話顯然自相矛盾。因為，如果這句話是真話，則「都在說謊」便無法成立，
這在邏輯上是通不過的。另再舉一例：官員在一面牆上張貼一張「禁止張貼」
的告示，這不也很矛盾嗎？然而，卻未曾聽說有人為此提出異議。因為，人們
都知道也都默許，這張禁令是不受自己所告示的禁令所限制的。這當中，在人
們的認知中自然有兩層區分。現代語言學的術語或稱為「第二序語言」(Second
order language)，或稱為「後設語言」(Meta-language)。「第一序語言」是一般
的對象語言(Object language)，「第二序」或「後設語言」是超越一般對象語言
的更高層的語言，故有優先性(Priority)。「說謊者悖論」應作如是解，這句話
其中的「都在說謊」一語是一般語言，而這整句話是「後設語言」，不在「都在
說謊」之內，故它不是自相矛盾。以上所講的都屬於名理中的悖論，至於莊子
「予謂女夢亦夢」是屬於玄理中的詭辭。不過，其形式上同樣有兩層區分，第
一層是現實層，是經驗可及的，第二層是超越的智覺層，屬於非經驗可及的。
在現實層上孔子仍在世俗迷夢之中，而他能走出來點出人們的迷夢，自然是已
躋至超越的智覺層，然而這兩層仍是混在一起的。換個例子：若有人說「人生
是一場夢」，則說這話的人在不在夢中呢？倘若他也在夢中，似乎便失去說這話
的立場，不過，若說他不在夢中，則這句話又如何成立呢？可見夢中說夢，恐
怕就得如此詭譎地把「說夢者」包括在其中。

　　附帶說明一點：西方最常見的詭辭有「辯證法」與「兩刀論」(Dilemma)，
其形式原理無它，即「兩層區分」與「混淆」。基本上邏輯思維當然是不容混淆
的，而且也不能有兩層區分，邏輯中的概念必須在同層上。辯證法基本形式為
正 —— 反 —— 合，其內容即通過正面與反面的辯證過程，以達到更高層的正
面價值 —— 合論，所以這過程中便有兩層區分，第一個「正」是與「反」相對
的原初的正面價值，而「合論」是反面的反面 —— 另一個更高層的正面價值。
「兩刀論」是把「假言」與「選言」兩種三段論混在一起用。像有一詭論，法

官無論如何總會被怨恨也無論如何總會被喜歡，因為法官正直判案則好人喜歡他，壞人怨恨他，若他收受賄賂，則壞人喜歡他，好人怨恨他。中國名家流傳著許多悖論也是靠混淆的手法。《荀子・正名篇》中倡言「矯三惑」，將當時流行的悖論分別用「以名亂名」、「以名亂實」以及「以實亂名」來解說。即批評名家學者玩弄語言遊戲，只是眩惑世人的伎倆。而這些名家人物所玩弄的伎倆，說穿了豈不就是混淆罷了！公孫龍的「白馬非馬」的命題，有兩種解釋的空間，其中繫詞「非」可解為等同關係或類屬關係的否定。若此「非」是表明不等同之意，則此一命題可以成立，若它是指向類屬關係的否定，則它是不成立的。公孫龍顯然是利用這當中歧義的混淆，造成這句話的聳動效果。惠施的「天與地卑，山與澤平」，則是以「實存層」的無分別，去混淆「名言層」約定俗成的分別。由此可見，其實詭辭也沒什麼詭異之處。當然名家自有其淑世的理想，他們的學說也都有客觀的價值，決非只是立意在混淆。〔註17〕

（三）超　越

　　以上討論了兩層區分與辯證的詭辭，均是先有一番名理的分析之後，再予以統合而歸於道的理境，這還算是含有名理的玄理方法。莊子的玄理實有進於此，即不透過名理分析，直接示現玄冥之境。好比施展乾坤大挪移的手法，將那些萬象森羅無窮無盡，數都數不清的分別一筆勾銷，此即為超越方法。所謂超越方法是指從一般的思維模式中翻昇上去，從形下翻昇至形上，由物翻昇至道，由名理可及的芸芸分別，翻昇至名理不可及的混沌無分別。在此由〈齊物論〉所揭示的「天籟義」談起：

　　　　夫吹萬不同，使其自己，咸其自取，怒者其誰。（《莊子注》，頁34）

吹萬不同是形下的芸芸分別，雖不同卻同為自己，自己即天籟的示現，這是主體境界的提昇。並非以天籟之名，便能叫原本各各不同的萬物不再不同，而是就其不同而肯定它。如此則人籟、地籟皆無非天籟，而天地萬物也都能在此形上觀照中，實現自己的價值並保有自己。齊物論又曰：

　　　　物固有所然，物固有所可，無物不然，無物不可，故為是舉莛與楹，

　　　　厲與西施，恢詭憰怪，道通為一。（《莊子注》，頁45）

〔註17〕　先秦典籍中有鄧析玩琦辭操兩可之說以混亂名實的記載。《荀子・非十二子》曰：「不法先王，不是禮義，而好治怪說，玩琦辭，甚察而不惠，辯而無用，……是惠施、鄧析也。」（梁叔任，《荀子約注》，臺北：世界書局，1977年，頁62）《列子・力命篇》：「鄧析操兩可之說，設無窮之辭。當子產執政，作竹刑，鄭國用之，數難子產之治。」（楊伯峻，《列子集釋》，頁126）

在形下的領域中人文的樊籬裡，本是有的行得通有的行不通，有的被肯定有的被揚棄，然而若昇至道的境界則「無物不然，無物不可」了。此即是由形下領域超越翻昇上去而達到的境界。俗語說：「手心是肉，手背也是肉」，其意爲兒女雖然智、愚、賢、不肖各各不同，在母親的眼中卻是一樣的。癩痢頭的兒子是自己的好，在母親的眼裡，癩痢頭與大美女並沒有差別。故可以說母親對兒女關愛的眼神，是如此的公正不偏，可比之天無私覆，地無私載。準此，則任何人若能對一切如實觀照不妄加分別，豈不已躋至道家的真人境界了嗎？同樣的道理，莊子面對人間的是非糾葛，提出「道樞」、「環中」，以及「明」來消解它。〈齊物論〉曰：

> 是亦彼也，彼亦是也，彼亦一是非，此亦一是非，……彼是莫得其偶，謂之道樞。樞始得其環中，以應無窮，是亦一無窮，非亦一無窮，故曰莫若以明。（《莊子注》，頁 43）

誠如莊子所言，是非是如此的無窮纏縛理也理不清。故不如消弭其中的對立，則所有的糾結纏縛將自然消失，而這即是站在道的樞要上，可以全盤籠罩無所遺漏了。把握道樞不執兩端則連環不可解的問題便自然可解，故能得其「環中」。這些都是象徵性的語言，實際而言，只要人們打開心中透澈虛明的觀照能力，就可達到無所不可的道的境界。這也就是說，從「分別」的成心超越到「無分別」的道心境界。〈齊物論〉曰：

> 和之以天倪，因之以曼衍，所以窮年也。忘年忘義，振於無竟，故寓諸無竟。（《莊子注》，頁 66）

郭象曰：

> 夫忘年故玄同死生，忘義故彌貫是非，是非死生蕩而爲一，斯至理也。至理暢於無極，故寄之者不得有窮也。（《莊子注》，頁 67）

莊子所言「天倪」、「天均」皆指自然分別之意，人只要順著自然的曲折分別，也能得到平穩安適。若能進一步把時間與道理全部拋開，則大可倘佯於宇宙大化之中。郭象從死生、是非的層面論述其理，頗爲具體通達。

　　前章述及莊子以大夢初覺比喻精神向上昇進到道的形上理境，這段以「忘年」、「忘義」直入渾然爲一的至人境界。這是莊子特別喜歡的表達方式，因爲「夢」與「忘」都具有超越現實的特質，也可以說具有消融滌蕩的作用。

〔註18〕
_____

〔註18〕夢中無論多美好總歸不是真的，而任何事一旦被遺忘，無論多重要，等於暫

（四）冥　契

　　前所論玄理中超越的方法，是不在名理中有所分別，直接翻昇上去。這樣的方法相當方便而容易理解，因為它無庸分析，而且其翻昇理路清清楚楚的，是可以透過理性體悟到的。在此所要討論的「冥契」，是指在玄妙中契合於道，此處非僅得強調非名理的，甚且應說是非理性的。不過，此非理性不是指不理性，乃是指理性在此全然無用武之地。前文引述莊子的「濠梁之辯」，說明了物、我能得以相契，決非邏輯方法可以達到的，「魚相忘乎江湖，人相忘乎道術」是一體冥契無物我對待的。此一境界的證成，不能依知性的分析，而必須靠直覺觀照。而道家這種直觀方法最基本的要求即為滌蕩知性的運作，〈知北遊〉曰：

> 知謂無為謂曰：「予欲有問乎！若何思何慮則知道，何處何服則安道，何從何道則得道。」三問而無為謂不答也。……知不得問……知以之言也問乎狂屈。狂屈曰：「唉！予知之，將語若。」中欲言而忘其所欲言。知不得問，反於帝宮見黃帝而問焉。黃帝曰：「無思無慮始知道，無處無服始安道，無從無道始得道。」知問黃帝曰：「我與若知之，彼與彼不知也，其孰是邪？」黃帝曰：「彼無為謂真是也。狂屈似之，我與汝終不近也。夫知者不言，言者不知，故聖人行不言之教，道不可致，德不可至……。」（《莊子注》，頁401）

這段寓言透過恢諧的對話，表達「知性」與「道」的隔閡。黃帝能說出「如何滌蕩知性以合道」，正表示他不知，「狂屈」心裡知道卻又忘了，算是有點接近，而「無為謂」渾然不知反而是真知。可見道是不可言的，只能莫逆於心。莊子曾假孔子說出道的境界：

> 彼方且與造物者為人，而遊乎天地之一氣。彼以生為附贅縣疣，以死為決疣潰癰。夫若然者，又惡知死生先後之所在？假於異物，托於同體，忘其肝膽，遺其耳目，反覆終始不知端倪。（《莊子注》，頁153）

這樣的境界實很難理解，莊子又假藉一番奇詭的對話隱喻這個境界。〈大宗師〉曰：

> 子祀、子輿、子犁、子來，四人相與語曰：「孰能以無為首，以生為脊，以死為尻，孰知死生存亡之一體者，吾與之為友矣！」四人相視而笑，莫逆於心。（《莊子注》，頁147）

時消失。

此處「莫逆於心」即契入玄冥之境，在此完全沒有概念分析與辯證理路，全在一心之會，可比之佛陀拈花微笑的公案。就在一笑之間，便與道完全契合，而所有的言詮都成了多餘的了。

第二節　郭象莊學的名理方法

　　錢賓四先生早年曾有「莊前老後」的論點，使得一時學界譁然，百思不解錢大師何以作這樣的論斷。然而，單看《莊子‧內篇》的內容，的確也不能很輕易地看出《老子》成書年代必在《莊子》之前。〔註19〕到了魏晉時代，道家玄理思維被充分闡釋之後，則何者為源頭何者是發展，便再明白不過了。在此不妨將《莊子》拿來和王弼的《老子注》以及郭象的《莊子注》並觀，可以發現莊子與王弼的義理路數同樣是老子一脈相傳的流派；王弼循著老子五千言的理論脈絡，純粹從存有論的觀點討論道家義理，把道家「境界型態」的形上思考發揮得圓融透徹。對老子「道生之，德畜之」的「生」、「畜」字眼，以「不禁」、「不塞」解之，而對「物形之，勢成之」所關聯之物的「形成」過程完全沒有解釋。再看《莊子‧內篇》，從〈逍遙遊〉、〈齊物論〉到〈應帝王〉，一方面充其極地將道化在境界型態的形上觀照中，另一方面則轉向對宇宙萬物的形成過程探討，可看出《莊子》一書也是承繼老子哲學的義理綱維而作。只不過，王弼是注解者的心態比較嚴格謹慎，對老子那幾句零星的宇宙論話語，〔註20〕既無法安排周到，便一筆帶過存而不論。而莊子是作論性質，故可自由發揮大放厥辭，雖老子的宇宙論論述，只是輕輕點到並無完整的架構，莊子卻據以多方援引重新整合，架構出一套相當有系統的宇宙論。若深入地剖析郭象的《莊子注》，則郭象對道家形上學以及宇宙論的義理重建，豈不相類於莊子對老子的繼承與開發？

　　上一節歷數莊子原典的方法，等於上溯郭象哲學方法的源頭。以下擬著手針對郭象《莊子注》作一番剖析，以尋繹郭象哲學建構的方法理路。郭象

〔註19〕　參見錢穆先生《莊老通辨》。又，關於《老子》與《莊子》的成書年代先後，近世《郭店楚簡老子》的出土有很大的幫助。雖其內容只有兩千多言，然而尚能切合於今本《老子》的整體思想。最重要的是，經考證其年代約公元前三百年，使《老子》的成書年代，比早期的考證大大的提前了。

〔註20〕　《老子》五千言有關宇宙論的論述，本就不多，其中能往形質上解釋者，大概只有「物形之，勢成之」與「萬物負陰而抱陽」等幾句話而已。

在其《莊子序》中曰：

> 然莊生雖未體之，言則至矣。通天地之統，序萬物之性，達死生之
> 變，而明內聖外王之道。上知造物無物，下知有物之自造也。……
> 至人極乎無親，孝慈終於兼忘，禮樂復乎己能，忠信發乎天光，用
> 其光則其朴自成，是以神器獨化於玄冥之境。（《莊子注》，頁1）

郭象用如此曠遠遼闊大而化之的筆墨，不但明確地為莊子的哲學定位，也清
楚地披露自己的哲學旨趣──「獨化自生」的本體宇宙觀。大抵而言，郭象
哲學當是屬於「貴有」一系，其理論在證成「造物無物，而有物之自造。」
這與王弼老學所證成之「天下萬物以無為本」的論點雖然相反，卻同樣的困
難。郭象的「獨化論」與裴頠的「崇有論」，一樣是在救當時崇無思潮的流弊，
不過他們的反對意見往往與王弼的義理終是隔了一層。王弼「以無為本」的
思想，基本上是在老子哲學的基礎上建立的，老子早已有這樣的義理體系。
至於郭象「獨化自生說」的開展，可資憑藉的奧援就有限多了，〔註21〕所以
還是得大大的倚重名理辨析，以下由名理辨析開始。

一、名理辨析

（一）名實之辨

關於名言的精確使用，西方邏輯的「概念論」中有所謂「內容」與「外
延」的方法。這與我國名學中的「名實之辨」，立意相同而目標有異。所謂「名
實之辨」其重心在「實」，其目標是用「名」的解釋功能，有效的制約人文世
界使歸於秩序。西方邏輯學的「內含」與「外延」的方法則純屬抽象領域中
之事，其目標只限於使名言概念在思想方法的運作中達到精確，這點在前面
已提過了不再贅述。

「名實之辨」可說是我國名學的重心，戰國時代百家爭鳴，從今日所見的
典籍可知，幾乎諸子百家都有所及，可以說這是個通用的方法。郭象的《莊子
注》採用這個方法，純是因襲舊法。〈逍遙遊〉把堯讓位許由的典故編寫成寓言
故事。其中描述堯雖貴為天子，然而自覺道德不如許由，故想把帝位讓給許由。
許由則大不以為然，他認為，立為天子只是「名」而已，天下大治才是「實」，
而堯已把天下治理好了，他再取而代之，豈不是貪求名聲？《郭象注》曰：

〔註21〕自先秦以至於兩漢，各家的哲學雖有不同，對宇宙萬物的看法，基本上都屬
　　　　於「有本」，像郭象這樣的自生觀念，雖不完全沒有，終究是不成體系的。

> 若以外臣代乎內主，斯有爲君之名，而無任君之實也。（《莊子注》，
> 頁 21）

許由自認是「外臣」，若取代堯的地位，則只是有君之「名」，而無任君之「實」。此不僅在於闡明道家不求虛名的樸實風範，也暗示了儒、道兩家不同的政治觀。〔註22〕但是，經過郭象的解讀，卻反而成了儒道會通的橋梁。郭象又注曰：

> 堯舜者，世事之名耳。爲名者非名也，故夫堯舜者豈直「堯舜」而
> 已哉？必有神人之實焉。今所稱「堯舜」者，徒名其塵垢秕糠耳。
> （《莊子注》，頁 25）

郭象爲了擁護堯舜的聖人地位，用名、實的分別，消解堯舜的儒家事功與道家虛廓曠遠的神人風範的歧異。他認爲世人稱堯舜爲聖王只是「名」而已，至於能使天下大治，還是得靠道家的神人修爲之「實」。經過郭象的詮釋，則儒家的聖人與道家的眞人，雖表現有出世、入世的不同，而本質卻是相同的。郭象認爲：所謂「無爲之業，非拱默而已，所謂塵垢之外，非伏於山林也。」（《莊子注》，頁 154）而且聖人不但內在能冥於道，又能日理萬機而神氣不變，即所謂「內外相冥」；此亦郭象「跡本論」的主題所在。不過，須知這樣的詮解，乃是魏晉時代「儒道會通」論題下的產物，未必是莊子的正解。

（二）名理推論

道家對名理辯論，雖原則上輕抑其價值，但是並不完全棄置不用。畢竟，以文字立論，要做到全無名理辯說，不僅很困難而且實際上也無此必要。〈大宗師〉有一段寓言，顏回稱自己已達到離形去智，同於大通的「坐忘」境界。孔子說明這個境界是：「同則無好」，《郭象注》曰：

> 無物不同，則未嘗不適。未嘗不適，何好何惡哉？（《莊子注》，頁
> 162）

這個論題，可分解成一個完整的「假言三段論」（Hypothetical Syllogism）：
〔註23〕

〔註22〕老子主張「太上下知有之」，儒家卻強調禮樂教化的仁政思想，質言之，道家的政治理念是「無爲而治」，而儒家的政治主張畢竟還是屬於有爲的。

〔註23〕三段論中，大前題可分爲前件與後件兩部分，中以「則」相連者爲假言命題，即一般語言中的假設句，以「或」相連者爲選言命題，意爲兩者有其一則可。而假言三段論有兩定理，肯定前件，則可得肯定後件之結論；否定後件，則可得否定前件之結論。故這句話可以用假言三段論之「肯前律」解釋，在邏輯上完全站得住腳。

　　大前題：同則無好

　　小前題：今同

　　結論：故無好

大前題，「同則無好」是句假言命題，小前題，「無物不同」雙重否定變成肯定，豈不是「同」了嗎？小前題為大前題的前件之肯定，符合「肯前律」的條件，故可得「無好」這樣的結論。「同」是指一體無別，「無好」是指沒有好惡的分別，這段話的意思是，若一體無別則不會有好惡的分別，因為只有面對別人才會產生這樣的情緒，既對方同於自己，則自然就不會互相排斥。準此，以道的一體觀照，而達到「無物不同」、「主客雙泯」的境界，則無論面對什麼樣的情境，都不會有好惡的分別情緒。

　　在此用西方邏輯的架構來解析莊子，心中不免有些忐忑不安，很怕會因此受到質疑。也許改用公孫龍與墨辯的方法去推演，就沒有這層疑慮了。只不過這樣做反而會面臨很大的困難。首先，公孫龍與墨辯的理論架構，誠然沒有西方邏輯學來得清晰，因此使用起來可能很難周延；況且其推論形式也不是大家所嫺熟的。其實，邏輯無非就是人類思維模式的展現，不同只是形式上的，內容哪會有兩樣？故本文大量使用西方邏輯的術語，也是有所權衡的。

　　在《莊子注》中，還有不少論題也可以用「三段論」加以解釋。郭象論證莊子〈逍遙遊〉中堯、許的「治與不治」論題曰：

　　　夫能令天下治，不治天下者也。故堯以「不治」治之，非「治之」而治者也。今許由方明既「治」則無所代之，而「治」實由堯，故有「子治」之言。（《莊子注》，頁20）

郭象這段論證是在批駁當時一種折中的說法，即堯以「治」治天下，而許由是以「不治」治天下，而堯能得天下而「治」之，是因為許由「不治」，因此天下得以大治，還得歸功於許由。郭之注文相當具邏輯性，在此以「假言三段論」的格式解析之：

　　大前題：若某人能使天下治者，則某人不治天下。

　　小前題：今堯使天下治。

　　結論：故堯不治天下。

這同樣是運用「肯前律」來說明其論證的有效性。

　　郭象如此地大用名理方法，不免令人驚訝。實則《莊子》一書中的論題繁複且玄密深奧，若要闡明其內涵，使用大量的論說文字是在所難免的，故

豈得不入於名理辨析之殼？不過郭象多用名理未必是缺失，可能反而成了優
點。同樣一個論題，郭象憑他清楚的邏輯思維，其理論往往更能順利的向前
開展。在此不妨將向、郭兩家「自生說」的理論做一番比較。向秀曰：

> 吾之生也，非吾之所生，則生自生耳；生生者豈有物哉？（無物也）
> 故不生也。吾之化也，非物之所化，則化自化耳，化化者豈有物哉？
> 無物也，故不化焉。若使生物者亦生，化物者亦化，則與物俱化，
> 亦奚異於物？明夫不生不化者，然後乃能為生化之本也。〔註24〕

尋繹向秀的論述，他逕言「生自生」、「化自化」云云只能算是一種理念的宣
示，並無嚴謹的邏輯理路。其「吾之生也，非吾之所生。」並不能推出「生
自生」的結論，至多只能推出一個「不生不化」的「生化之本」而已，與王
弼「本無」的思想相去不遠。反觀郭象的理論，似乎解釋性更強了。《郭象注》
曰：

> 無既無矣！則不能生有，有之未生，又不能為生，然則生生者誰哉？
> 塊然而自生耳，自生耳，非我生也。我既不能生物，物亦不能生我，
> 則我自然矣！自己而然，則謂之天然，天然耳，非為也。故以天言
> 之，以天言之，所以明其自然也。（《莊子注》，頁 34）

郭象這段論述可用傳統邏輯的三大定律——同一律、矛盾律、排中律加以分
析。「無既無矣」可解作同一律——a 等於 a，意思是「無」即是「無」。「有
之未生，又不能為生」，可解為矛盾律——a 不等於非 a，再用上排中律—
—排除了 a 與非 a 等於空集合，則得「造物無物」的結論了。以此遂完成了
郭象「獨化自生」的理論。又《郭象注》曰：

> 夫造物者有邪？無邪？無也，則胡能造物哉？有也，則不足以物眾
> 形。故明乎眾形之自物，而後始可與言造物耳。（《莊子注》，頁 67）

這段話可以用「選言三段論」（Disjunctive Syllogism）來解說。試分析如下：

> a. 夫造物者有邪？無邪？

〔註24〕見張湛《列子・天瑞注》引，（《列子集釋》，頁 2）。莊耀郎先生說：『向秀此
注最後指明一「生化之本」，即保有本體論的思考模式，雖然他的重點在說明
「生生」、「化自化」，否定有一直接「生物」、「化物」的形而上之主宰，但
這種思考其實與王弼相同，王弼也認為有一「不塞其源」、「不禁其性」的道
使物自生，自濟。因此，在形式上，向秀仍保有一和萬物不同層，不落入生
化歷程中，即所謂「不生不化」者，以之作為本體，作為「生自生」、「化自
化」之理上的保證。』（見莊耀郎《郭象玄學》，臺北：里仁書局，1988 年，
頁 11。）

    b. 無也，則胡能造物哉？有也，則不足以物眾形。

    c. 故明乎眾形之自物，而後始可與言造物耳。

為了解說方便，以下再翻為語體文：

    大前提：造物者若是存在，祂不是「無」就是「有」。

    小前提：若造物者為「無」，則不能造物。若造物者為「有」，則其
　　　　　　本身是特定的存有，又如何成就萬物各各不同的形式呢？

    結　　論：兩者都不成立，由此可證沒有造物者。（既無造物者，則萬
　　　　　　物都是自生自化的）

選言三段論是以選言為大前提。選言前件與後件兩者，至少要有一項成立，否則命題不成立。所以，若小前提為前件之否定，則結論為後件之肯定，同樣的，若否定前件，則可得後件之肯定。而這裡是把兩者都否定，故得到命題為假的結論。〔註25〕例如：一個人要能成功得靠努力或靠運氣，而某人既不努力也無運氣，可見這個人不能成功。

　　若不用三段論解，郭象這段論述也可以用排除法加以解說。此法是用在有兩個以上的假設，若能把那些假設一一排除，到了剩下一項，則可成功的推出結論。郭象在此是完全排除有個造物者的可能性，故得到萬物自造的結論。

（三）論題的證成

　　郭象的玄理重心在於「逍遙義」、「自然義」與「獨化說」三個論題，而其「獨化說」又是由他對「逍遙」與「自然」的界定所推演而出的。在此不妨順著這三條線索以見郭象名理方法的型態。

1.「逍遙義」

　　〈逍遙遊〉旨在論述「上與造物者遊，而下與外死生，無終始者為友。」的至人境界。所以其中描寫「翼可垂天」的大鵬，如何擊水便撥動三千里水域，一飛便搏扶搖而上九萬里青天。至於說到學鳩，牠的本事則平常得不能再平常了，只能奮力飛到幾尺外的榆枋前，還譏笑大鵬何必飛得那麼高。這兩個描述呈現強烈的對比，推敲莊子的用意，應是藉此對比以示至人與一般世俗中人，其境界差別不可以道里計；而郭象卻有他的不同論法。以下引郭象《莊子注》幾則相關的文字來討論：

〔註25〕選言三段論的推理原則是：小前提是大前提的前項（Antecedent）或後項
（conseuent）的否定：若是前項的否定，則可推出後項的肯定之結論，反之
亦然。

> 夫小大雖殊，而放於自得之場，則物任其性，事稱其能，各當其分，
> 逍遙一也，豈容勝負於其間哉？（《莊子注》，頁 9）

> 夫質小者，所資不待大，則質大者，所用不得小矣。故理有至分，
> 物有定極，各足稱事，其濟一也。（《莊子注》，頁 12）

> 苟足於其性，則雖大鵬無以自貴於小鳥，小鳥無羨天池而榮願有餘
> 矣。故小大雖殊，逍遙一也。（《莊子注》，頁 13）

郭象從物各有本性把大鵬與學鳩的差異一筆抹平，結論是「小大雖殊逍遙一也」，不過若真能如此便齊一，則天下何者不能齊一？此外，莊子的逍遙義，最重要的原則是「無待」，但是如何達到「無待」呢？在客觀世界中，人與天地萬物都是有限的存在，所以無待是不可得的，若想求得真正的無待，只能在主體境界中求。郭象卻從萬物各有本質與分位的觀點，肯定萬物客觀的無待。所以他用「物任其性，事稱其能，各當其分」詮釋逍遙的涵義。彷彿是說，宇宙間「理有至分，物有定極」，無論大鵬或學鳩，只要「各足稱事」活在當下，則可得到同樣的逍遙。這樣「彷彿得之」的方法，於郭象的《莊子注》中，幾乎處處可見。

早在魏晉時代，郭象的「逍遙義」就曾受到挑戰，《世說新語》中記載當時人論「逍遙義」，沒人能超過向、郭的，後來支遁在白馬寺曾與人論及「逍遙義」，據說「卓然標新理於二家之表」。《世說新語》劉孝標的注文引述支遁的「逍遙義」曰：

> 夫逍遙者，明至人之心也。莊生建言人道，而寄指鵬鷃。鵬以營生
> 之路曠，故失適於體外；鷃以在近而笑遠，有矜伐於心內。至人乘
> 天正而高興，遊無窮於放浪；物物而不物於物，則遙然不我得，玄
> 感不為，不疾而速，則逍然靡不適。此所以為逍遙也。〔註26〕

支遁的「逍遙義」是強調至人能作到「遊無窮於放浪，物物而不物於物。」的逍遙，雖其說未必與《莊子》全部吻合，卻頗能突顯莊子逍遙無待的精神，無怪乎能夠引起共鳴。而郭象所說的逍遙，可謂周流四方無所不包，難免令

〔註26〕《世說新語》中載支遁的逍遙義受到肯定的情形：「《莊子·逍遙篇》，舊是難處，諸名賢所可鑽味，而不能拔理於郭、向之外。支道林在白馬寺中，將馮太常共語，因及逍遙。支卓然標新理於二家之表，立異義於眾賢之外，……後遂用支理。」（見余嘉錫《世說新語箋疏》，臺北：華正書局，1989 年，頁220）

人懷疑。郭象是從肯定當下以保證逍遙，所以大鵬與學鳩同為逍遙，支遁則把逍遙的境界提上來，若要達到逍遙必須靠精神境界的提昇才能成就。郭象的逍遙實甚簡易，理論上也絕對說得通。莊子談「逍遙」有很多層面，其中最具體者即「有待」與「無待」的分別。前引莊子歷數人世中幾種得意的型態以證逍遙的境界，其中智效一官、宋榮子、列子等型態之逍遙均屬於「有待」，只有「乘天地之正，御六氣之辯，以遊無窮者」的境界才是無待的，也才能稱得上「逍遙」。〈逍遙遊〉曰：

> 故乘天地之正者，即是順萬物之性也，御六氣之辯者，即是遊變化
> 之塗也。如斯以往，則何往而有窮哉，所遇斯乘，又將惡乎待哉？
> 此乃至德之人，玄同彼我者之逍遙也。（《莊子注》，頁 18）

郭象以「順萬物之性」與「遊變化之塗」作解，則是把莊子的寫意潑墨變成魏晉名理的工筆描繪了。這裡描繪出至人的逍遙，是全然「無待」完全不必依靠任何條件的。不過一般人都是有待者，他們又將如何達到逍遙呢？關於這點是郭象最重視的問題，而他也確實提出了積極的論點。郭象曰：

> 又順有待者，使不失其所待，所待不失，則同於大通矣！（《莊子注》，
> 頁 19）

郭象之意是雖一般人都必須靠某些條件而得到逍遙，但只要安住在當下，不要失去這些條件，一樣也能保住逍遙。若這樣的論點成立，則大鵬與學鳩自然都能同得逍遙。話說回來，即令郭象所論這樣的逍遙境界能夠成立，還是得靠主觀境界的提昇才得以落實，否則只是理論而已。牟先生在《中國哲學十九講》中說：

> 當主觀虛一而靜的心境朗現出來，則大地平寂，萬物各在其位、各
> 適其性、各遂其生、各正其正的境界，就是逍遙齊物的境界。萬物
> 之此種存在用康德的話來說就是「存在之在其自己」，所謂的逍遙、
> 自得、無待，就是在其自己。只有如此，萬物才能保住自己，才是
> 真正的存在；這只有在無限心（道心）的觀照之下才能呈現。無限
> 心底玄覽、觀照也是一種智的直覺。（《十九講》，頁 122）

郭象玄理常就著事物各各不同的殊相直接齊一，雖說這殊相中自有齊一之理，然而還是應該有個轉折的媒介，而不是憑空便可以如此說。老莊的論述，其間恆有一番修養工夫的歷程，故能合乎人類理性原則，而不致淪為模稜兩可的鄉愿之見。

2.「自然義」

　　莊子屢屢以「天」明道，而郭象明確地以「自然」訓解天。並且花很多筆墨釐析兩者的關聯，而天與自然究竟何所指呢？郭象有以下的說法：

　　　　a. 天也者，自然也。(《莊子注》，頁 130)

　　　　b. 凡所謂天，皆明不爲而自然。(《莊子注》，頁 384)

　　　　c. 自然者，不爲而自然者也。(《莊子注》，頁 18)

　　　　d. 夫率性直往者自然也，往而傷性，性傷而能改者，亦自然也。(《莊子注》，頁 161)

　　　　e. 人皆自然，則治亂成敗，遇與不遇，非人爲也，皆自然耳。(《莊子注》，頁 130)

從以上的《莊子注》原文，可繫聯出一個詮釋圖，天 —— 自然 —— 天然 —— 不爲而自然 —— 率性直往 —— 人 —— 治亂成敗……郭象直接將「自然」與「天」劃上等號。而自然又作何解呢？大自然的生成，人的率性而往，一切治亂成敗，均是自然，如此說來似乎一切都可解讀爲自然。若論自然義應溯源自老子的「自然義」。《老子》曰：

　　　　功成事遂，百姓皆謂我自然。(十七章)

　　　　人法地，地法天，天法道，道法自然。(二十五章)

　　　　道之尊，德之貴，夫莫之命而常自然。(五十二章)

　　　　是以聖人欲不欲，不貴難得之貨，學不學復眾人之所過，以輔萬物之自然而不敢爲。(六十四章)

《老子》五千言言及自然二字者，只有這五處，其中應以〈十七章〉最爲具體。自然即萬物自己如此，沒有誰命令他如此。王弼解「道法自然」爲「在方法方，在圓法圓」，亦即萬物能保有自己，如實呈現即是自然。郭象的自然，依前所條列者，前三項與老子、王弼所說的約略相同，至於 d、e 兩項則範圍較大，他把人爲因素所造成的事物，皆包含在自然的定義中，這使他的「自然義」有點過於泛濫，但這也是他的義理系統之所以常常有更大的詮釋空間的理由。大抵而言，老子的自然思想比較偏向本體論，而王弼則完全在本體論上作解，至於郭象則把自然擴充到宇宙論上解說，並藉以架構其主要的哲學——「獨化說」。

3.「獨化說」

　　「獨化說」是郭象玄學的理論極致，也是他可以與王弼分庭抗禮的論題；

其理論的證成主要汲引了莊子的「無待」觀念。莊子提出「無待」，呈顯一完全逍遙無往而不可的精神境界，是屬於修養論的範疇。〈齊物論〉篇末有一段寓言，藉由影子（景）與影外的微陰（罔兩）的對話，討論有待或無待的問題。罔兩問影子為什麼這麼沒有主見（無特操），一會兒走路，又一會兒停下來，一會兒坐著，又一會兒站著呢？影子回答說，因為他是有待的。這個寓言，是以形、影的相待關係為喻。在物理世界中，影子的存在是依形而有的，而形的存在也是有待的，這樣的相待關係，可以推到無窮。王船山認為莊子的意思是，萬物有待或無待是不可知的〔註27〕，所以沒有必要執著任何價值。船山的說法猶在修養論的架構中，郭象則將此一論題引入宇宙論的領域。郭象曰：

> 故罔兩非景之所制，而景非形之所使，形非無之所化也。則化與不化，然與不然從人之與由己，莫不自爾，吾安識其所以哉？（《莊子注》，頁 68）

孔繁先生在其《魏晉玄談》一書中演論這段郭注：

> 郭象在這裡重申他否認王弼「有生於無」和以「無」為「體」，以「有」為「用」的體用觀點。其實郭象所說之「有」與王弼所說之「無」並無實質區別。他的塊然自生之有，獨化於玄冥之境，而玄冥之境則是不可以認識的。物自生而不知其所以生，所謂「玄冥之境」亦是絕言超象而不可思議。因此，可以說郭象是將王弼之「無」化為「玄冥之境」，而抽掉了「無」之「本體」意義，這使他的哲學更具思辯性，而於清談中能誘發人之玄思。〔註28〕

老子論自然無為，指示出一「境界型」的本體思想，原就是立意滌除形上本體的「實有」色彩。而郭象論自然，則不僅取消了實有型的本體，甚至境界型的本體都杳冥不可得見。其結果是把王弼所建構的「無」予以解構，而「無」的位置則由「獨化」所取代。郭象將宇宙論上的根源與本體論中的形上本體一併取消，理由無它，就是為了反對王、何的本體論。雖然他的論題未必能撼動王弼所建立的體系，不過他確實也已自成體系。郭象曰：

> 雖復罔兩，未有不獨化於玄冥者也。故造物者無主，而物各自造，物各自造而無所待焉，此天地之正也。（《莊子注》，頁 68）

〔註27〕　見王夫之《莊子解》，頁 29。
〔註28〕　見孔繁《魏晉玄談》，洪葉文化公司，1984 年 2 月，頁 132。

郭象多方推論沒有造物者的存在，主張一切均獨化於玄冥，各自成其自己，無所待乎外。即使常識上認為影子是依形而存在的，這樣的相待關係也是不存在的。誠然，影子的存在雖與形的出現有同時性卻未必代表其中的相待關係。郭象此說不僅要消除任何相待關係，更重要的是要去除造物主的觀念。

　　不過，對於萬物存在之理的解釋除了歸之造物者外，還有一種說法，即萬物相互依存而生，這點也是郭象無法認可的。郭象曰：

> 故彼我相因，形景俱生，雖復玄合而非待也。明斯理也，將使萬物各反所宗於體中，而不待乎外，外無所謝，而內無所矜，是以誘然皆生，而不知所以生，同焉皆得，而不知所以得也。今罔兩之因景，猶云俱生而非待也，則萬物雖聚而共成乎天，而皆歷然莫不獨見矣！
> （《莊子注》，頁 68）

又，郭象曰：

> 卓者，獨化之謂也。夫相因之功，莫若獨化之至也，故人之所因者，天也，天之所生者，獨化也。（《莊子注》，頁 137）

郭象認為從萬物相互依存解釋存在，還是不夠究竟，不如以「獨化」為說。因為人所依存者豈不就是大自然，而大自然便是由獨化而有的。此外，從「道」論物的存在，也是很普遍的理念，郭象自然也要有所對應。郭象的說法是這樣的：

> 道無能也，此言「得之於道」乃所以明其自得耳。自得耳，道不能使之得也。我之未得又不能為得也。然則凡得之者，外不資於道，內不由於己，掘然自得而獨化也。（《莊子注》，頁 142）

又：

> 夫天且不能自有，況能有物哉？故天也者，萬物之總名也，莫適為天，誰主役物乎？故物各自生而無所出焉，此天道也。（《莊子注》，頁 34）

在王弼與老子的理論中，道均具有生、畜的意義，儘管那只是「不生之生」，但「道」的本體地位卻是再鮮明不過了。郭象正是在消解這一個層面。關於郭象的這項理論，湯用彤先生也曾論及：

> 崇有者則主物之自生，自然。夫物自然而然，而不知其所以然。突然自生，而無所使之生。……古來號萬物所從生為天，為道，為無。然向秀曰：「天也者萬物之總名也。」郭象曰：「夫天籟者，豈復別有一物哉，即眾竅比竹之屬，接乎有生之類，會而共成一天耳。」

　　然則非生物者乃爲天，而物自生耳。道者亦非別有一物也。……言
　　萬物得于道者，亦以明其自得耳。至於無，即無有也。依獨化之義，
　　有且不能生有，而況無乃能生有哉。（《玄學論稿》，頁 52～53）

湯先生在此把向、郭「自生說」的理論，作了一番簡要的闡述。原來郭象是
對王弼「以無爲本」的說法加以分解，最後把所有的本皆分解掉，而推出「自
生」的結論。雖然郭象大張他「獨化自生說」的旗幟，明白的反對王、何的
「貴無」思想，不過有時他還是不避與王、何舊說雷同。例如〈大宗師〉有
兩句注文便是如此：

　　故夫生者，豈生之而生哉？成者豈成之而成哉？故任之而無不至
　　者，眞人也。（《莊子注》，頁 131）

　　夫聖人無樂也，直莫之塞而物自通。（《莊子注》，頁 134）

這兩句注文頗接近王弼「不禁」、「不塞」的話語，而這正是王弼老學的核心義
理，可見得郭象雖反對「王弼本無」以及「聖人有情」之說，實際上與王弼老
學未必有本質上的歧異。只是其「獨化說」的理論效應所及，已顚覆了從兩漢
到魏晉整個學術傳統的宇宙秩序觀。前面曾提及，認爲宇宙的存在乃至於其運
行變動均是井然有序的，這是兩漢人普遍根深蒂固的觀念，而王、何基本上也
是秉持這樣的觀點。從這一點可見，郭象的創新比王、何更爲徹底。他的「獨
化說」對傳統宇宙觀的挑戰，頗類乎近世邏輯實證主義者對「因果律」的非議，
使得許多原本被認爲已解決的問題再度陷入膠著。而郭象的「獨化說」，影響所
及是宇宙萬象原被視爲條理井然的網絡，成了一群互不相干各各獨立存在的個
體。無所謂「因」，也無所謂「果」，誰也掛搭不上誰。誠如孔繁先生所說的：

　　塊然自生即突然發生，即「獨化」，而萬物之間並無任何因果聯
　　繫。……郭象將塊然自生之萬物合成天地之總名，而物之塊然自生
　　即「獨化於玄冥之境」，這就表明他所說「天道」即「獨化」、「玄冥」。
　　他以物各自生，否認王弼有待無以成的主張，認爲萬物背後沒有一
　　個「無」作爲它的本體。由這一區別，哲學史上亦有認爲郭象「崇
　　有」。實際上，郭象「崇有」與王弼「貴無」是殊途同歸的。因爲郭
　　象說的「有」是塊然自生的，沒有任何因果關係的，因而也是無法
　　捉摸的。〔註29〕

〔註29〕見《魏晉玄談》，頁 131。其中論斷郭象的「崇有」與王弼的「貴無」乃是殊
　　　　途而同歸，雖然不完全恰當，卻很有啓發性。提點我們，看郭象與王弼，不

孔繁先生的這一番論述，不僅言簡意賅地鉤勒出郭象獨化說的梗概，並清楚的指出王弼與郭象的異同。誠如孔先生所言，「獨化說」的宇宙觀是「萬物之間並無任何因果聯繫」。反觀〈天下篇〉曾引名家辯者許多怪說，其意思也是有打散因果關聯性的傾向。例如：「輪不蹍地」、「目不見」、「指不至」、「至不絕」、「飛鳥之景未嘗動」等這些怪論似乎都是魏晉人相當感興趣的。這一段文字郭象並無注文，不過魏晉時代卻流傳著「至不至」的論題，《世說新語》曰：

> 客問樂令（樂廣）：「旨不至」者，樂亦不復剖析文句，直以麈尾柄确几曰：「至不？」客曰：「至！」樂因又舉麈尾曰：「若至者，那得去？」於是客乃悟服。〔註30〕

其意是把所有動作分割為一個個獨立的事件，則所有動作的變化皆是剎那生滅的。劉孝標的注甚美：

> 夫藏舟潛往，交臂恆謝，一息不留，忽焉生滅。故飛鳥之影，莫見其移；馳車之輪，曾不掩地。是以去不去矣，庸有至乎？至不至矣，庸有去乎？然則前至不異後至，至名所以生；前去不異後去，去名所以立。今天下無去矣，而去者非假哉？既為假矣，而至者豈實哉？
>
> 〔註31〕

雖然這並不是郭象的說法，不過倒可以藉以一窺魏晉人的特殊思致。劉孝標的注文明白主張一切均是一息不留忽焉生滅的，所以「輪不蹍地」、「飛鳥之影不動」等說法都是可以成立的，這樣的思想在《莊子注》中亦有。哲學史上，古今中外雖因學術環境與歷史傳承的不同，使論法差異性甚大，不過所面對的問題基本上是一致的。比如說西方有因果律是否為先驗的爭論，在先秦時代的學者，對宇宙間的變動軌則，亦有「或使」以及「莫為」的兩歧見解。「或使」是指有一股力量支配著宇宙萬物如此如此的運作著，「莫為」的主張則認為沒有這個力量（《莊子・則陽》）。若以前者的觀點為準，則一切事物的變動，皆是事出有因，且具有連貫性的，若依後者而論，則一切遂成為各自獨立不相連屬的事

　　一定只能從相異的觀點著眼，兩者或許也有殊途同歸的可能。

〔註30〕　余嘉錫先生曰：『《莊子・天下篇》惠施之說曰：「指不至，至不絕。……」陸德明《釋文》引司馬云：「夫指之取物，不能自至，要假物，故至也。然假物由指不絕也。一云指之取火以鉗，刺鼠以錐。故假於物，指是不至也。」夫理涉玄門，貴乎妙悟，稍參跡象，便落言詮。司馬所註，誠不如樂令之超脫。今姑錄之，以存古義。』（《世說新語箋疏》，頁205。）

〔註31〕　仝前註。

件。而郭象的主張恐是屬於徹底的「莫爲」。莊子說：

> 指窮於爲薪，火傳也，不知其盡也。（《莊子注》，頁 78）

莊生之意在說明死生一貫之理。其立意宜是在倡導生命連貫性的信念。郭注曰：

> 前薪以指，指盡前薪之理，故火傳而不滅，心得納養之中，故命續
> 而不絕，明夫養生乃生之所以生也。……夫時不再來，今不一停，
> 故人之生也，一息一得耳。向息非今息，故納養而命續，前火非後
> 火，故爲薪而火傳，火傳而命續，由夫養得其極也。世豈知其盡而
> 更生哉！（《莊子注》，頁 78）

觀郭注的重心是在說明生命中之斷斷續續的現象。〔註 32〕從現象界的觀點而言，郭象的說法不無道理，然而莊子之言宜有更深的意涵。人若能通人我，齊生死，則可超越死生而獲得大解脫（縣解）。若側重在人生的短暫爲論，無異鑽牛角尖做繭自縛。

二、語言的兩層區分 —— 寄言出意

語言是個抽象系統，古人名、實相對，把名屬之於虛的範圍，但又必須緊緊地關聯著實。其中亦可有兩層區分，即「指實語言」與「玄學語言」。「寄言出意」是郭象重要的方法之一，通常，在莊子揮灑其謬悠之說，荒唐無端崖之辭，令讀者一櫊迷霧之際，郭象即用「寄言」二字四兩撥千金的撥開問題。這是把話語分成「實說」與「寄言」，「寄言」不可以邏輯語言衡量，有如詩歌的隱喻、暗示、反諷、象徵等修辭方法，往往所言在此而所意在彼，無法從字面上去理解，或以常理來討論，更不可把它說實了，因爲它與一般實說的語言屬於完全不同的語言型態，在此以「兩層區分」加以解釋。以〈逍遙遊〉那段大鵬怒飛的論述爲例，莊子這樣寫著：

> 北冥有魚，其名爲鯤，鯤之大不知其幾千里也。化而爲鳥，其名爲
> 鵬。鵬之背不知其幾千里也，怒而飛，其翼若垂天之雲，……水擊

〔註 32〕 莊耀郎先生說：「郭象不然，他認爲死生各自成體，生者獨化爲生，死者獨化
爲死，並非因有生才謂有死。……死亡的概念由此而被獨立討論，賦予獨立
的意義，明乎此理，則能玄冥於當下，體化合變，死生之際，憂喜悲戚不措
於胸中……。」誠如莊先生所論，郭象就是如此地將死生並列來看，並藉以
推論其獨化自生的學說，雖這樣的理論未必說得通，卻是相當具獨創性的見
解，而且也能達到相當的理論效益。（見《郭象玄學》，頁 39。）

三千里，搏扶搖而上者九萬里，去以六月息者也。(《莊子注》，頁9)
如是充滿了浪漫的想像力，簡直可說是不可思議的情境。郭象是怎樣注呢？
他說：

> 夫莊子之大意在乎逍遙遊放，無爲而自得，故極小大之致，以明性
> 分之適。達觀之士，宜要其會歸而遺其所寄，不足事事曲爲生說，
> 自不害其弘旨，皆可略之。(《莊子注》，頁9)

〈逍遙遊〉這段大鵬一飛萬里，在現實生活中似乎太遙遠了，故郭象也不去
考證大鵬究屬何種動物，只言其寓意不詳細說解。再者，莊子後學中有作論
專以打擊傳統聖王形象爲目的，故不乏掊擊聖者，非毀往賢的文字，郭象一
概以「寄言」解之。眾所周知，魏晉玄學雖主老、莊，而儒、道會通卻是首
要課題。玄學的興起，是在經學盛極的兩漢之後，實際上的典章制度與文化
環境仍是屬於經學的，玄學家擎起道家玄理之纛，多只是抱著協調的期望，
未必敢執持反對抗爭的心態，王、何如此，郭象更是如此？以今人的觀點看，
儒、道異調實沒有協調的空間，這是顯而易見的。而明智通透的玄學家，會
看不到這點嗎？然而畢竟，現實的應用常有優先性。儒家聖人的典範，與道
家真人的修爲，分屬兩個領域，道理上的確有些隔閡，然而對現實人生又各
有用處。故玄學家極盡辨析玄談之能事，即務在會通這兩者。莊子書中，尤
其是〈外篇〉與〈雜篇〉，有不少片段直指儒、道哲學矛盾衝突面，甚至詆斥
前賢非毀孔聖。〈山木篇〉一寓言即藉孔子陳蔡絕糧的故事，痛斥儒家的聖智：

> 子其意者，飾知以驚愚，修身以明汙，昭昭乎如揭日月而行，故不
> 免也。(《莊子注》，頁377)

〈山木篇〉的作者，數落儒聖的淑世思想是賣弄世俗聰明，驚擾樸實群眾的
行爲（飾知以驚愚），而儒家的德行修養只是顯揚自己高明與眾不同（修身
以明汙）而已，因此不免受眾人的排擠。在此明白的貶低儒家的聖人而推崇
道家的至人。到了《莊子注》郭象的筆下，儒、道的衝突完全消失於無形，
而聖者的昭昭與至人的冥冥竟成爲一體的兩面，甚至可以相輔相成了。郭象
曰：

> 夫察焉小異，則與眾爲近矣！混然大同，則無獨異於世矣！故夫昭
> 昭者乃冥冥之跡也，將寄言以遺跡，故因陳蔡以託患。(《莊子注》，
> 頁377)

針對〈山木篇〉對聖智抨擊的話語，郭象以「寄言」來解說。郭象又曰：

夫莊子推平於天下，故每寄言以出意，乃毀仲尼賤老聃，上掊擊三
皇，下痛病其一身也。（《莊子注》，頁385）

像這樣的「寄言出意」方法，在郭象玄理論述中屢見不鮮，可稱之為語言的
兩層區分。本來儒、道的哲學路數就有很大的差異。儒家學問主要在於修、
齊、治、平的政治觀，其最終目標在使天下歸於治。而使天下歸於治，看似
一項浩瀚的工程，其實卻是件具體容易瞭解的事。莊子哲學的重心在於使人
獲得自由逍遙，而人要如何獲得自由逍遙則必需反求諸己，這雖看似一件關
於個人的小事，卻反而是項深不可測的問題。所以莊子一直淘淘不絕地放其
「狂言」，漫衍他的「荒唐謬悠之辭」，目地在深刻地剖析人內在生命的問題。
這可能也是，何以聖人能夠默默「不言」，而老莊卻必須「申之不已」的道理
吧！話說回來，所謂的「寄言」豈不正是，儒、道兩家存在著的深廣鴻溝之
中一道不甚牢靠的橋。然而，不管堅實也好不牢靠也罷，總是座橋；我們有
興趣的是，郭象如何搭建這座橋。前一節，曾歷數莊子的哲學方法，最後一
項名為「冥契」，其內容是描寫幾個所謂的「畸人」（形體殘缺內德卻充足的
人），他們相與為友以道交遊，「莫逆於心」。這些人之中的子桑戶死了，孔子
派子貢去弔唁，卻看到他們全在那兒唱歌作樂。子貢回來向孔子報告，用十
分驚訝的口氣說：

彼何人者邪！修行無有，而外其形骸，臨尸而歌，顏色不變，無以
命之，彼何人者邪！（《莊子注》，頁152）

孔子告訴子貢說：

彼遊方之外者也，而丘遊方之內者也。外內不相及，而丘使女往弔
之，丘則陋矣！彼方且與造物者為人，而遊乎天地之一氣，……夫
若然者，又惡知死生先後之所在？（《莊子注》，頁153～154）

孔子之意明顯表示「方之內」是完全比不上「方之外」的。遊於方外的人與
天地一氣，對生死都能超越，又怎會受世俗禮教所困限呢？這些話已清楚地
判別了儒、道本質上的歧異，莊子的觀點當是如此。而郭象在此又如何疏通
其中的滯礙呢？郭象曰：

故莊子將明流統之所宗，以釋天下之可悟。若直就稱仲尼之如此，
或者將據所見以排之，故超聖人之內跡而寄方外於數子。宜忘其所
寄，以尋述作之大意，則夫遊外弘內之道坦然自明，而莊子之書故
是涉俗蓋世之談矣。（《莊子注》，頁153）

郭象認爲這裡把儒聖歸於「方內」而眞人屬之「方外」，完全是寄託之言。因爲一般傳統說法是內外不相及的，所以若直接就孔子而言「遊外弘內」恐怕會受到排斥，所以將聖王遊外的部份，寄託在那些畸人的言行之中。郭象的主張顯然相當與眾不同；論者咸認爲，此爲郭象理念有異於莊子時往往會出現的滑轉。不過，《莊子》一書中，確實有一些是明顯的寄言。最足以爲代表的是，在〈逍遙遊〉中一段對道家神人的具體描述：

> 藐姑射之山有神人居焉，肌膚若冰雪，淖約若處子，不食五穀吸風
> 飲露，乘雲氣御飛龍，而遊乎四海之外。其神凝，使物不疵癘而年
> 穀熟，吾以是狂而不信也。（《莊子注》，頁22）

這裡所描述的神人，可以說完全不受物理世界的限制，不僅可以乘雲御風，不食五穀，甚至在大水、大火中都不會受到傷害。這些文字誠然是「大而無當」，荒唐無邊際的神話，非但在道理上是萬萬說不通的，而且也極容易引起誤解（後來果眞被道教人物引爲神仙修練之事）。郭象在此以寄言爲說，一筆化掉其中可能成爲神秘聯想的資藉。《郭注》曰：

> 此皆寄言耳。夫神人即今所謂聖人也。夫聖人雖在廟堂之上，然其
> 心無異於山林之中，世豈識之哉？……今言王德之人而寄之此山，
> 將明世所無由識，故乃託之於絕垠之外，而推之於視聽之表耳。（《莊
> 子注》，頁22）

本來莊子這樣誇張的描寫，自是別有寓意當眞不得的。郭象直以「寄」撥開其迷霧，可說深富理性的精神。實則莊子也已藉肩吾之口說出了：「驚怖其言」、「猶河漢而無極」、「大有逕庭，不近人情」以及「狂而不信」等等充滿了驚異的辭語，可見莊子也並不希望讀者把這段文字看死了。這其實無非是一種詩化的語言，具有濃厚的浪漫情調與想像力，在理性思維所不能及的邊際，感官經驗所無法感知的「臨界點」，逼顯出這超塵出俗的境界，雖然這是否爲儒聖的本質猶不可知，然而郭象的解析誠然甚得要領。

總觀郭象《莊子注》，大量地使用這種方法，雖也有用得極妙如前所引述的，不過大部分乃因爲其思想路數與莊子有某種程度的差異性，便提出寄言將義理滑轉一下。除此之外，也有屬於《莊子》一書本身的問題。《莊子》一書雖系統儼然，然而整個義理體系是經過長時間發展而成的，非一人一時之作。大體而言，〈內篇〉思想精闢系統儼然，而〈外篇〉與〈雜篇〉所涉及的理論領域寬廣駁雜，且立論的基礎常大異於〈內篇〉。三者實屬於不同層級的

哲學，而郭象卻一股腦地軋在一起「一以貫之」，故多滯礙難通之處。郭象如此地將寄言，用來解消他的理念與原文南轅北轍不相融的環節，甚至《莊子》一書本身存在的矛盾。相較之下，王弼的「得意忘言」方法，是比較穩健可靠的。王弼注《老》主張不可太拘泥文字，注《周易》則有「得意忘象」之說。不過他對「言」、「意」兩者雖有輕重分別，卻也不曾將「言」完全放在一邊來論「意」。反觀郭象則往往將《莊子注》的原文歸之「寄言」，滑轉出另一套義理。不過這樣的滑轉常頗具開創性，若把郭象視為莊學另一階段的發展，也就不覺得太突兀。

第五章　郭象的玄學方法研究（下）

第一節　郭象莊學分解的玄理方法

一、玄理的兩層區分

　　綜觀莊子的玄理論述，大抵是從「天人之辨」開端，首先截然分出天、人兩個層次，「天」是渾然無別自由逍遙的境界，「人」則是處處對立樊籬重重充滿限制的世界，這當中的兩層區分是顯而易見的。不過，郭象並不常言及抽象的天人之別，而較多具體地從人秉持於內的德性，與表現在外的形象加以區分，即形、德與內、外的分割，也可歸入兩層區分的範圍。從形、德加以區分，甚為具體而容易瞭解，《莊子》的寓言中有許多外表奇醜或殘缺的人物，反而在德行上純一不雜，皆是得道真人的典型。這些寓言主要在強調形外、德內的觀念。而這內、外之分是為了突顯價值的輕重，內代表生命的價值所在，是生命的重心，外則代表生命的外圍，是無關緊要的事。有一則故事寫子產對斷足的申徒嘉，表現出不屑的態度。最後聽了申徒嘉一番話，才醒悟自己的想法是大大的錯誤。申徒嘉向子產說，人與人交往應是內在德行的交流，而不應計較外表的美醜。《郭象注》曰：

> 形骸外矣，其德內也。今子與我德遊耳，非與我形交，而索我外好，
> 豈不過哉？（《莊子注》，頁 116）

《莊子》的寓言中所描述的畸人，多由於有德於內，以致人們完全無視於他們的奇醜甚至駭人的外表，也就是所謂的「德有所長，形有所忘。」莊子總結說：「人不忘其所忘，而忘其所不忘，此謂之誠忘。」郭象對此理大加闡發，

其注曰：

> 生則愛之，死則棄之。故德者，世之所不忘也，形者，理之所不存
> 也。故夫忘形者非忘也，不忘形而忘德者乃誠忘也。（《莊子注》，頁
> 124）

這裡明白地主張外表形象的美醜無關道理，是應該忘掉的，而內在的德，其中有道存焉，則是不可忽略的。〈德充符〉有一則寓言與這段話可互相發明。故事是這樣的：有一群小豬原本依靠在母豬的身上，不久發現母豬死了，便全都驚嚇地逃走了。莊子解釋道：「所愛其母者，非愛其形也，愛使其形者。」而所謂「使其形者」，豈不是指內在的德而言？這不也是在解釋形、德的分別嗎？小豬之所以親近眷戀其母，並不是為了外在的「形」，而是因為內在的「德」，〔註1〕這說明了「形」之所以被重視是因為有「德」，若沒有了「德」，則「形」的存在也就沒有意義了。由此也可以說，人之形體上的健全或殘缺，以及美或醜是無關緊要的，重要的是內在的「德」。「形」與「德」並不是並列的兩項，「德」不僅有其獨立存在的價值，甚至可成就「形」的價值，而「形」卻無法獨立存在而有價值。所以兩者之間有著兩層區分，故德為主形為從，德具有絕對的優先性。

　　不過，也有一種情形，莊子書中明白區分為兩層的兩個範疇，到了郭象即轉為並列同層的兩境。例如：莊子以大鵬怒飛千里，與尺鷃決起數仞相對，比喻境界的大小，明白的指示出兩層區分。而郭象則完全把小大視為同層並列的兩項加以詮解。前文曾述及《世說新語》中記載著魏晉人已對郭象「逍遙義」不甚滿意，而較欣賞支遁的詮解。這是由於郭象把凡俗與至人境界置於同一層次上一併肯定，不如支遁將小大區分為兩層，更能彰顯至人境界的超凡入聖。支盾認為大鵬與尺鷃都受到不同程度的物累，所以都談不上逍遙。只有至人能做到「物物而不物於物」的境界，才是真逍遙。〔註2〕支氏的說法，可清楚的分至人與凡俗為兩層，與莊子的義理較為相應。此外，莊子把孔子與至人譬喻為「方之內」與「方之外」兩個典型，換句話說即分出世俗與道的境界為兩域，這很明顯亦是兩層區分。郭象曰：

> 以方內為桎梏，明所貴在方外也。夫遊外者依內，離人者合俗，故
> 有天下者，無以天下為也。是以遺物而後能入群，坐忘而後能應務，

〔註1〕見〈德充符〉，《莊子注》，頁120。
〔註2〕參見本文第四章第二節，「語言的兩層區分」部分。

愈遺之愈得之，苟居斯極，則雖欲釋之而理固自來。斯乃天人之所
不赦者也。（《莊子注》，頁 155）

在這段話語裡，郭象也承認莊子所貴在「方外」，不過他卻又用「遊外者依內，
離人者合俗」兩句溝通內、外兩層，使內外能交融為一；類乎老子「和光同塵」
之意。郭象的論點是：得先擺脫世俗的羈絆，才能走入人群與人們融洽相處，
而能夠達到無所不忘的「坐忘」工夫，也才有能力妥善處理世事，總之，世俗
之事愈是捨棄愈有所得。由此可見，有德者即使想捨棄天下，天下還是會自動
來歸附。依郭象的詮釋，至人即聖王的化身，兩者本質上毫無分別。其實，這
種說法與莊子的義理並沒有嚴重的衝突。只是郭象的論述理路，如此直接地把
兩者串連在一起，有點勉強。下文將討論有關郭象辯證的統合方法，其中有以
辯證方法來疏通兩層區分的兩境，其理論過程似乎就平順多了。

二、辯證的統合

（一）兩層區分的辯證統合

　　郭象玄理的兩層區分，指示出天道超越凡俗的理境，是屬於「知天之所
為」的部份。至於「知人之所為」，則必須將異質異層的兩層予以統合。故莊
子哲學雖強調天人之辨，而其最終目標還是在於達到「天人合一」、「人我無
別」的自然境界。天、人原分屬兩層卻要加以統合，也可用辯證方法來詮解，
以下再引莊子「其一也一」之說。〈大宗師〉：

其一也一，其不一也一，其一與天為徒，其不一與人為徒。（《莊子
注》，頁 137）

這是把「一」與「不一」合而為一，又把「天」與「人」合一，也就是「正反
合一」的詭辭為用。它的作用在於，從包容兩邊以顯全體圓融的境界。郭象的
論述重心則轉向政治領域中，聖王如何做到「跡本一如」圓滿俱足的問題上。
玄學家所重視的道家虛靜無為的「內聖」境界，與儒聖治國平天下的「外王」
事業能無所隔閡嗎？郭象即是用「跡冥合一」消弭其間的隔閡，他說：

夫堯實冥矣，其跡則堯也。自跡觀冥，外內異域，未足怪也。世徒
見堯之為堯，豈識其冥哉？（《莊子注》，頁 26）

郭象的意思是，堯的本質是道家冥然虛靜無為的「真人」，只是他外在的表現
是個統理天下的「聖王」，這兩者相比較之下確實予人內、外殊方的印象，以
至於世人只看到堯作為天下共主的一面（跡），那裡知道堯的虛靜無為的境界

（冥）呢？如此，是把「跡」與「冥」合一到堯的身上，而得其會通的效果。在此亦涵著兩層區分，「跡」是看得見的表象，而「冥」是內在的本質，兩者原是異質異層的殊異。又郭象曰：

> 仁者兼愛之跡，義者成物之功，愛之非仁，仁跡行焉，成之非義，
> 義功見焉。存夫仁義，不足以知愛利之由無心，故忘之可也。但忘
> 功跡，故猶未玄達。（《莊子注》，頁 161）

這段郭注令人聯想到王弼《老子指略》所言：「聖功實存，而曰：絕聖之所立，仁德實著，而曰：棄仁之所存。」只不過王弼是從名言層與實存層往往有隔而論，郭注則是從表現出的仁義之成效與形象，與主體的愛利之實爲兩層區分，以論其相反而相成。而仁義的形象爲跡，必須本於愛人利物的無私胸懷，兩者雖有相反的表現樣態，卻是可以一以貫之的，若只著重在本上，而忘了末，這是不透徹的。在此用辯證統合的道理解說郭象的「跡冥論」，似乎可講得更透徹。

前章所論郭象的「逍遙義」，把有待、無待全通到逍遙之域，也應該歸入辯證統合的方法運用。牟先生說：

> 分別說，則有待無待不能齊也。然通過至人之逍遙，使有待者不失
> 其所待，而同登逍遙之域，皆渾化於道術之中，則至人之無待亦無
> 殊於芸芸者之有待。此爲一整個渾化之大無待。在此「大無待」中，
> 「無待猶不足以殊有待，況有待者之巨細乎？」此亦可說整個是一
> 「詭辭爲用」之一大詭辭所成之大無待。（《才性與玄理》，頁 186）

牟先生此論述甚爲詳盡透徹。牟先生本雅好以辯證法論道家學問，此處用辯證方法解釋郭象統合有待、無待的理論，誠然匠心獨具。

（二）正反的辯證統合

辯證法的形式特色在於，它是從正與反相對的矛盾中發掘實存之理。黑格爾以正——反——合的形式去解釋歷史演變與人類精神文明的發展，受到廣泛的重視。其實，東方哲學中這樣的玄理智慧並不缺乏，只是東方人不就方法的觀點去提煉其原理原則，而完全展現在玄理之中。此外，黑格爾辯證法的證立，乃是觀察世界各大文明古國的興衰歷史而得到一個結論，即人類精神文明的發展，都要有一番破壞才能建立新的價值，黑格爾用正——反——合的形式概括這樣的發展歷程。而老子所說的「正言若反」，乃是基於現實生活的觀察而得到這樣一個結論：正面價值與反面價值本無定數，且常是輪

轉不息的。尤其人世間的禍、福更是輪轉不定的，今日是禍，明日可能變為福，有時甚至是混合在一起的，禍中有福，福中有禍。〔註3〕不只禍福如此，一切正、反相對的事都是如此。莊子的「彼是方生」亦無非在說明是、非之輪轉不息沒有定數。《郭象注》曰：

> 夫是非反覆相尋無窮，故謂之環。環，中空矣！今以是非為環，而得其中者，無是無非也。無是無非，故能應夫是非，是非無窮，故應亦無窮。（《莊子注》，頁 43）

此所謂「是非反覆相尋」，也可以用辯證的過程加以解釋。前文曾詳論道家的「辯證」與「詭辭」，在此擬從另一個方向討論。實際上，所謂方法就像文法一樣，不是天造地設的，它是先發生之後才有理論的，而理論建立之後則又反過來解釋或制約實際的發展。「詭辭」在古今中外不同的語言系統中，都可找到許多例子，人們每以趣味視之，而未必深究其原理。實際上，說穿了詭辭就是指那些不合邏輯的語言，這一點在上一節已曾點到，在此要提出一個簡單明瞭的方法，用以解析詭辭的構造。由於邏輯語言之所以為邏輯語言，在於它符合邏輯的原理，即以二值系統的邏輯為例，其構成的基本要素是三大思想律：「同一律」、「矛盾律」、「排中律」；職是之故，凡抵觸邏輯法則中任何一項的語句，即是「詭辭」。老、莊的著作中俯拾即是的辯證語言，大多抵觸了矛盾律，既肯定了 a 又肯定非 a，甚至在 a 與非 a 之間劃上等號。例如，老子所言「上德不德是以有德」便是最明顯的例子了。莊子曰：「吾將處於才與不才之間」，容或可以「排中律」論其為「詭辭」。又郭象的「跡本論」，堯既是冥又是跡，而跡與冥是兩對立不相容的概念，故這也是有違矛盾律。又「莊周夢蝶」的寓言，是將主體一分為二，這顯然不符合「同一律」原則，更是大弔詭。筆者在上文曾將「詭辭」分為兩類，其一是為了折服他人之口，不惜強辭奪理顛倒是非；其一是超越語言詮解的邊際去逼顯真理。正常語言說 a 是 a，b 是 b，若說 a 不是 a，b 不是 b，自然應歸之「詭辭」的範圍。實則，「詭辭」如果能成立，他往往能揭示比邏輯語言更深刻更真實的道理，而《老子》書中屢屢出現的「正言若反」話語，《莊子》書中無數的「謬悠荒唐」之言，都應作如是觀。郭象使用「詭辭」詮釋莊子哲學，大抵可以用辯證的正、反形式分解之，依其形式而言，似乎可名之為「正反相成」。郭象許多論

〔註 3〕 《老子・五十八章》：「禍兮福之所倚，福兮禍之所伏。孰知其極？其無正，正復為奇，善復為妖。」

點，申論反面有助於轉至正面的道理；以下，列述幾則相關的文字爲例：

    a. 然未知至遠之所順者，更近，而至高之所會者，反下也。（《莊子注》，頁 26）

    b. 夫無用者，泊然不爲，而群才自用。（《莊子注》，頁 101）

    c. 彼以無保爲保，而眾以有保爲保。（《莊子注》，頁 101）

    d. 忘歡而後樂足，樂足而後身存。（《莊子注》，頁 341）

    e. 夫全生者，天下之所謂祥也。巫祝以不材爲不祥而弗用也，彼乃以不祥全生，乃大祥也。（《莊子注》，頁 104）

郭象這些話語若翻作邏輯命題表示，則爲：

    a 句爲：「至遠則更近，至高則反下。」

    b 句爲：「無用則有用。」

    c 句爲：「無保是有保。」

    d 句爲：「無歡則有樂。」

    e 句爲：「不祥是大祥。」

觀這些注文，豈不是與老子「曲則全，枉則直」的論述異曲而同工呢？在此以之爲正反相成的辯證語言，即使不完全切合，至少也是彷彿得之吧！

第二節　郭象莊學冥合的玄理方法

    論者有以爲郭象莊學，使得魏晉玄理達到圓滿成熟的階段。〔註4〕這一論斷當然有點誇大其實。不過以年代而言，郭象在王、何、嵇、阮之後，他是有責任踵事增華，使魏晉玄學的理論更臻完善的。而不可否認的，郭象《莊子注》的理論效益，的確有超越前人的地方，這當然得歸功於郭象在玄學方法上的巧妙運用。

    任何方法的運用，都是因應問題而出現的，郭象的玄理方法尤其如此。道家玄理的重點主要是在本體論、宇宙論等玄遠的學問上，而用玄理方法論述玄理，並沒有很大的困難。只不過魏晉玄理主要的課題，除了形上學之外還有經世致用的現實問題，而如何把道家的自然哲學與儒家的禮教思想融合在一起，便成了一大課題。觀魏晉人所流行的論題，多半立意在調合儒、道。

〔註4〕這是湯一介先生早年出版的《郭象與魏晉玄學》所持的主要觀點（後改版修訂，名爲《郭象》）

然而在《老子注》中，王弼的重心是聖王的自然無爲境界，他講「聖人體無」，論「聖人有情」均巧妙地避開了，兩者在本質上乃至於實務上可能出現的衝突。到了郭象的《莊子注》，才正面的去面對聖王事功與道家虛靜無爲的修養境界之間的隔閡。再加上他有意建立有別於王弼「以無爲本」的本體論架構，勢必與長久以來傳統根深蒂固的本末觀對壘，由此可見，郭象所面臨的問題是更加棘手得多了。雖然如此，從《莊子注》的理論層面看，郭象對這些棘手的問題也算有某種程度的解決。至於他如何辦到的呢？簡單的講，就是「冥化」兩個字。至於如何冥化呢？郭象的方法運用，可謂變化多端。首先，他主張聖王冥然與造化爲一，透過一體的觀照去涵蘊一切，則道家式的眞人也能治國平天下。順著此一理路而下，主、客觀兩境將泯然無別了，這無異銷解了人間世重重的對立與衝突。其次，他提出「任物各付物」，從物的觀點去肯定天下萬物，讓天下萬物均回歸自己。如此等於就一切的殊相去肯定之，把一切林林總總千差萬別冥化於無形，則物的價值都在各自的存在中得到等值的肯定。以下分別論述之。

一、從一體玄冥混同儒聖與至人

　　後世對魏晉玄學的疵議，有所謂「陽尊儒聖，陰崇老莊」的說法。認爲魏晉人所尊的聖王雖儼然儒家堯舜面目，骨子裡卻是道家的至人。雖說道家的至人也未必會辱沒堯舜的聖名，只不過儒聖擔負天下萬物的方法，與至人靜默無爲的風格，畢竟有很大的距離。《莊子》「堯讓天下於許由」的寓言，郭象認爲其意是將聖治之功總歸於堯，然而又有另一種不同的說法，主張堯之所以能「治天下」是因爲許由「不治」，這樣的說法是把道家的境界（聖）歸於許由，而儒家聖王事功（治）則屬之於堯。在郭象的義理系統中自是不容許這樣的割裂兩截，而郭象著名的「跡冥論」正是企圖使兩者圓融爲一。郭象說：

> 夫治之由乎不治，爲之出乎無爲，取於堯而足，豈借之許由哉？若謂拱默乎山林之中，而後得稱無爲者，此莊老之談所以見棄於當塗。（《莊子注》，頁 20）

牟先生稱此爲「跡冥圓」，以圓名之，是從完整圓足上說。而郭象如何完成這個圓呢？郭象說：

> 夫體神居靈，而窮理極妙者，雖靜默間堂之裏，而玄同四海之表。

故乘兩儀而御六氣，同人群而驅萬物。苟無物而不順，則浮雲斯乘
矣！無形而不載，則飛龍斯御矣！遺身而自得，雖澹然而不待，坐
忘行忘，忘而爲之，故行若曳枯木，止若聚死灰，是以云其神凝也。
其神凝則不凝者自得矣！（《莊子注》，頁23）

儒家的學問一言以蔽之，也就是「修己治人」而已。至於實務上，則以禮樂
之治教化人民，並從修身、齊家、治國到平天下，一層層的向外講求。道家
眞人的意義，顯然不是在這些事務上。郭象在此從聖人「體神居靈，玄同四
海之表」，推到聖人可「同人群，驅萬物」，並由聖人精神的凝攝不雜，推論
他可令萬物皆自得。這樣的話語有類乎老子，從「致虛守靜」的工夫觀照萬
物，使萬物皆歸根復命不失常道。也就是從境界上的虛靜，使萬物「歸根復
命」回到自己。而後再進一步說：「侯王若能守之，萬物將自賓。」豈非內聖
外王圓成的型態呢？相較之下，郭象的說法是更具體詳細了許多。他認爲聖
王順任天下萬物，則天下萬物得以安其性，這就是「天下治」；這點倒是沒問
題的。然而，聖王面對紛紛萬民，卻還能保持其靜默而不受干擾，這又是基
於怎樣的理由呢？郭象對此有相當縝密的論述，以下舉幾段爲例：

然則體玄而極妙者，其所以會通萬物之性，而陶鑄天下之化，以成
堯舜之名者，常以不爲爲之耳。孰弊弊焉，勞神苦思，以事爲事，
然後能乎？（《莊子注》，頁24）

大神，全形具而體與物冥者，雖涉至變而未始非我，故蕩然無蔕介
於胸中也。（《莊子注》，頁59）

聖人付當於塵垢之外，而玄合乎視聽之表，照之以天而不逆計，放
之自爾而不推明也。（《莊子注》，頁60）

郭象認爲聖人的內在修爲與至人是一致的，所以他能「涉至變而未始非我」。
換句話說，就是超越一切而保全自我，故一切外界的干擾都不足以影響他。
也因此才能毫不勞神即「陶鑄天地之化，以成堯舜之名」。何晏曾論「聖人無
情」，其意在於保住聖王的超越性，王弼主張「聖人有情而不累於物」，〔註5〕
則是既要保住聖人的自我，還要肯定其不離萬物。這點其實很難疏通，前文
所引莊子「外內不相及義」即在討論此一問題。成玄英對此義也有一番疏通，
〈成疏〉曰：

〔註5〕何晏有聖人無情之說，王弼則主張聖人有情以應物，卻能不累於物。王說比
何說更圓融，既能保住聖人的超然境界，又能不落於割裂兩截。

玄儒理隔，内外道殊，勝劣而論，不相及逮。（《莊子集釋》，頁 268）

在此莊子與成氏都以「内外殊途」立論，不過郭象卻是堅持他的「外内相冥」理論，而他的目的無非就是爲了溝通儒、道的歧異。郭象曰：

> 夫理有至極，外、内相冥。未有極遊外之致，而不冥於内者也，未有
> 能冥於内，而不遊於外者也。故聖人常遊外以弘内，無心以順有，故
> 雖終日揮形而神氣無變，俯仰萬機而淡然自若。（《莊子注》，頁 153）

又：

> 夫與内冥者，遊於外也，獨能遊外以冥内，任萬物之自然，使天性
> 各足，而帝王道成。斯乃畸於人而侔於天也。（《莊子注》，頁 156）

郭象在此是以「全體觀照」的觀點而論，也就是在所謂的「理有至極」處來看萬事萬物，而理到了極致是内、外冥合無所乖違的。因此至人遊外到了極致，則與世俗相冥，也能治國平天下，開拓方内的禮樂世界（弘内）。聖王有冥合的内在境界（與内冥），必能遊於方外，則自然也能具有道家的方外智慧──「任萬物之自然」。故聖王雖終日勞動形軀，卻仍然不傷神氣，活在紛雜之中，還能保有自己的淡漠虛靜本質。只是一般人往往囿於「見形而不及神」的限制，因爲看聖王「與群物並行」且「體化而應務」，就說他不能超越人群坐忘而自得。所以郭象又曰：

> 夫聖人雖在廟堂之上，然其心無異於山林之中；世豈識之哉？徒見
> 其戴黃屋佩玉璽，便謂足以纓紱其心矣！見其歷山川同民事，便謂
> 足以憔悴其神矣！豈知至至者之不虧哉？（《莊子注》，頁 22）

此所謂「至至者之不虧」，有點神秘不可思議。不過依郭象的理論脈絡看，這「至至」只是「周匝全體」無所不至之意，而非關神秘主義經驗。可類乎莊子「藏天下於天下」之說，以窮盡全體的過程達到一體無隔的境界。譬如，一個團體中存在著許多小圈圈，則就會產生矛盾對立，若能讓團體中所有小圈圈的成員都凝聚到一個共識下，無異收納全體成爲一個大圈圈，那就沒人能分化離間了。郭象發揮「藏天下於天下」義說：

> 無所藏而都任之，則與物無不冥，與化無不一。故無外、無内、無
> 死、無生，體天地而合變化，索所遯而不得矣！此乃常存之大情，
> 非一曲之小意。（《莊子注》，頁 139）

這也就是所謂「遊於無小無大者」的無窮境界了。郭象注解〈大宗師〉首句曰：

> 知天之所爲者，皆自然也。則内放其身，而外冥於物，與眾玄同，
> 任之而無不至也。（《莊子注》，頁129）

這明白地標舉一「內外玄冥」的境界。又，〈德充符〉的題下，郭象解曰：

> 德充於内，物應於外，外內玄合，信若符命，而遺其形骸也。（《莊
> 子注》，頁108）

這也就是所謂的「神全心具，體與物冥。」的至人境界。由此可見郭象對道家的「玄通之理」很有心得。道家的玄通之理，說穿了也沒什麼玄妙之處，只要把內在境界無限的擴大以至於宇宙全體，則人世間所有的歧異就能全數融攝在一起，如此一來，其中原本的矛盾衝突也就自然泯滅了。郭象曰：

> 彼是相對，而聖人兩順之。故無心者，與物冥而未嘗有對於天下也。
> 此居其樞要而會其玄極，以應夫無方也。（《莊子注》，頁43）

猶有甚者，聖人根本連自我都能忘掉，那麼還有什麼能煩擾他呢？郭象曰：

> 五臟猶忘，何物足識哉？未始有識，故能放身於變化之塗，玄同於
> 反覆之波，而不知終始之所極也。（《莊子注》，頁154）

這裡所謂的「變化之塗」與「反覆之波」即是指整個宇宙生化而言，在這個範圍之中，只要全體順乎自然便是萬物一體，冥然無二了。這是詮釋莊子「與造物者爲人，而遊乎天地之一氣。」的話語。另外，莊子「楚人遺弓」的故事也可作如是解；即把自我的境界擴至宇宙全體，則所有的分別自然泯滅於無形；而後，個人的主體境界也將提升到天的無分別境界，進而達到「物我爲一」的理境。這些論法，都很自然順理成章地走向玄冥之境，只不過這當中有把主觀境界與客觀實情混淆之嫌。老莊的論述，在作用層和實有層上本就沒有清楚的分劃，郭象更是這樣地直接軋在一起。當然其理論的合法性還有待討論，容後再論。

二、從物的觀點弭平一切差別

郭象的哲學，以證成萬物獨化自生爲最終目標，他在《莊子序》中總論莊子之學：「上知造物無物，下知有物之自造。」而其實這就是「獨化說」的分解說法。令人感到興趣的是，郭象的「獨化說」到底與王、何「以無爲本」的思想有什麼不同呢？雖郭象晚於王、何，然而基本上是在同一個學術氛圍中，換句話說，他們所擁有的資源以及所面臨的問題並無二致。依個人淺見，他們所表現出的不同樣貌，除了個人學養偏好以外，更重要的是學術發展過

程中，必然存在著推陳出新的要求。更何況，「以無爲本」的哲學架構的確也談不上金科玉律。這個體系在何晏鼓吹於前，王弼的《老子注》燦然大備於後。其理論的成果是，把老子所言的道，從恍惚縹緲遠在天邊，拉回來與人的主體作用聯繫起來，把無形無名的道化在日常的實踐中，以此言道而成就一境界型態的形上學。這樣的形上學在修養功夫論上甚具意義，然而卻沒有解釋客觀宇宙萬有的功能，所以與兩漢「氣化宇宙論」的論題沒有相應性。再加上，其所言「無」屬於作用上的，而當時卻有些人把它看成「實有層」的無（空無），所以導致崇尚虛無不切實際的流弊，裴頠〈崇有論〉即在這樣的歷史背景下產生。基本上，雖郭象的理論與裴頠不算同一路，不過他們志在矯正此一流弊的心態卻是一樣的。

此外，顯然在郭象看來「以無爲本」的理論效益是不夠的。王弼的崇無系統，不能解釋實有層的問題，故郭象的理論中，論述物的層面往往是重心所在。反觀王弼，即令易學的實有色彩濃厚，他的《周易注》仍然沒有偏到實有層上。湯用彤先生說：

> 王弼與向、郭均深感體用兩截之不可通。故王謂萬物本於無，而非對立。向、郭主萬物之自生，而無別體。王即著眼在本體，故恒談宇宙之貞一。向、郭即著眼在自生，故多明萬物之互殊。（《玄學論稿》，頁53）

湯先生這句話甚爲精要。誠然，「以無爲本」是王弼哲學的核心論題，從虛靜無爲的主體實踐歷程，證成此一境界型的本體，循此以溝通道與物，自然與名教。郭象則以萬物自生的理論，解釋萬物的存在，否定以無爲本的論斷。所以王傾向本體論的主題，而向、郭則著重於就萬物各各的殊相立論，故牽涉到宇宙論的範疇。這一分別甚簡要，若再細論，則王弼的本體論是「境界型態」的，只可在作用上解釋，而在現實中只呈一觀照的作用，顯然這不可能令郭象滿意。因此郭象遂轉而把重心放到物的層面，直接從實有層上證成天下萬物的價值。而郭象的理論條理又是如何呢？首先，他把價值還原到萬物身上，再者，從萬物各各不同的觀點去弭平一切的殊相。在此姑且以「還原」與「齊一」兩原理說明之：

（一）還原原理

所謂的「還原原理」，即回歸原始根源或初始境界，郭象此原理的運用應是師承於老子。《老子‧十六章》曰：

> 致虛極，守靜篤，萬物並作，吾以觀復。夫物芸芸，各復歸其根，
>
> 歸根曰靜，是謂復命。復命曰常……。

老子此章所謂「致虛」、「守靜」是屬於主體修養的論述，而「歸根」、「復命」則是著重在萬物的回歸常道上。王弼的自然義「在方法方，在圓法圓」的話語，也可以作還原原理解；「在方法方，在圓法圓」無非是回到物自己，而「歸根」、「復命」則是回到更高的根源，這兩項還原原理都是玄理方法很常見的。例如西諺有云：「凱撒的歸凱撒，上帝的歸上帝」，是「回歸原始」的還原，而禪宗「直指本心見性成佛」，則為「回歸自我」的還原。在《莊子》一書中，這兩類的還原皆不乏例證，而郭象則比較偏重後者。例如：莊子曰：「夫大塊載我以形，勞我以生，佚我以老，息我以死。」是從本原的觀點去弭平生命中的變化，而郭象則從「皆我也」一併合同之。《莊子注》曰：

> 夫形、生、老、死皆我也。故形為我載，生為我勞，老為我佚，死
>
> 為我息，四者雖變，未始非我，我奚惜哉？（《莊子注》，頁138）

由此注可看出郭象有消解本體第一因的傾向。實則，郭注獨化自生說的義理系統中，本必須蕩除任何型態的第一因。萬物萬事的存在，有其最後的根據（第一因）的思考模式，可說是古今中外甚為普遍的。這一點在莊子即開始有鬆動的意味，到了郭象則似乎有意完全掃除之。

1. 取消根源的追溯

前文曾言，還原原理有二，其一便是根源的追溯，這一點是郭象所不取且有意掃除的，而郭象如何掃除之呢？郭象曰：

> 明斯理也，將使萬物各反所宗於體中，而不待乎外。外無所謝，而
>
> 內無所矜。是以，誘然皆生而不知所以生，同焉皆得而不知所以得
>
> 也。（《莊子注》，頁68）

郭象把中國形上學所不能不討論的「萬物之宗」，置於物的「體中」，而不向外求，則無異於宣告一個理念：一切都是同時俱生，獨立自主，沒有誰必須依附誰而生的道理。郭象曰：

> 今罔兩之因景，猶云俱生而非待也。則萬物雖聚而共成乎天，而皆
>
> 歷然莫不獨見故罔兩非景之所制，而景非形之所使，形非無之所化
>
> 也。則化與不化，然與不然，從人之與由己，莫不自爾。吾安識其
>
> 所以哉？故任而不助，則本末內外暢然俱得，泯然無跡。若乃責此
>
> 近因，而忘其自爾，宗物於外，喪主於內，而愛尚生矣！雖欲推而

齊之，然其所尚已存乎胸中，何夷之得有哉？（《莊子注》，頁 68）
郭象認爲一般的看法是「罔兩待景，景待形，形待造物者。」（《莊子注》，頁
67）也就是說，造物主造出實物，實物在日光下會產生影子，而影子又會形
成陰影（郭象解罔兩是影外的微陰）。郭象完全否定這樣的因果論，他認爲即
使萬物林林總總皆「彼我相因」卻也是同時俱生，郭象總結說：

> 人之生也，理自生矣，直莫之爲而任其自生，斯重其身而知務者也。
> 若乃忘其自生，謹而矜之，斯輕用其身而不知務也。故五藏相攻於
> 內，而手足殘傷於外也。（《莊子注》，頁 116）

要之，即「物各自造，而無所待焉。」其論述的重心，在於排除第一因的思
維模式，而把傳統「物各有主」的思想轉向他的「獨化自生」理論。

2. 回歸自我

　　從先秦經過兩漢，到了王、何的玄理，無不重視形上根源的追溯，並據
以解釋萬物森羅千差萬別的現象界。郭象既排除了根源的追溯，則宇宙萬象
的重心將安立在何處呢？答案是「回歸自我」。郭象曰：

> 夫死生變化，吾皆吾之。既皆是吾，吾何失哉？未始失吾，吾何憂
> 哉？……靡所不吾也，故玄同外內，彌貫古今，與化日新，豈知吾
> 之所在也？（《莊子注》，頁 158）

如同莊子所言：「死生亦大矣！」死生問題即使豁達如莊子，也不能完全坦
然，對一般人而言更是無法突破的障礙，而郭象認爲只要一律視爲自我，則
其中便沒有得失的問題了。若能更進一步將一切變化均視爲自我，不就已臻
「玄同內外」，無往而不可的境界了嗎？以此觀物，則所有的事物皆有存在
的價值。像中國以外的民族，從中國本位的觀點看，他們均是蠻夷之邦，應
該大大的改造才是。郭象認爲，只要他們能夠安於自己，則他們的鄙陋正是
他們的優點。〔註6〕所謂：「物各有宜，苟得其宜，安往而不逍遙也。」（《莊
子注》，頁 28）即是此理。總而言之，回歸到物自己的本質，則萬物無不圓
滿自足，不必外求就能夠逍遙無待。

（二）齊一原理

　　前所述還原原理，是回到萬物本身去肯定其價值。此處齊一原理則指能
夠超越宇宙間萬物森羅所表現之千萬分殊，而達到一無分別的理境，再從這

〔註 6〕郭象曰：「物之所安無陋也，則蓬艾乃三子之妙處也。」（《莊子注》，頁 55）

個觀點去肯定萬物各自的價值。

齊一原理，最常出現在宗教的教法之中。首先，佛教「怨親平等」可以說最爲典型，其次，基督教的「博愛精神」也算是一種齊一原理。其實，所有的倫理學，一旦發展到了極致往往都會走向這一境界。例如：儒家「民胞物與」的胸懷與道家「萬物一體」的理境，均可作如是解。到了郭象的義理系統中，對這一原理的運用，更大大的揮灑，可以說宇宙萬象中，林林總總數不清的殊相全都可以齊而一之。雖然，郭象這個原理的運用頗受到質疑，不過其解釋效益卻也著實令人刮目相看。以下且將他的論述，分爲幾個綱領討論。

1. 以適性原則齊一小大

前文曾深入討論過郭象的「逍遙義」，雖其義不如支遁受到青睞，不過，其義理展現之多元面向，頗有曲折且饒富趣味。首先他論至人之「逍遙無待」，其次論有待者亦可因「不失所待」而得到逍遙。然而如何保障有待者不失所待呢？其關鍵即在於有待者之所待，只是其自身之本性自足而已，故若能守住自我，則小大雖殊逍遙一也。《莊子注》曰：

> 夫大鳥一去半歲，至天池而息。小鳥一飛半朝，搶榆枋而止。此比
> 所能則有間矣！其於適性則一也。（《莊子注》，頁 11）

莊子描繪出小、大兩境，普遍的說法是認爲莊子之意在於區分「至人」的心靈境界與一般世俗中人的高下，而郭象卻獨樹一格的提出了「小大雖殊，逍遙一也」的論點。他的說法是：

> 形雖萬殊，而性同得，故曰：道通爲一也。（《莊子注》四五）

這句話的意思是，從物各有本性的觀點看，萬物雖表現出的境界有高有下，並無損於他們本性的圓滿具足，以此而言「逍遙一也」。這樣的論點，道理上是說得通的，而且在《莊子・外篇》中亦可找到論據。《莊子・駢拇》：

> 彼正正者，不失其性命之情，故合者不爲駢，而枝者不爲跂，長者
> 不爲有餘，短者不爲不足。是故，鳧脛雖短，續之則憂，鶴脛雖長，
> 斷之則悲。（《莊子注》，頁 181）

誠然依物的本性而言，本各有其分，雖其外表有長、短、駢、枝的不同形貌，而只要不介入意計造作，則「物任其性，事稱其能，各當其分。」（《莊子注》，頁 9）皆可以得到同樣的逍遙。

2. 從各有分位的觀點齊一異類

前論郭象從萬物各具本性而言「逍遙一也」，與莊子的義理系統大抵可通

洽無隔。此外，郭象又從「萬物各有分位」的觀點，以推出「同於自得」的道理。蘇東坡〈赤壁賦〉不愧爲兩宋文的壓卷之作，其價值在於不僅文采流麗，還能對莊子逍遙無待的思想有一番深入淺出的論述；而東坡所秉持的原理便是萬物各有分位的觀念。〈赤壁賦〉曰：

> 且夫天地之間，物各有主，苟非吾之所有，雖一毫而莫取。唯江上之清風，與山間之明月，耳得之而爲聲，目遇之而成色，是造物主之無盡藏，而吾與子之所共適。〔註7〕

東坡主張安於分位可以保障生命的逍遙之境。故即使仕途失意潦到，又被貶到偏遠的黃州，只能縱情於山水原野「侶魚蝦而友麋鹿」，過著漁人樵夫般的生活，卻還能自得其樂。不過從其字裡行間中，不難感受到現實生活的無奈感，故這猶不脫文人的感性之作。若在哲學家眼中，安於分位不是無奈的而是應然的。郭象曰：

> 故理有至分，物有定極，各足稱事，其濟一也。（《莊子注》，頁 12）

郭象對根源性的追溯完全抱持否定的態度，卻十分斬釘截鐵的肯定「理有至分，物有定極」，而這「理」顯然是物的理，可見郭象雖取消大宇宙的因果關聯，卻還是肯定小宇宙的內在理則性。在王弼的義理中，萬物的成就必須依賴「無形無名」的道，而郭象則主張：「造物無物，有物之自造。」這些物的價值唯繫屬於自己，無論其自己如何，都是他自己的分位，這就是郭象所言「至分」與「定極」的意義，而這也就是萬物自己小宇宙的理則。郭象的「自生」理論不像王弼「以無爲本」那樣超然於現象之上，而是就著現象界的芸芸不同而設的。郭象曰：

> 夫聲之宮商，雖千變萬化唱和大小，莫不稱其所受而各當其分。（《莊子注》，頁 33）

這段文字完全就著眞實世界的現象而論，認爲客觀現象各有分殊不同，都是恰當的（稱其所受），而且合理的（各當其分）。又郭象曰：

> 故知君臣、上下、手足、外內乃天理自然，豈直人之所爲哉。（《莊子注》，頁 38）

〔註7〕　有人說：蘇東坡前後赤壁兩賦，可抵《南華》一部，這自是過譽之言。不過其〈前赤壁賦〉的確有見於莊子逍遙無待之理。其文曰：「自其不變者而觀之，則物與我皆無盡也；而又何羨乎。」是能直指莊子上下與天地同流的氣勢。又：「苟非吾之所有，雖一毫而莫取。」則豈不類於郭象的分位觀念。

在此郭象把人文世界的種種倫理分別視爲天理自然，所以說，即使像堯與許由兩人地位如此懸殊，卻是同樣自得逍遙。〔註8〕如上所述，令人驚覺郭象理論效益的涵蓋性之大，簡單的說，凡一切自然界乃至於人文的現象，郭象均可予以合理化解釋。故有人批評郭象將一切現象漫無準繩地合理化，似乎也不是完全沒有根據，不過這還有待仔細考察。

3. 從同與異兩個觀點齊一彼我

前述兩項方法是郭象基本的齊一方法，大抵是由莊子「逍遙」、「齊物」二義發展而成，若要據以完成齊一萬物的目標，已是綽綽有餘了。不過，郭象的齊一方法還不僅如此而已，他還從同與異兩個的觀點去齊一彼我。筆者以爲，這宜是受到〈秋水篇〉諸多相對觀念的啓發。在此不妨再參考蘇東坡〈赤壁賦〉一段饒富哲理的文字：

> 逝者如斯而未嘗往也，盈虛者如彼而卒莫消長也。蓋將自其變者而觀之，則天地曾不能以一瞬，自其不變者而觀之，則物與我皆無盡也，又何羨乎？

東坡這段哲學思維，似乎也是由〈秋水篇〉中得到靈感。〈秋水篇〉曰：

> 以道觀之，物無貴賤，以物觀之，自貴而相賤，以俗觀之，貴賤不在己，以差觀之，因其所大而大之，則萬物莫不大，因其所小而小之，則萬物莫不小。……以功觀之，因其所有而有之，則萬物莫不有，因其所無而無之，則萬物莫不無。知東西之相反而不可相無，則功分定矣！……知堯桀之自然而相非，則趣操睹矣！（《莊子注》，頁323）

玩味這段文字，可看出這是從相對的觀點去解釋一切的殊相。當然，從道的觀點看，萬物是齊一的，除此之外便有貴賤、大小、有無以及是非之分，而這樣的分別也是正常自然的。郭象的齊一之理與此雷同。郭象有很多論述是在申明此理，從中可看出郭象的理念，其實是與〈秋水篇〉的相對觀很類似。郭象曰：

> 夫自是而非彼，美己而惡人，物莫不皆然，然故是非雖異，而彼我均也。（《莊子注》，頁30）

> 故儒墨之非，吾所不能同也。至於各冥其分，吾所不能異也。（《莊

〔註8〕郭象曰：「堯許之地雖異，其於逍遙一也。」（《莊子注》，頁22）

子注》，頁 42）

　　動止之容，吾所不能一也，其於無心而自得，吾所不能二也。（《莊
　　子注》，頁 31）

　　就其殊而任之，則萬物莫不當也。（《莊子注》，頁 326）

此外，郭象注解〈人間世〉「自其同者視之，萬物皆一也。」與〈秋水篇〉如
出一轍。郭象曰：

　　雖所美不同，而同有所美，各美其所美，則萬物一美也。各是其所
　　是，則天下一是也。夫因其所異而異之，則天下莫不異。而浩然大
　　觀者，官天地府萬物，知異之不足異，故因其所同而同之，則天下
　　莫不皆同。又知同之不足有，故因其所無而無之，則是非、美惡莫
　　不皆無矣。（《莊子注》，頁 110）

郭象的主張是，雖然萬物各各不同千差萬別，卻也可全部納入同一個觀點之中。
如從「美」的觀點看，萬物同有所美，則皆爲「美」，從「是」的觀點看，則萬
物皆自以爲是，則皆爲「是」。這是從共同點去齊一彼、我。同樣的，是非高低
也是不存在的，因爲，萬物皆自是而非人，可見是非同時並存，也等於同時不
成立。郭象曰：

　　夫是我而非彼，美己而惡人，自中知以下至于昆蟲，莫不皆然。然
　　此明乎我，而不明乎彼者爾。若夫玄通泯合之士，因天下以明天下；
　　天下無曰：「我非」也，即明天下之無非；無曰：「彼是」也，即明
　　天下之無是。無是無非混而爲一，故能乘變任化，泛物而不慴。（《莊
　　子注》，頁 110）

這是由萬物自然而相非以泯除是非的分別，進而齊一彼、我。郭象這種齊一
方法，顯然是由莊子「彼是方生之說」〔註9〕引伸而來，其意無非在於泯沒是
非而玄同彼我而已。誠如郭象所言：

　　夫物物自分，事事自別，而欲由己以分別之者，不見彼之自別也。
　　（《莊子注》，頁 53）

〔註9〕　莊子「彼是方生之說」表現出相當細密的邏輯分析方法，其要旨是說明，人
　　　　間的是非乃是互相依存而有的，而是非兩方都各有一無窮的是非網絡，因此
　　　　在人世間造成了一個彌天蓋地的是非網。本要作爲倫理綱常的依據，卻是治
　　　　絲益棼愈理愈亂。因而聖人不循是非的路，而照之以天，從天的境界觀照萬
　　　　有，消弭是非對立。（《莊子注》，頁 42）

郭象認爲天下萬物本無有是非高下可言，人們應排除個人私意造作，才能明白事物原有的分際。郭象又曰：

> 然此雖是非不同，亦固未免於有是非也，則與彼類矣！故曰：「類與不類，又相與爲類，則與彼無以異」也。然則將大不類，莫若無心。既遣是非又遣其遣，遣之又遣之，以至於無遣，然後無遣無不遣，而是非自去矣！（《莊子注》，頁 50）

這段郭注顯然沒有扣住莊子的原意。〔註 10〕郭象似乎是想假藉莊子「類與不類相與爲類」這句話的融通意象，來引進他「遣之又遣」的滌蕩觀點。郭象他把「類與不類相與爲類」之言解爲，「有是非」與「無是非」兩種立場雖不同類卻可相與爲類，同樣應歸屬入「有是非」一類。若想要脫離「有是非」一類，則得「無心」才行，不但要滌除是非之分別，就連這種滌除的念頭也要加以滌除，這就是所謂的：「既遣是非，又遣其遣。」郭象主張唯有這樣「遣之又遣，以至於無遣」最後到了「無遣，無不遣」才能眞的達到沒有是非的境界。這是一種極盡滌蕩的方法。

　　郭象的理論解釋性之強，理論效益之廣度，可說放眼魏晉，無出其右者。然而優點所在，可能正是他的缺失。一般對郭象最大的批判，在於他的解釋觀點有時過分泛濫，幾乎無往而不可通而爲一，似乎企圖把一切存在一股腦地全予以合理化。不過若曾深入其學，亦可知郭象不至於如此。郭象的理論目標在「使群異各安其所安」〔註 11〕這是著重在應用層面上的表現。畢竟存在不可能皆合理，只能有其存在之理而已，郭象便是即此存在之理而肯定之，故得「用雖萬殊歷然自明」的結論。總論郭象的論述方法，雖偶爾不免失了分際，而導致許多不必要的疑慮。不過大體上，都還是持之有故，言之成理的。

〔註10〕 看莊子的原文似乎是討論前後兩段，有關「有物」、「無物」或「有始」、「無始」等論題的關聯。

〔註11〕 郭象：「恢詭憰怪，則通而一之，使群異各安其所安，眾人不失其所是，則己不用於物，而萬物之用用矣！物皆自用，則孰是孰非哉？……寄之自用，則用雖萬殊，歷然自明。」（《莊子注》，頁49）

第六章 結 論

　　總觀王弼與郭象對老、莊的詮釋，不可否認的已越過了兩漢黃老道家的論述模式，而成功的建立了魏晉的新學。他們是怎麼辦到的呢？在魏晉時代，若論學養最受推崇的學者，就屬嵇康了，而且他著作等身，在當時學術界可謂執牛耳者。〔註1〕然而，綜觀其書，並未能看到像王弼與郭象那樣完整的玄學體系。其理由何在呢？裴頠〈崇有論〉係針對時弊而發，名動一時也受到廣大的喝采，然而，對他所批評的「貴無論」體系，卻絲毫沒能撼動一分一毫。這理由又是何在呢？這些問題的答案，都在「方法」上。

　　首先，王弼與郭象的哲學方法，實已遠遠地超越了兩漢的思維模式。唐君毅先生曾論及司馬遷討論陰陽家的思想模式，唐先生說：

> 此初不外先驗小物，以推至于大，先序時間上之今，以至于遠古，更至天地未生之時；先列空間上近者，中國之九州爲神州，更推而遠之，至于大九州，更至天地之際。此種推論，今可名之爲一類比的想像之推論。〔註2〕

唐先生此處所謂的「想像之推論」，實在是漢人思想論著中最爲常見的方法。董仲舒著名的「天人相應」理論是這樣，淮南子的「宇宙論」又何嘗不是這樣？即使王充的批判理論，其方法也多仰賴於此。由此可見漢人的思維模式

〔註1〕 《世說新語‧文學第四》：「舊云：『王丞相過江左，止道《聲無哀樂》、《養生》、《言盡意》三理而已。然宛轉關生，無所不入。』」（《世說新語箋疏》，頁211）又：「鍾會撰四本論，始畢，甚欲使嵇公一見。置懷中，既定，畏其難，懷不敢出，於戶外遙擲，便回急走。」（《世說新語箋疏》，頁195）從王導對嵇康著作的重視，以及鍾會對嵇康的敬畏表情，可以想見嵇康當時聲望的崇高。

〔註2〕 見氏著《中國哲學原論‧原道篇卷二》，頁170）

與陰陽家比較接近。「想像之推論」雖不是一無是處,然而其理論效益所及,只限於「物」的範圍,其原理是由經驗可見以推論經驗所不能及的部分,可以歸之於「經驗方法」。問題是,老、莊的道論主要是在探討一切存在之所以存在的形上原理,而那是超越於物的形質之上的問題,實非任何經驗方法所能及。究竟而言,從事詮釋經典的工作,若要完整的掌握其義理,在方法上即使不能超越,至少也得層級相當才可。老、莊的哲學方法,無論名理或玄理皆可謂燦然大備,像漢人只用經驗方法,故只能說出其相應於實證的內容。

　　魏晉人尚清談,故其學問多從談中得,在《世說新語》一書中,記載許多清談的內容,多的是玄學家互相論難,在公開的場合騁其辯才以屈服對手的實況,除可看出魏晉人思維方法的細密外,亦可感受到當時的學術界有清楚等級的分判。例如,正始之際,何晏的地位是何等的顯赫,卻對王弼這樣的後生晚輩「倒屣相迎」,〔註3〕甚至在看了王弼《老子注》後自歎不如,就把自己的《老子注》改名爲《道德二論》。〔註4〕而且,通觀玄學家所流傳的論著,其所達到的境界之高下,以及所能解釋的層面之廣狹,的確也是判然可分的。而其理論之所以有良窳精粗之別,除個人的學養深淺外,在方法上是否運用得當常是關鍵所在。先談嵇公,其學養相信決不在王弼與郭象之下,他之所以未能建立完整的玄學體系,原因就在於他的方法只偏在名理方面,並沒有足夠的玄理方法所致。至於,裴頠的〈崇有論〉雖然也很精要,畢竟也是一篇徹底的名理之作,自然是完全不能與王弼相抗衡的了。

　　研究道家的學問,若只見其枝節不能融會貫通,往往會斷章取義以爲道家只是失意者的自遣之道。不過,現實人生中不如意者十常八九,的確也何妨聽從老子之言,淡泊名利足以頤養生命。故從古到今,那個失意文人不把老、莊視之爲療傷止痛的良藥呢?殊不知,道家未必只能是非常時期的救濟之道,它也可以是一種生活常道,引導人們走向自由逍遙之道,而莊子的義理重心當在於此。不過,淡泊名利還容易,至於要能看破生死的問題,恐怕就不容易了。王羲之在〈蘭亭集序〉中,表達出對生命短暫的感慨,而且對莊子齊一生死的思想大表懷疑,故言:「固知一死生爲虛誕,齊彭殤爲妄作。」〔註5〕顯然不能

〔註3〕所謂「倒屣相迎」,是描述何晏急切地去迎接王弼的情景。

〔註4〕《世說新語・文學第四》:「何平叔注老子,始成,詣王輔嗣。見王注精奇,乃神伏曰:『若斯人,可與論天人之際矣!』因以所注爲《道德二論》。」(《世說新語箋疏》,頁198)。

〔註5〕王羲之的話是相應於,〈大宗師〉:「以死生爲一條」(《莊子注》,頁118)以及

瞭解莊子的豁達心胸。魏晉時代的學者之所以有此誤解,歸根究底,理由就是還停留在兩漢的思維模式之中。也因此,魏晉人不但好老、莊也崇奉道教。而道教本依附老、莊建立其教義,其理論與實踐的重心皆在延年益壽,修習長生不老之術。其論述重心偏重經驗層次,並未及於道家的玄理之精髓,不過當時的確受到廣大士人的喜好。此外,魏晉時代名學相當盛行,〔註6〕故玄學家在名理方面有所表現,只能算是達到基本要求而已。王弼與郭象能異軍突起,擅場一時,除了名理方法精熟之外,還有賴於玄理方法的巧妙運用。

　　王弼與郭象在玄理方法的表現,雖稱得上繁複多方充滿創意,其實皆無非汲取老、莊的哲學方法加以融會貫通,只是運用得比較淋漓盡致而已。老子玄理首先以「兩層區分」,分出形上、形下兩域以顯出形上理境的層次,繼而大倡「正言若反」的辯證詭辭,以超越認知心的限制,最後再以玄同方法消除人我的分別執著,以證成「生而不有,為而不恃,長而不宰」的「玄德」義涵。王弼的老學方法,對這三類玄學方法,均有巧妙運用,無怪其老學成就自先秦以下無人能及。莊子的玄理方法,除詭辭與辯證方法以外,其玄同方法更是變化多端妙不可言。郭象莊學實統合了老子與莊子的方法,選擇性的加以運用,頗見妙處。而其莊學的理論所及,在魏晉時代也算得上獨一無二的了。牟先生曾以「發明玄智」嘉許王弼與向、郭。牟先生說:

> 玄智者虛一而靜,無為無執,灑脫自在之自由無限心所發之明照也(知常曰明)。……凡無為無執,灑脫自在,無知而無不知者,都是自由無限心之妙用,因而亦就是玄智之明。王弼之注《老》,向郭之注《莊》,對於此玄智玄理之奧義妙義多所發明……。(《現象與物自身・序》,頁10)

而此所謂玄智,即唐先生所言「超越的反省法」,唐先生說:

> 所謂超越的反省法,即對於我們之所言說,所有之認識、所知之存在、所知之價值不加以執著,而超越之:以翻至其後面、上面、前面、或下面,看其所必可有之最相切近之另一面之言說、認識、存在、或價值之一種反省。……此中即顯出一辯證的真理。(《哲學概

　　〈齊物論〉:「莫壽乎殤子,而彭祖為夭。」(《莊子注》,頁51)的句子而發的。

〔註6〕 在《世說新語》中曾記載先秦名家之學作受到重視的情形。《世說新語・文學第四》:「謝安年少時,請阮光祿道《白馬論》。為論以示謝,于時謝不即解阮語,重相咨盡。阮乃歎曰:『非但能言人不可得,正索解人亦不可得。』」(頁216)。

論》，頁 191）

唐先生所言「超越」一辭，可說是玄學方法的樞要，這還並不是僅止於辯證方法而已，前所論及的「玄同泯化」，豈不也是超越的反省方法嗎？唐先生又說：

> 大率而言，超越的反省之用，在補偏成全，由淺至深，去散亂成定常。知正而又知反，即所以補偏成全。知如此而知其所以如此者，即所以由淺至深。知如此與如彼之互為局限，如此者是如此。如彼者只是如彼，不相混淆，則可以去散亂成定常。合此三者，使偏合於全，淺通於深，散亂者皆統於定常。是為求貫通關聯之哲學方法……。（《哲學概論》，頁 194）

唐先生這段說法更是精要深入，很能解釋玄學的意涵。玄學本是從「全」的觀點去論理，故能突破實有的或觀念的種種樊籬，而得全體觀照的理境。這樣的觀照雖不能形成知識，卻是通往玄理的不二法門。

　　魏晉玄學的主要論述內容是屬於本體論範疇，而本體論的範圍是超驗的、全體的、無限的、永恆的、普遍的……然而人類經驗知識所及則是可用感官感知的、部分的、有限的、短暫的、特殊的……故其中不免有割裂之處。魏晉玄學對道家學術的最大貢獻，不是義理上的開拓，而是對道家玄學方法的發揚光大。《莊子‧天下篇》揭示莊子的理論目標為：「上與造物者遊，下與無生死者為友。」其中存在著一種十分曠達玄遠的人生觀，若是侷限在經驗方法上，豈能有所見？

　　縱觀道家的「玄」可有玄遠、玄妙、玄秘等多義，先秦道家的理論重心主要是玄妙，《老子》五千言中屢稱「玄德」，是強調道的玄妙作用，兩漢黃老學者對道的理解有神祕主義傾向，魏晉玄學家的道論比較偏向「玄遠」。在此這樣分判，為的是要突顯兩漢黃老與魏晉玄學的特質與限制。魏晉學者對道的玄遠體會使他們終是隔一層，很難將道納入其生命之中，兩漢道家對道的神秘聯想，則使得兩漢人的道家學問大受限制，以至於其道論有些甚至與老、莊學說南轅北轍。相對地，魏晉玄學家的道論雖未能真切地體現於生命上，畢竟在知解上還是很成功的。《老子》五千言彷彿滿紙密碼的有字天書，《莊子》之內七篇乃至於外、雜篇的理論所及，遍佈上下四方，縱橫古往今來，可謂玄遠之至，故有很多難以掌握之處。後世若非透過魏晉的註解或闡述文字，恐怕也難保不走錯門徑。

　　再者，魏晉玄學家治道家之學，雖普遍十分倚重名理方法，然而要把道家講得透徹，則非超越的玄理方法不能竟其功。畢竟道家的義理重心本在於「形上學」。

　　超越與形上兩個詞的取義是一致的，皆有翻昇到更高層次的意思。超越是著眼於位置的翻昇，形上則著眼於本質的變化。例如：道家的道有其超越意義，即他超越於萬物之上，不在萬物之中，是萬物存在的形上原理。道家的無爲也有其超越意義，無爲不是相對於有爲的無所作爲，而是絕對順應「在方法方，在圓法圓」的合道境界。耶穌基督完全的無私博愛，其意義不在人類之中出現一偶然特例，而是祂能在實踐中超越人類自私自利的人性而顯其「神性」，所以祂是「神」。佛陀的意義，亦不是在煩惱的眾生之中竟出現一位解脫煩惱的人，而是，祂能在實踐中向上翻昇而達到了「解脫」的境界，故祂是「佛」。這些都是眞切可訴諸理性思維的。《老子》、《莊子》兩部經典中，所論的諸多境界均可作如是觀，不宜逕類比爲「神秘主義」的思想。形上的和超越的不可視同「神秘主義」；前二者是在理性思維可達到的，後者則必須完全拋開理性思維。例如一些宗教的「感應故事」，其內容皆是不可思議的，在理性上說不通的，你只可相信它，卻不容許問眞假。在哲學上講形上學，雖也有點不可思議，但卻必須在理性上回答所有的異議。其中往往是實踐上的事。例如：佛陀的覺，在凡夫而言是不可思議的，但在理性上則是可以理解的。耶穌的無私博愛，在平凡人而言也是不可企及的，但祂便活生生的示現給世人。至於佛的西方淨土與基督教的天堂，則不是理性思維可達到的，也不可能示現在世人眼前，故只容許你相信，不容許問眞假。

　　任何時代的學術都不會只爲學術而學術，往往是因應某種現實課題而發的，如此方能因其切於實際而引起迴響，進而形成時代風潮。王弼和郭象的價值，其實就在於他們能解答當時人的問題，即名教與自然的衝突。王弼把「無」的智慧，直接植入儒家治平的外王事業之中，郭象將「眞人」的沖虛境界與儒家聖王精神，兩者合而爲一。雖然以今日觀之，未必能成立，〔註7〕然而在當時的確引起了廣大的共鳴。而他們之能提出令當時人信服的會通之

〔註 7〕王弼會通孔、老的問題在於，他似乎專斷地虛化了儒家實有型的本體，而以老莊境界型的作用爲宇宙本體。牟宗三先生的老學不僅繼承王弼的玄理系統，又提出「作用的保存」，很成功的釐清儒、道兩家存有論型態的不同，故不致有虛化儒家實有層的問題。這都得歸功於「兩層區分」方法的運用，亦即牟先生對「實有層」與「作用層」的嚴格劃分。

道，就在於他們嫻熟名理方法以及能夠巧妙的運用玄理方法。

　　另外還有一點值得一提的觀點：有人認爲王弼與郭象的學說沒有太大的差異。從某個角度看，似乎也說得通。也許可以這麼說：雖然，郭象把王弼所貴的「無」取消了，但在作用層上其理論與王弼原無二致。兩家的不同，在於郭象玄理有關實有層上的解釋，與王弼以無爲本之說有衝突，而王弼思想的重心本不在實有層上而在於作用層上，故兩人的玄理並沒有絕對不相融之處。例如：郭象主張「堯實冥矣，其跡則堯」與王弼的「聖人體無說」豈不是異曲而同工嗎？歸根究底地講，他們最大的不同是對萬物的根源解說不同，而王弼老學與郭象莊學的核心問題，都不在於根源性論題，而在於萬物的存在之理上。王弼將本歸於「無」，郭象則務在掃除溯本的取向，而將萬物的根源歸於「有」（萬物）自己本身，看起來像是相反，其實並沒有真正矛盾之處。因爲，王弼的「無」，有保住萬物自然秉性的作用，而郭象的「有」就是指萬物自己。由此可見，王弼與郭象的說法並沒有衝突，即使有也是極微細的。不過，在玄學發展史上，縱使只是這樣微細的歧異，還是不可輕忽。再說，即令這樣微細的差異，是否就不會導向大異其趣的發展呢？這點可能值得再深究了。

　　最後，討論一項比較外圍的問題。亦即郭象《莊子注》的義理舖陳，是否是爲諂媚當權階級而作的問題。近世探討各時代的學術流風，有以政治背景爲主要參照點的方法。筆者認爲，參照政治背景，未爲不可，然而若當作主要參照依據，恐有所不妥。無可否認的，政治力量對任一時代的學術風尚，往往都有其舉足輕重的影響力，而各學風的興衰起落，政治因素常俱有催化作用。不過，若以泛政治的眼光去討論學術的發展，恐怕將有很大的誤差，而很難講得透徹。就本質上而言，學術與政治之間的歧異，甚至是異質異層的，不可否認的，學術的產生主要是由於人精神上對理想的企慕，縱使學術必須顧及現實問題；而政治則幾近乎全由現實所造成，雖然其中不免也有理想的成分在。所以若全以政治路線來權衡學術內涵，除非所有的學者全是御用文人，全都以爲執政者喉舌爲務。否則，在淘淘的時代洪流中，那些專爲媚世而作的文字有什麼理由能傳世呢？任何時代的學者的想法，當然都不免受到時代的政治宣傳所左右，不過，在選讀古籍發揚古人學說時，他們應該不會選擇那些囿於時代偏見，或立意媚俗的作品。一般的學人是如此，倘若是豪傑之士或不世出的聖賢人物，其實他們的思想常是超越時代，不受世俗流風所限的。討論此一問題，主要是郭象的哲學曾被泛政治化的解釋，以至於《莊子注》的精妙也被蒙上一層陰影。

其實，郭象《莊子注》有剽竊向秀莊注之說，多少使人有些疑慮。至於，郭象哲學的泛政治化評價，其來有自。首先，其人的行事，便不無可議之處；再者，其書也大有爲專制政治，帝王威權的非理性合理化的嫌疑。不過，其書雖在今日大有受責難的瑕隙，然而，無論從莊學的發展或魏晉玄學的學統而言，郭象都是重要的里程碑。他的價值就在於他能在王、何之外建立完整的體系，雖然其學說旨趣未必固若金湯無懈可擊。

參考書目

一、專 著

甲、

1. 《周易注疏》，王弼注，臺北：臺灣學生書局，1984 年 9 月。
2. 《周易王弼注校釋》，樓宇烈，臺北：華正書局，1983 年 9 月。
3. 《易程傳》，程頤，臺北：世界書局，1982 年 4 月。
4. 《易本義》，朱熹，臺北：世界書局，1982 年 4 月。
5. 《船山易學》，王夫之，臺北：廣文書局，1974 年 2 月。
6. 《周易的自然哲學道德函義》，牟宗三，臺北：文津出版社，1988 年 4 月。
7. 《易傳之形成及其思想》，戴璉璋，臺北：文津出版社，1988 年 11 月。
8. 《周易研究》，徐芹庭，臺北：五洲出版社，1979 年 12 月。
9. 《左傳會箋》，竹添光鴻，臺北：鳳凰出版社，1978 年 9 月。
10. 《禮記鄭注》，鄭玄，臺北：學海出版社，1981 年 9 月。

乙、

1. 《史記會注考證》，瀧川龜太郎，臺北：洪氏出版社，1982 年 10 月。
2. 《三國誌》（正史標校讀本），楊家駱主編，臺北：鼎文書局，1979 年 11 月。
3. 《晉書》（正史標校讀本），楊家駱主編，臺北：鼎文書局，1979 年 11 月。
4. 《世說新語箋疏》，余嘉錫，臺北：華正書局，1989 年 3 月。

丙、

1. 《老子指歸》，嚴遵，臺灣商務書局。

2. 《老子河上公注疏證》，鄭成海著，臺北：華正書局，1978 年 8 月。

3. 《老子王弼注校釋》，樓宇烈，臺北：華正書局，1983 年 9 月。

4. 《老子道德經憨山解》，釋德清，臺北：琉璃經房，1982 年 12 月。

5. 《老子的哲學》，王邦雄，臺北：東大圖書公司，1980 年 9 月。

6. 《老子論集》，鄭良樹，臺北：世界書局，1983 年 2 月。

7. 《帛書老子注譯與研究》，許抗生，浙江：人民出版社，1982 年 2 月。

8. 《郭店竹簡老子釋譯與研究》，丁原植，臺北：萬卷樓圖書公司，1998 年 9 月。

9. 《老子》，劉笑敢，臺北：東大圖書公司，1997 年 4 月。

10. 《莊老通辨》，錢穆，臺北：東大圖書公司，1991 年 12 月。

11. 《老莊哲學》，胡哲敷，臺灣：中華書局，1982 年 1 月。

12. 《老莊思想論集》，王煜，臺北：聯經出版事業公司，1979 年 12 月。

13. 《莊子》，郭象註，臺北：藝文印書館，1975 年 9 月。

14. 《莊子通》，王夫之，臺北：里仁書局，1984 年 9 月。

15. 《莊子解》，王夫之，臺北：里仁書局，1984 年 9 月。

16. 《莊子集釋》，郭慶藩，臺北：華正書局，1987 年 8 月。

17. 《反者道之動》，杜保瑞，臺北：鴻泰圖書公司，1995 年 7 月。

18. 《南華真經正義》，陳壽昌，臺北：新天地書局，1977 年 7 月。

19. 《莊學管窺》，王叔岷，臺北：藝文印書館，1978 年。

20. 《逍遙的莊子》，吳怡，臺北：東大圖書公司，1984 年 11 月。

21. 《莊子內七篇思想研究》，高柏園，臺北：文津出版社，1992 年 4 月。

22. 《莊子》，吳光明，臺北：東大圖書公司，1988 年 2 月。

23. 《莊子哲學中天人之際研究》，金白鉉，臺北：文史哲出版社，1986 年 8 月。

24. 《莊子的知識論與人生觀》，趙文秀，盛京印書館，1971 年 12 月。

25. 《公孫龍講疏》，徐復觀，臺北：臺灣學生書局，1966 年 12 月。

26. 《荀子約注》，梁叔任，臺北：世界書局，1977 年 10 月。

27. 《墨經分類譯注》，譚戒甫，臺北：崧高書社，1985 年 6 月。

28. 《淮南子思想之研究論文集》，李增，臺北：華世出版社，1985 年 4 月

29. 《淮南鴻烈集解》，劉文典校釋本，臺北：文史哲出版社，1985 年 9 月。

30. 《何晏王弼玄學新探》，余敦康，山東：齊魯書社，1991 年 7 月。

31. 《王弼》，林麗真，臺北：東大圖書公司，1988 年 7 月。

32. 《王弼老學之研究》，高齡芬，臺北：文津出版社，1982 年 1 月。

33. 《嵇康》，曾春海，臺北：萬卷樓圖書，2000 年 3 月。

34. 《歷史的嵇康與玄學的嵇康》，謝大寧，臺北：文史哲出版社，1997 年 12 月。

35. 《郭象》，湯一介，臺北：東大圖書公司，1999 年 1 月。

36. 《郭象玄學》，莊耀郎，臺北：里仁書局，1998 年 3 月。

丁、

1. 《昭明文選》，李善注，臺北：河洛圖書出版社，1975 年 5 月。

2. 《嵇中散集》，崔富章注譯，臺北：三民書局，1998 年 5 月。

戊

1. 《才性與玄理》，牟宗三，臺北：臺灣學生書局，1978 年 10 月。

2. 《魏晉玄學論稿》，湯用彤，臺北：里仁書局，1984 年 1 月。

3. 《魏晉玄學史》，許杭生，陝西：陝西師大出版社，1989 年 7 月。

4. 《魏晉玄談》，孔繁，臺北：洪葉文化事業公司，1984 年 2 月。

5. 《玄學通論》，王葆玄，臺北：五南圖書公司，1996 年 4 月。

6. 《儒道會通與正始玄學》，高晨陽，山東：齊魯書社，2000 年 1 月。

7. 《魏晉儒道互補之研究》，蔡忠道，臺北：文津出版社，2000 年 6 月。

8. 《體用論》，熊十力，臺北：臺灣學生書局，1980 年 1 月。

9. 《哲學概論》，唐君毅，臺北：臺灣學生書局，1982 年 9 月。

10. 《中國哲學原論導論篇》，唐君毅，臺北：臺灣學生書局，1966 年 3 月。

11. 《中國哲學原論原道篇卷一》，唐君毅，臺北：臺灣學生書局，1978 年 4 月。

12. 《中國哲學論原道篇卷二》，唐君毅，臺北：臺灣學生書局，1980 年 1 月。

13. 《中國哲學十九講》，牟宗三，臺北：臺灣學生書局，1983 年 10 月。

14. 《中西哲學之會通十四講》，牟宗三，臺北：臺灣學生書局，1990 年 3 月。

15. 《中國思想史論集》，徐復觀，臺北：臺灣學生書局，1983 年 8 月。

16. 《中國思想史論集續篇》，徐復觀，臺北：時報文化公司，1982 年 3 月。

17. 《文化與哲學》，張起鈞，臺北：新天地書局，1973 年 9 月。

18. 《中國哲學論文集》，王邦雄，臺北：臺灣學生書局，1983 年 8 月。

19. 《中國哲學論叢（一）》，林耀增，臺北：學海出版社，1976 年 9 月。

20. 《先秦天人思想述論》，黃湘陽，臺北：文史哲出版社，1984 年 4 月。

21. 《先秦道家與玄學佛學》，方穎嫻，臺北：臺灣學生書局，1986 年 11 月。

22. 《易傳與道家思想》，陳鼓應，臺北：臺灣商務印書館，1994 年 9 月。

23. 《理則學》，牟宗三編著，臺北：國立編譯館，1971 年 12 月。

24. 《哲學邏輯》，柴熙，臺北：臺灣商務印書館，1972 年 10 月。

25. 《中國思想史方法論文選集》，韋政通編，臺北：水牛出版公司，1987 年 12 月。

26. 《中國邏輯學》，孫中原，臺北：水牛出版社，1994 年 11 月。

27. 《中國邏輯思想史》，汪奠基，臺北：明文書局，1993 年 12 月。

28. 《中國哲學邏輯結構論》，張立文，北京：中國社科出版社，1989 年 10 月。

29. 《中國名學》，虞愚，臺北：正中書局印行，1959 年 7 月。

30. 《語理分析的思考方法》，李天命，臺北：鵝湖月刊雜誌社，1982 年，1 月。

31. 《邏輯思想與語哲學》，陳筠泉，臺北：臺灣學生書局，1997 年 12 月。

32. 《哲學中的科學方法》，羅素著，王星拱譯，臺北：臺灣商務印書館，1966 年 7 月。

33. 《名理論》，維特根什坦著，牟宗三譯，臺北：臺灣學生書局，1987 年 8 月。

34. 《佛教的概念與方法》，吳汝鈞，臺北：臺灣商務印書館，1992 年 11 月。

35. 《否定的辯證法》，阿多爾諾著，四川：重慶出版社，1993 年 10 月。

36. 《詮釋學 I 真理與方法》，漢斯格，臺北：時報文化公司，1993 年 10 月。

37. 《李克爾的解釋學》，高宣揚，臺北：遠流出版公司，1990 年 6 月。

38. 《批判哲學與解釋哲學》，鄭涌，北京：中國社科會出版社，1993 年 6 月。

38. 《批判哲學的批判》，李澤厚，臺北：風雲時代出版公司，1990 年。

二、期刊論文

甲、

1. 〈先秦道家「道」的觀念的發展〉，楊儒賓，《台大文史叢刊》，1987 年 6 月 77 期。

2. 〈論莊子與嵇康的養生論〉，高柏園，《鵝湖月刊》，1989 年 10 月第 172 期。

3. 〈莊子養生主篇析論〉，高柏園，《鵝湖月刊》，1990 年 4 月第 178 期。

4. 〈莊子的生命觀〉，王金凌，《陳伯元先生六秩壽慶論文集》。

5. 〈莊子齊物觀初探（一）〉，蔡耀明，《鵝湖月刊》，1990 年 7 月第 181 期。

6. 〈《易傳》關於天人之際的論述〉，戴璉璋，《鵝湖月刊》，1990 年 2 月第 176 期。

7. 〈《淮南子》與《春秋繁露》的同異浮沈〉，李宗桂，《鵝湖月刊》，1990 年 4 月第 178 期。

8. 〈「道」的自然與空間 —— 老子的境理念（上）〉，潘朝陽，《鵝湖月刊》，1990 年 10 月第 184 期。

9. 〈試論道的雙重性 —— 道德經中的「無」與「有」初探〉，陳德和，《鵝湖月刊》991 年 3 月第 189 期。

10. 〈莊子「離形說」研析〉，黃漢清，《鵝湖月刊》，1991 年 12 月第 198 期。

11. 〈道家與海德格〉，熊偉，《道家文化研究》，二輯。

12. 〈以海德格為參照點看老莊〉，鄭湧，《道家文化研究》，二輯。

13. 〈論儒道兩家之互為體用義〉，曾昭旭，《宗教哲學創刊號》。

14. 〈莊子齊物論儒墨兩行之道〉，王邦雄，《鵝湖月刊》，1992 年 2 月第 200 期。

15. 〈《莊子・人間世》的應世態度〉，高柏園，《鵝湖月刊》，1992 年 2 月第 200 期。

16. 〈論道家美學中的道 —— 境界與虛靈〉，曾昭旭，《鵝湖月刊》，1992 年 5 月第 203 期。

17. 〈徐復觀詮釋老子理路的研討〉，王邦雄，《鵝湖月刊》，1992 年 10 月第 208 期。

18. 〈老子道德經一書的基本內涵〉，袁長瑞，《鵝湖月刊》，1992 年 11 月第 209 期。

19. 〈莊子系列（一）—— 逍遙遊〉，王邦雄，《鵝湖月刊》，1992 年 12 月第 210 期。

20. 〈莊子系列（二）—— 齊物論〉，王邦雄，《鵝湖月刊》，1993 年 1 月第 211 期。

21. 〈老子理想社會之真義 —— 道德經十八章疏解〉，袁光儀，《鵝湖月刊》，1993 年 2 月第 212 期。

22. 〈易繫辭三陳九卦的制度理論〉，王金凌，《中山人文學報》，1993 年 4 月第一期。

23. 〈當代老學的解釋〉，趙衛民，《鵝湖月刊》，1993 年 12 月第 222 期。

24. 〈尹文黃老思想與稷下百家爭鳴〉，胡家聰，《道家文化研究》，1994 年 3 月，4 輯。

25. 〈蘇轍和道家〉，孔繁，《道家文化研究》，1994 年 3 月，4 輯

26. 〈從思之大道到無之境界 —— 海德格〉，與老子，張天昱，《道家文化研究》，1994 年 3 月 4 輯

27. 〈老子的物道〉，趙衛民，《鵝湖月刊》，1994 年 6 月第 228 期。

28. 〈論《道德經》的無爲〉，王金凌，《中山人文學報》，1995 年 4 月第 3，期。

29. 〈《淮南鴻烈》與《春秋繁露》〉，張國華，《道家文化研究》，1995 年 6 月，6 輯。

30. 〈莊子思想中的惟美性格〉，高柏園，《鵝湖月刊》，1995 年 7 月第 241 期。

31. 〈從修養工夫論莊子「道」性格〉，王邦雄，《鵝湖月刊》，1995 年 12 月第 246 期。

32. 〈《莊子・天下篇》評慎到學說的觀點〉，黃紹梅，《鵝湖月刊》，1996 年 3 月第 249 期。

33. 〈「人自然化」與「自然人化」的循環互動（上）—— 莊子藝術精神在山水畫中的體現〉，謝宗榮，《鵝湖月刊》，1996 年 3 月第 249 期。

34. 〈老子「超禮歸道」型的禮樂思索〉，李正治，《鵝湖月刊》，1996 年 12 月第 258 期。

35. 〈試論《淮南子》道家思想的類屬〉，陳德和，《鵝湖月刊》，1997 年 1 月第 259 期。

36. 〈道家「乾、坤」新義〉，趙衛民，《鵝湖月刊》，1997 年 1 月第 259 期。

37. 〈「易」數「天地之數」之存有論意義〉，鄧立光，《鵝湖月刊》，1997 年 4 月第 262 期。

38. 〈莊子寓言精神之工夫型態與境界形態 —— 兼比較憨山、郭象、宣穎、陳壽昌之注解〉，陳文章，《鵝湖月刊》，1997 年 5 月第 263 期。

39. 〈論莊子哲學中「天」的修養論意義〉，高齡芬，《輔大中研所學刊》，1997 年 7 月第 7 期。

40. 〈老子「道」的概念解析〉，李漢相，《鵝湖月刊》，1998 年 1 月第 271 期。

乙、

1. 〈東晉南朝世族地主莊園探析〉，湯其領，《蘇州大學學報》，1990 年 1 月。

2. 〈東晉門閥與玄學〉，李書吉，《山西大學學報》，1992 年 4 月。

3. 〈魏晉玄學影響下的般若學與六家七宗〉，辛旗，《中國文化月刊》，1993 年 9 月第 167 期。

4. 〈試論漢魏六朝的隱逸之風〉，章義和，《中國文化月刊》，1993 年 12 月第 170 期。

5. 〈魏晉玄學與佛教〉，石峻，《哲學與文化》，1994 年 1 月第 236 期。

6. 〈魏晉玄學與六朝文論 —— 六朝文學理論中之玄學思想〉，李慕如，《屏東師院學報》，1994 年 6 月第 7 期。

7. 〈鳩摩羅什與東晉佛玄合流思潮〉，余敦康，《世界宗教研究》，1994 年第 2 期。

8. 〈魏晉反玄學析論〉，莊耀郎，《國文學報》，1995 年 6 月，第 24 期。

9. 〈魏晉玄學與情感主義倫理學說〉，王葆玹，《哲學與文化》，1995 年 11 月第 258 期。

10. 〈試析南朝玄向禮教的回歸〉，張海燕，《河北學刊》，1996 年 1 月。

11. 〈論玄學"有""無"的范疇的根本義蘊〉，高晨陽，文史哲，1996 年第 1 期。

12. 〈「境界形上學」的繼承、釐清和批判與道家式存有論的提出〉，賴錫三，《鵝湖月刊》，1997 年 12 月第 270 期。

13. 〈從"天"到"無"：玄學文化的功能解析〉，李軍，《浙江大學學報》，1999 年 2 月。

丙、

1. 〈關於莊子向秀注與郭象注〉，黃錦鋐，《淡江學報》，1970 年，第 9 期。

2. 〈「無限心」的概念之形成〉，楊祖漢，《鵝湖學誌》，1988 年 5 月第 1 期。

3. 〈嵇康、阮籍之學〉，湯用彤，《中國文化》，1990 年 6 月第 2 期。

4. 〈莊子與郭象逍遙思想之比較下〉，鍾竹連，《中國國學》，1990 年 11 月第 18 期。

5. 〈嵇康、阮籍的理想士人論 —— 宏達先生與大人先生的形象說起〉，陳美朱，《孔孟月刊》，1991 年 1 月第 200 期。

6. 〈探嵇康的養生論及其人生價值觀〉，曾春海，《哲學與文化》，1991 年 1 月第 200 期。

7. 〈王弼易學中的玄思〉，戴璉璋，《中國文哲所集刊》，1991 年 3 月，創刊號。

8. 〈音樂與情感 —— 嵇康音樂美學的比較研究〉，張少康，《中外文學》，1991 年 6 月第 229 期。

9. 〈越名教而任自然 —— 嵇康〈釋私論〉的道德超越論〉，周大興，《鵝湖月刊》，1991 年 11 月第 197 期。

10. 〈王弼之聖人論〉，莊耀郎，《中國學術年刊》，1992 年 4 月，第 13 期。

11. 〈嵇康聲無哀樂論之音樂美學研究〉，徐麗真，《台灣師大國研集刊》，1992 年 5 月第 36 期。

12. 〈嵇康的思維方式與魏晉玄學〉，岑溢成，《鵝湖學誌》，1992 年 12 月第 9 期。

13. 〈嵇康思想中的名理與玄理〉，戴璉璋，《中研院文哲所集刊》，1994 年 3 月第 4 期。

14. 〈嵇康社會思想研究〉，曾春海，政大哲學學報，1994 年 5 月第 1 期。

15. 〈王弼易學概述〉，王曉毅，《中國文化月刊》，1994 年 9 月第 179 期。

16. 〈莊子郭象注纂要〉，封思毅，《中國國學》，1994 年 10 月第 22 期。

17. 〈嵇康的自然主義教育論及其反現實性〉，李軍，《中國文化月刊》，1994 年 12 月第 182 期。

18. 〈王弼易學與象術之關係〉，金起賢，《中華易學》，1995 年 4 月第 182 期。

19. 〈王弼玄學思想的考察〉，戴璉璋，《鵝湖學誌》，1995 年 6 月，第 14 期。

20. 〈郭象論自然與名教〉，胡森永，《靜宜人文學報》，1995 年 6 月第 7 期。

21. 〈郭象的自生說與玄冥論〉，戴璉璋，《中國文哲所集刊》，1995 年 9 月第 7 期。

22. 〈郭象「獨化論」——一個在玄學氛圍下被掏空了其真精神的儒學變種〉，王新春，《孔孟學報》，1995 年 9 月第 70 期。

23. 〈細說王叔岷教授的「郭象莊子注校記」——兼述他的「列子補正」〉，李振興，《孔孟月刊》，1995 年 12 月 34 卷 4 期。

24. 〈從王韓玄學到程朱理學〉，朱伯崑，《中國文哲研究通訊》，1995 年 12 月第 20 期。

25. 〈嵇康與廣陵散〉，謝明勳，《歷史月刊》，1996 年 1 月第 96 期。

26. 〈養生與禁忌：以嵇康的觀點為中心〉，范家偉，《中國文化研究所》，1996 年 1 月第 5 期。

27. 〈王弼易注玄學思想探述〉，江淑君，《鵝湖月刊》，1996 年 9 月第 255 期。

28. 〈對郭象人生論的考察思想史上的意義〉，曾春海，《哲學與文化》，1997 年 5 月第 276 期。

29. 〈從聲無哀樂論試探嵇康對儒道家的傳承——以和為範圍〉，洪華穗，《中國文化月刊》，1997 年 9 月第 210 期。

30. 〈王弼《易》注中之老子思想〉，邱宜文，《鵝湖月刊》，1998 年 2 月第 272 期。

31. 〈比較王弼與程頤的易注及本體論〉，曾春海，《哲學與文化》，1998 年 11 月第 294 期。

丁、

1. 〈否定詞在道德經中所扮演的角色〉，鄔昆如，《哲學與文化》，1981 年 10 月 8 卷 10 期。

2. 〈黑格爾的形上學〉，沈清松，《哲學與文化期》，1983 年 1 月 10 卷 1 期。

3. 〈發問的結構——葛德瑪的辯〉，廖金源，《鵝湖月刊》，1987 年 1 月第 139 期。

4. 〈辯證法辨正〉，翟本瑞，《鵝湖月刊》，1988 年 4 月第 154 期。

5. 〈從虛無的反抗到神祕的避世〉，蔡振念譯，《中華文化復興》，1988 年 4 月 21 卷 4 期。

6. 〈論「論唯物辯證法」之謬誤〉，詹同章，《革命思想》，1989 年 8 月 67 卷 2 期。

7. 〈《中論》「四句」與直覺主義邏輯的的問題〉，馮耀明，《鵝湖學誌》，1989 年 9 月第 3 期。

8. 〈黑格爾與辯證法〉，鄺錦倫，《鵝湖學誌》，1989 年 9 月第 3 期。

9. 〈易緯的樸素辯證法思想〉，羅錫冬，《中國文化月刊》，1989 年 10 月第 120 期。

10. 〈赫爾的後設倫理學研究（一）〉，吳汝鈞，《鵝湖月刊》，1990 年 5 月第 179 期。

11. 〈由心理衛生觀點論以老莊思想化解極權主義之可能〉，劉久清，《鵝湖月刊》，1990 年 6 月第 180 期。

12. 〈知識論（二）——信念〉，黃慶明，《鵝湖月刊》，1991 年 1 月第 187 期。

13. 〈孫子與老子書中「道」——概念之意義與運用〉，唐亦男，《鵝湖月刊》，1991 年 3 月第 189 期。

14. 〈知識論（六）——先驗知識〉，黃慶明，《鵝湖月刊》，1991 年 5 月第 191 期。

15. 〈知識論（七）——眞理〉，黃慶明，《鵝湖月刊》，1991 年 8 月第 194 期。

16. 〈詮釋學與社會理論〉，戚國雄譯《鵝湖月刊》，1991 年 11 月第 197 期。

17. 〈現代與後現代的分野——兼談後現代藝術的實質性〉，李明明，《鵝湖月刊》，1991 年 12 月第 198 期。

18. 〈牟宗三與黑格爾：客觀精神的問題〉，鄺錦倫，《鵝湖學誌》，1991 年 12 月第 7 期。

19. 〈《中國辯證法史稿・第一卷》哲學內容範，王煜，《漢學研究》，1991 年 12 月第 18 期。

20. 〈對牟宗三先生兩種涉指格架構演變〉，林新建，《鵝湖月刊》，1992 年 1 月第 199 期。

21. 〈發現的邏輯——逆溯法研究（上）〉，吳威良，《鵝湖月刊》，1992 年 1 月第 199 期。

22. 〈「道的錯置」——對比于西方文化下《中國文化》牢制類型的分析〉，林安梧，《鵝湖月刊》，1992 年 2 月第 200 期。

23. 〈佛教審美直覺與否定辯證法上〉，易陶天，《獅子吼》，1992 年 3 月 31 卷 3 期。

24. 〈語言的異化與存有的治療〉，林安梧，《鵝湖學誌》，1992 年 6 月第 8 期。

25. 〈論熊十力體用哲學中「存有對象」〉，林安梧，《鵝湖學誌》，1992 年 12 月第 9 期。

26. 〈嵇康的思維方式與魏晉玄學的兩重性 —— 從對象的兩重性之釐清，到存有的根源之穩立〉，岑溢成，《鵝湖學誌》，1992 年 12 月第 9 期。

27. 〈郭象方法論的特點〉，丁楨彥，《中國哲學史月刊》，1992 年第 5 期。

28. 〈概念的典例效應及其階層結構 —— 介紹葉倫諾‧羅希的典例學說〉，鄧育仁，《鵝湖月刊》，1993 年 1 月第 211 期。

29. 〈《金剛經》的思考法：四相否定與即非詭辭〉，吳汝鈞，《鵝湖學誌》，1993 年 6 月第 10 期。

30. 〈對康德哲學中分析判斷與綜合判斷的區分之探究〉，林秉生，《鵝湖學誌》，1993 年 6 月第 10 期。

31. 〈辯證法的意義及演變〉，黃紹華，《江西文獻》，1993 年 7 月第 153 期。

32. 〈超越的分解與辯證的綜合〉，牟宗三，《鵝湖月刊》，1993 年 10 月第 220 期。

33. 〈黑格爾與易經辯證法之比較研究上〉，趙雅博，《中華易學》，1994 年 15 卷 3 期。

34. 〈黑格爾辯證法的辯證闡釋 —— 評鄧弘任《哲學與文化》〉，1994 年 6 月 21 卷 6 期。

35. 〈「體用不二」與體證的方法西宗教的一個對比切入點之展開〉，楊祖漢，《鵝湖月刊》，1994 年 6 月第 228 期。

36. 〈唐君毅的哲學方法之初步曉解〉，劉國強，《鵝湖月刊》，1994 年 7 月第 229 期。

37. 〈超越分析與邏輯分析〉，馮耀明，《鵝湖月刊》，1994 年 7 月第 229 期。

38. 〈（認識中國現代思想家）開啓意義治療 —— 的當代新儒學大師〉，林安梧，《鵝湖月刊》，1995 年 1 月第 235 期。

39. 〈論王弼注老之思維方式〉，江淑君，《鵝湖月刊》，1995 年 1 月第 235 期。

40. 〈先秦名學發展之研究〉，高齡芬，《光武學報》，1995 年 5 月。

41. 〈略評陳鼓應《易傳與道家思想》〉，范良光，《鵝湖學誌》，1995 年 6 月第 14 期。

42. 〈辯證法與人文理念之研究曉芒〈黑格爾辯證法新探〉〉，黃人傑，《公民訓育學報》，1995 年 6 月第 4 期。

43. 〈郭象注子逍遙遊的詭辭辯證〉，李美燕，《屏東師院學報》，1995 年 6 月第 8 期。

44. 〈場有自然哲學與場有辯證法〉，桂起權，《哲學雜誌》，1995 年 7 月第 13 期。

45. 〈從象數到本體——漢魏之際思維方式辨證方法的運用〉，王曉毅，《哲學與文化》，1995 年 22 卷 7 期。

46. 〈兩重「定常之體」〉，牟宗三，《鵝湖月刊》，1995 年 8 月第 242 期。

47. 〈勞思光先生對先秦儒學史研究之方法論評述〉，金起賢，《鵝湖月刊》，1995 年 10 月第 244 期。

48. 〈物化的社會觀〉，李正治，《鵝湖月刊》，1996 年 3 月第 249 期。

49. 〈本質主義與儒家傳統〉，馮耀明，《鵝湖學誌》，1996 年 6 月第 16 期。

50. 〈西方辯證法思想與內經陰陽學說比較研究〉，陳欽銘，《傳統醫學雜誌》，1996 年 8 月第 9 期。

51. 〈從維根斯坦到丹圖：敘事語句的解釋學義涵〉，蔣年豐，《鵝湖月刊》，1996 年 9 月第 255 期。

52. 〈馬克斯論歷史——歷史唯物論的析論〉，洪鎌德，《中山學術論叢》，1997 年 6 月第 15 期。

53. 〈初探中國古代樸素辯證法〉，王豐年，《哲學與文化》，1998 年 1 月第 284 期。

54. 〈論「國語」中的政治辯證法思想〉，吳顯慶，《哲學與文化》，1998 年 7 月第 290 期。

55. 〈試論老子的辯證思維〉，杜方立，《鵝湖月刊》，1999 年 3 月第 285 期。

56. 〈《黃帝四經》與《荀》、《韓》、《淮南子》法、刑名理論的比較〉，高齡芬，《鵝湖月刊》，2000 年 2 月第 296 期。

三、博碩士論文

1. 《魏晉儒道思想會通之研究》，顏國民，台灣師大國研所，1981 年，碩士論文。

2. 《老子形上思想之詮釋與重建》，袁保新，文化大學哲研所，1983 年，博士論文。

3. 《老子無的哲學之研究》，黃漢光，文化大學哲研所 1983 年，博士論文。

4. 《郭象思想研究》，鄭煥鍾，台灣大學中研所，1985 年，碩士論文。

5. 《莊子弔詭語言之研究》，林永崇，東海大學哲研所，1986 年，碩士論文。

6. 《莊子與郭象思想之比較研究——以逍遙義為中心》，鍾竹連，高雄師大國研所，1987 年，碩士論文。

7. 《魏晉玄理與玄風之研究》，江建俊，文化大學中研所，1987 年，碩士論文。

8. 《言意之辨——魏晉玄學對語言的反省及其影響》，孫大川，輔大哲研所，1987 年，碩士論文。

9. 《魏晉清談主題之研究》，林麗真，台灣大學中研所，1988年，博士論文。

10. 《裴頠崇有論研究，詹雅能》，台灣師大國研所，1988年，碩士論文。

11. 《魏晉論語學之玄學化研究》，江淑君，台灣師大國研所，1988年，碩士論文。

12. 《王弼思想研究》，黃寶珊，高雄師大國研所，1989年，碩士論文。

13. 《郭象的自然主義》，劉金山，中國社科院哲學系1989年，碩士論文。

14. 《魏晉玄論與士風新探——以「情」爲爲綜合及詮釋進路》，吳冠宏，台灣大學中研所，1990年，博士論文。

15. 《漢晉人物品鑑研究》，張蓓蓓，台灣大學中研所，1990年，博士論文。

16. 《從後設美學論先秦至魏晉儒道美學規模》，蕭振邦，文化大學哲研所，1990年，博士論文。

17. 《魏晉「言意之辨」研究》，施忠賢，中央大學中研所，1990年，碩士論文。

18. 《莊子形而上思想研究》，金貞姬，台灣大學中研所，1990年，碩士論文。

19. 《魏晉人性論研究》，錢國盈，台灣師大國研所，1990年，碩士論文。

20. 《魏晉玄理中自然與名教關係問題研究》，周大興，文化大學中研所，1990年，碩士論文。

21. 《王弼玄學》，莊耀郎，台灣師大國研所，1991年，博士論文。

22. 《魏晉玄學的自然觀與自然美學研究》，林朝成，台灣大學哲研所，1992年，博士論文。

23. 《魏晉自生概念研究》，李玲珠，台灣師大國研所，1992年，碩士論文。

24. 《名稱、語句、說話行動——關於指稱和表意兩種語言範疇的探》，陳瑞麟，台灣大學哲研所，1992年，碩士論文。

25. 《王弼的言意理論與玄學方法》，蔡振豐，台灣大學中研所，1993年，碩士論文。

26. 《魏晉儒道會通思想之研究——以向郭跡冥論爲中心而展開》，王素娟，中央大學中研所，1993年，碩士論文。

27. 《魏晉名士人格研究》，李清筠，台灣師大國研所，1993年，碩士論文。

28. 《易傳道德形上學研究——並省王弼與朱子之易學》，千炳敦，東海大學哲研所，1993年，博士論文。

29. 《老子哲學之方法論》，林秀茂，台灣大學哲研所，1994年，博士論文。

30. 《王弼自然思想探微》，郭和杰，東海大學哲研所，1994年，碩士論文。

31. 《張湛《列子注》貴虛思想研究》，吳慕雅，政治大學中研所，1994年，碩士論文。

32. 《魏晉「有、無思想」之研究》，羅安琪，台灣師大國研所，1994 年，碩士論文。

33. 《王弼玄學與魏晉名教觀念的演變研究》，周大興，文化大學中研所，1995 年，博士論文。

34. 《氣化宇宙論主體架構的形成及其開展》，陳明恩，淡江大學中研所 1995 年，碩士論文。

35. 《嵇康與阮籍——其人品、思想與文學之比較》，任效誠，文化大學中研所，1995 年，碩士論文。

36. 《《莊子》學郭象《莊子注》人生哲比較》，張碧芬，中央大學中研所，1995 年，碩士論文。

37. 《莊子氣概念之研究》，鄭杏玉，中央大學中研所，1995 年，碩士論文。

38. 《世界與境界——「名教因於自然」如何可能——以王弼《老子注》為中心中心之瞭解》，林新建，政治大學哲研所，1995 年，碩士論文。

39. 《魏晉反玄思想論》，陳惠玲，成功大學中研所，1997 年，碩士論文。

40. 《阮籍自然與名教思想析論》，林宴寬，台灣師大國研所，1997 年，碩士論文。

41. 《嵇康論文及其玄學方法研究》，崔世崙，台灣師大國研所，1997 年，碩士論文。

42. 《阮籍與嵇康比較研究》，陳嚴坤，東吳大學中研所，1998 年，碩士論文。

附錄一：道家思想的境界型態旨趣[註1]

一、弁 言

　　道家思想誠然「微妙玄通，深不可識。」從《老子》滿紙的恍惚之言，到《莊子》連篇的卮言曼衍，層出不窮的析論，想從中理出清晰的理路，無論如何總是很難。牟宗三先生治道家之學，提出了一些獨特的論述，像「境界型態」或「作用的保存」等等，儘管有人甚不認同，不過這些說法的提出，不僅令人耳目一新，而且的確有助於朗現道家玄理隱微不顯的一面。本文擬順著牟先生「境界型態」道論的理論脈絡，探究道家思想的境界型態旨趣。

　　「境界」一辭源自佛家，[註2] 近代才成為廣泛通俗的詞彙。王國維在《人間詞話》一書中，即將人生分為三大境界，[註3] 用以分判心靈美感所及的不同層次，是他文學理論的重心。牟宗三先生提出「境界型態」一辭，除突顯道家形上思想的特質外，還據以分判儒、道思想的根本差異。[註4] 牟先生認為，道家的「無」雖看似有客觀實體意義，但那只是虛說，不能真建立道的客觀性。

〔註1〕本文原載于《當代儒學研究》第二期。

〔註2〕牟先生說：「佛教說境，由境說界，境和界都是一個實有的意義。」見氏著《中國哲學十九講》，（臺北：學生書局）頁129。

〔註3〕王國維《人間詞話》：「古今之成大事業、大學問者，罔不經過三種之境界：“昨夜西風凋碧樹。獨上高樓，望盡天涯路。”此第一境界也。“衣帶漸寬終不悔，為伊消得人憔悴。”此第二境界也。“眾裡尋他千百度，回頭驀見，那人正在燈火闌珊處。”此第三境界也。」見滕咸惠校注《人間詞話新注》，（臺北：里仁書局）頁28。

〔註4〕牟先生所用境界與佛家的用法不同。牟先生說：「主觀上的心境修養到什麼程度，所看到的一切東西都往上昇，就達到什麼程度，這就是境界，這個境界就成為主觀的意義。」《中國哲學十九講》，頁130。

〔註5〕依牟先生的析論，其實儒家也未始沒有境界型態的層面。〔註6〕問題是儒家學問的核心——「仁」是「客觀之實體，遍人遍萬物而爲實體，而亦即由聖證而見而立。」〔註7〕也是先聖所謂「於穆不已」的天命，更確切的說，這「仁」可通向客觀世界而奠立一客觀的道德實體，並非僅只是主觀聖證的境界。而宋明儒正好順此格局，清楚的開展出以性命天道相貫通爲立體骨幹的道德形上學，顯然與道家有所不同。〔註8〕

個人認爲，與其說哲學是追求真理的學問，毋寧說，哲學是在追求對真理較恰當的詮釋。以當代如此講究多元化、包容性的學術氛圍之中，面對各種不同的說法，應該不是論定孰是孰非，而是討論其解釋層面的不同方向，抑或是應用範圍的廣狹不同。本文之作，希望能一窺牟宗三先生所提出的「境界型態的形上學」所解釋的範圍與方向。

究竟而言，牟先生以「境界型態」詮釋老子道論，並不是孤明獨發的，而是依循王弼的義理取向。回溯道家發展的歷程，兩漢所盛行的黃老思想，便依據老、莊的道論，再加入陰陽家的學說，架構成一套繁複的氣化宇宙論。其所言道大抵皆有客觀實體義。不過，年代較早的莊子，立論全以「天」論道，而且其所標舉的「天」，具有濃厚的修養論意義，故其論述偏重在於修養工夫與體道的境界上，完全不見道之客觀面目，可以說『純歸於「境界形態」』。

〔註 5〕牟先生説：『故至莊子與後來之向、郭，即消化此客觀姿態，而純歸於「境界形態」』，見《才性與玄理》（臺北：學生書局），頁275。尋繹牟先生的意思，乃言道家雖揭櫫「無」爲本體，有一客觀的姿態，然而追根究底，並無所建立，（牟先生稱其「德性之心性不立」，故不能真建立一客觀實體意義。）故實有層立不住。由另一觀點說，道家所提出的「無」之爲本體，並沒有真正掛搭上客觀世界，只是境界形態的，倘若非要置之於「實有」的網絡中，則將陷入理論的矛盾之中。

〔註 6〕參見《中國哲學十九講》，頁 136～141。牟先生引《論語・陽貨篇》之「天何言哉，四時行焉，百物生焉……。」以及《書經・洪範篇》所言「無有作好」、「無有作惡」來說明儒家也有作用層的。

〔註 7〕牟先生説：「惟儒家聖證自正面立根，自德性之路入。體天立極，繁興大用，故既有主觀性，亦有客觀性。且真能至主客觀性之統一。蓋仁是客觀之實體，遍人遍萬物而爲實體，而亦即由聖證而見而立。」見《才性與玄理》，頁275。

〔註 8〕牟先生釐析此理，可謂精采絕倫，將儒、道思想的義蘊披露無遺。不過牟先生似乎全以儒家立場爲準則，批評道家未能建立德性之心性。愚以爲，「無所建立」正是道家之自然哲學的本質，而且非如此不足以爲道家。牟先生屢屢儒釋道三家一起討論，本文刻意略過佛家，乃是因爲佛教涉及宗教信仰與儒、道兩家的方向顯然不同，很難置於此一格局作比較。

〔註9〕至於年代稍晚的王弼作《老子注》，則幾乎完全摒棄了兩漢的道論模式，而全循著「境界」而作論。王弼揭櫫「無」作為道的形上說明，其實就有意以無形無名的「沖虛境界」消泯道之「客觀實體義」。〔註10〕此外，明代的憨山大師也曾經點到這個意思。在《道德經解》中「道沖而用之」章下，憨山提到凡老子所言道妙「全是述自己胸中受用境界」。〔註11〕憨山的老學不可謂不精妙，只不過，其終極目標在於印證佛法，〔註12〕故此所謂「胸中受用境界」並不是他的義理重心。

　　本文擬追本溯源，從老子原文為起點，先論老子道論之實有與境界兩種論述的方向。其次再論莊子最為核心的工夫論述與境界呈現。最後再論王弼的境界論述。

二、老子道論之「實有」與「境界」

　　境界型態是相對於實有型態而言的，莊子外雜篇許多宇宙論陳述，乃至於兩漢氣化宇宙論，都是老子道論的實有型態發展。而莊子內篇與王弼老子注，則以境界型態之形上論述為重心。〔註13〕要釐析何者較接近老子原意，並不是件簡單的事。〔註14〕因為若將老子的形上思想歸之實有型態，則很難

〔註 9〕　參見《才性與玄理》，頁 275。

〔註10〕　特取境界以言老子道論，是王弼個人的理論取捨的不同呢？或是義理上不得不然呢？王弼在《老子微旨例略》有兩段話：「老子之文，欲辯而詰者，則失其旨也；欲名而責者，則違其義也。」又：「學者惑其所致迷其所趣，觀其齊同則謂之法；睹其定真，則謂之名；察其純愛，則謂之儒；鑑其儉嗇，則謂之墨……。」這是說，讀《老子》要「得意忘言」，倘若過份拘泥於文字章句，反而無法真正瞭解老子思想的要旨。見樓宇烈《老子王弼注校釋》（臺北：華正書局），頁 196。此外牟先生逕言，老子一書所表現出的「客觀實有義」只是一個姿態。見《才性與玄理》頁 275。

〔註11〕　憨山曰：「愚謂此章贊道體用之妙，且兼人而釋者。蓋老子凡言道妙，全是述自己胸中受用境界。故愚亦兼人而解之。欲學者知此，可以體認做工夫。方見老子妙處。」參見《老子道德經憨山解》（臺北：新文豐出版公司，1982年 12 月），頁 57。

〔註12〕　憨山大師的註解《老》、《莊》，雖然頗多深刻精闢之處，然而在最核心的問題上，都是從佛法的角度出發。可以說，憨山大師完全以佛理來架構老莊玄理。他曾在《觀老莊影響論》中明白說出：「老氏所宗虛無大道，即楞嚴所謂『晦昧為空八識精明之體』也。」參見《老子道德經憨山解》，頁 25。

〔註13〕　參見拙著《王弼老學之研究》第二章〈王弼以前之老學發展（上）〉（臺北：文津出版社，1992 年 2 月）。

〔註14〕　關於這點，唐君毅先生也曾大費周章地處理過此一問題。見氏著《中國哲學

說明道的沖虛特質，反之若歸之境界型態，則那些實有意味的描述，又陷入弔詭的窘境。不過值得玩味的是，老子之書雖一再的以實有型態論述道，然而卻每每又將之融攝入一沖虛自然（無）的觀照下。以下列述老子道論中的實有型態與境界型態的展現。

老子言道，著實有不少可關聯於「宇宙論」或「實有」的語句。例如：〈第一章〉：「無名天地之始，有名萬物之母。」以及〈二十五章〉：「有物混成，先天地生，……可以為天地母。」從「始」、「母」兩字看，豈不是意味著「道」就是宇宙生成的起始嗎？此外〈四章〉：「道沖而用之，或不盈，淵兮似萬物之宗，湛兮似或存，吾不知誰之子，象帝之先。」這章則從「萬物之宗」、「象帝之先」等概念言道。〈五十一章〉：「道生之，德畜之。」一段，更逕以生、成作用賦予「道」。故歷來皆有人將老子的道，看作一幽隱神秘又具神妙作用的實體。只不過，問題並不如此簡單，老子在「道生之，德畜之。」之後每每又附上了「夫莫之命，而常自然」以及「生而不有，為而不恃，長而不宰。」等註腳。如此一來，便產生一個疑問：如此「不有」、「不恃」、「不宰」又「莫之命」的道，是怎樣生成萬物的呢？再者〈二十五章〉所言可以為天下母的道，雖儼然成為天地萬物的法則，然而道的「法則義」最後還是歸之於「自然」，換句話說，道實際上並未樹立什麼法則。因為這「自然」，只不過是王弼所言：「在方法方，在圓法圓」順任物之自然的意思。

若就上文所引《老子》一書有關「道體」的論述，仍舊無法判斷道家的形上學究竟是實有的或者是境界的。在此不妨改弦更張，看看老子對「道用」的描述：

> 道常，無名，樸。雖小，天下莫能臣。侯王若能守之，萬物將自賓。
> 天地相合，以降甘露，民莫之令而自均。（〈三十二章〉）
>
> 道常無為而無不為。侯王若能守之，萬物將自化。（〈三十七章〉）
>
> 大道氾兮，其可左右。萬物恃之以生而不辭，功成而不有。（〈三十四章〉）

這三章的理論模式，一致強調「無為」這樣的「沖虛玄德」是「道」的本質。老子一書中發明道之沖虛玄德的章節，莫過於「致虛極，守靜篤，萬物並作吾以觀復。夫物芸芸，各復歸其根。」（〈十六章〉）這段話。其中揭示「觀」

字爲老子的工夫關鍵，透過「致虛守靜」的工夫，觀照萬物各歸其本源，人們只須順應自然，因應無爲，任何意計造作都屬多餘。這與老子一再地主張消去主觀的意計造作的說法若合符節。又如「以身觀身，以家觀家，以鄉觀鄉，以國觀國，以天下觀天下。」(〈五十四章〉)這段文字，明示了一種以物觀物，任由萬物皆回歸自我價值的「觀照」哲學。因爲，唯有這樣，才可以整全的保住萬物。在這樣的觀照下，道似乎什麼都沒做，然而卻足以成就一切，這也就是道家「無爲而無不爲」的眞諦。

依這樣的理路，若以道爲「透過沖虛玄德所達到的境界」可以很自然的消融所有的問題。倘若作爲實有型詮解，反而會導致嚴重的扞格。因爲一個具有「實有」成份的道，勢必成爲一個具宰制性的宗主，再往宇宙論的回溯，也將順理成章的被視爲宇宙的根源。而且落在應用層面，道也容易被推向世俗權謀或技術的窠臼。〔註15〕從理論發展的實際情形而言，披閱《莊子‧外雜篇》以及《淮南子》，即不難找到這樣的例子。例如《莊子‧知北遊》藉著一段寓言，說出道的宇宙生成義：

> 夫昭昭生於冥冥，有倫生於無形，精神生於道，形本生於精，而萬
> 物以形相生。故九竅者胎生，八竅者卵生。其來無跡，其往無崖，……
> 其應物無方，天不得不高，地不得不廣，日月不得不行，萬物不得
> 不昌，此其道與！〔註16〕

這可算是兩漢氣化宇宙論的芻型。又，《莊子‧外雜篇》屢屢以老子「無爲而無不爲」之說爲理論根據，藉以發揮表面上無爲，内地裡卻無所不爲的權謀思想，抑或是君上無爲，放任臣下無所不爲的政治手腕。很顯然的，諸如此類術用化的道論，都是與老子思想有嚴重隔閡的。

衡諸老子立論宗旨，首重自然無爲。例如在複雜的人際互動方面，他並沒有立意如何做爲，反而是主張「塞其兌，閉其門」禁絕任何造作，只希望透過「挫其銳，解其分。」將人與人之間可能發生的矛盾消弭於無形，以期達到「和其光，同其塵。」的境界。依老子的說法，這就是「玄同」，而且唯有這樣才可能達到「不可得而親，不可得而疏，不可得而利，不可得而害，不可得而貴，不可得而賤。」(〈五十六章〉)一體玄同的絕對價值。如此泯沒了人間世，親、

〔註15〕 此言權謀或技術之範圍甚廣，但凡是在實用上的都可歸入。例如，政治上的
領導統御或權謀之術，或者道教仙家的修養導引之術等等均屬之。

〔註16〕 見郭慶藩，《莊子集釋》，(臺北：華正書局)，頁741。

疏、利、害、貴、賤種種的分別相，則萬物芸芸森羅雖各各不同，卻盡在虛靜的觀照下渾然一體，故稱「玄同」。〔註17〕聖人對百姓也是如此，老子主張聖人應以「無心」〔註18〕對天下，不作任何是非取捨，則天下將「渾其心」而歸於玄同。如此也才能對百姓寬大包容平等看待，眞正做到一視同仁，此即老子所揭示的「無」之妙用所在。必需注意的是，此沖虛之「無」，並非一外在的客體，而是人人可達致的主體沖虛境界，可名之曰「道心」。

當然，這樣的沖虛之「無」，實不足以建構任何新的價值，但是卻具有保住一切原有的價值使不失落的作用。準此，老子所主張的「無爲」，實際上卻有「無不爲」的功效，乃是因爲「無爲」是就作用層上講的，而「無不爲」才是實有層上之事。透過這樣的分判，則老子「無爲而無不爲」，這樣看似詭論的說法，就再清楚不過了。牟先生提出「作用的保存」，即言「作用」（工夫）上的沖虛無爲，足以保全「實有」層的事功。質言之，諸子百家的學問雖各各不同，理論與實踐皆無非扣緊治平的目的，對客觀的世界都有一番積極做爲。儒家宣揚仁愛與禮樂教化，法家提倡施行刑名法術管理國家，墨家提出天志的理念，鼓吹兼愛、非攻，唯有道家的學問重心，完全不在客觀世界該如何建構上。

這樣的理論，我個人稱之爲勝解。然而，它似乎將拂逆儒、道兩家本位堅守者的本懷。以儒家而論，這樣的理論等於說儒家仁道必需靠道家的道之妙用才能保住；另一方面，以道家而論，彷彿道家的玄理，是專爲保住儒家仁道而設，並沒有獨立的價值。這樣的疑慮，容後再論。

三、莊子道論的工夫與境界

依上文所述，老子的核心論題，似乎就在於內在主體的修養工夫上，而不是在於探討外在世界如何或應如何等等。莊子也是如此，爬梳《莊子》，處處可見關於修養工夫的論述或者道家式的境界型態描述。以下先述莊子重要的工夫論，再論莊子之修養工夫所達到的境界。最後再據以討論其中的理論脈絡。

〔註17〕有必要釐析的是，這裡所講的「同」並非知識論上對經驗現象的統合，而是實踐上主體透過致虛守靜工夫而達到的渾然一體無所分別的境界。
〔註18〕老子說：「聖人常無心，以百姓心爲心。善者吾善之；不善者吾亦善之，德善。信者吾信之，不信者吾亦信之，德信。聖人在，天下歙歙，爲天下渾其心，百姓皆注其耳目，聖人皆孩之。」（〈四十九章〉）見王弼《老子註》（臺北：藝文印書館），頁98。

（一）莊子的工夫

《莊子》一書最著名的修養工夫，當屬「坐忘」與「心齋」了。兩者的內容無獨有偶的，都是一段以孔子與顏淵爲主角的寓言故事。「坐忘」一則，其內容是透過顏淵，陸續提出不同層次的工夫進程，首先是「忘仁義」，再者是「忘禮樂」，再藉孔子之口，說明這樣雖然方向正確，但還不夠透澈。最後終於逼出最高境界——「坐忘」。

「坐忘」其實甚爲簡單明瞭，沒有太深奧的道理。其所謂「墮肢體，黜聰明，離形去知，同於大通」〔註19〕《郭象注》曰：「內不覺其一身，外不識有天地，然後曠然與變化爲體而無不通也。」這些都不外乎道家的修養進路，把所有的外物束縛以及內在的限制，由外至內一層一層的褪去，以達到上下與天地同體的境界。

「心齋」一則的論述略爲複雜，其故事的背景不是單單只是道家工夫修持的討論，而是面臨人世間極困難的凶險。開始，顏淵提出「端而虛，勉而一。」以及「內直而外曲成而上比」的應世之道，被孔子否決了，因爲用這樣師心自用的態度，想去遊說一個殘暴不仁的人，是很危險的。在寓言中孔子建議顏淵回歸道家的修養工夫「心齋」。所謂「心齋」是：「虛而待物者也」，在此把主體的應物方式分爲三類，即「聽之以耳」、「聽之以心」以及「聽之以氣」。」〔註20〕前兩項應是指感官知覺的運作以及思辨活動，至於「聽之以氣」，則當是指自然的順應。所以他說：「氣也者，虛而待物者也。唯道集虛，虛者心齋也。」此所言「氣」，就是「虛」就是「心齋」。爲什麼「虛」是「心齋」呢？因爲「唯道集虛」。《郭象注》曰：「虛其心則至道集於懷也。」成玄英疏曰：「唯此眞道，集在虛心，故如虛心者，心齋妙道也。」憨山大師更逕曰：「虛乃道之體也」。〔註21〕換句話說，滌蕩了所有的意計造作以及物質層面就是心齋。雖然表面上彷彿什麼內容都沒有，卻涵藏了道的全部。

除了「坐忘」與「心齋」之外，莊子還有「外天下」一系列的修養工夫，也是道家工夫論述的典範。此處不多贅述。

（二）莊子的境界

〔註19〕見《莊子集釋》，頁284。
〔註20〕「若一志，無聽之以耳而聽之以心，無聽之以心而聽之以氣，聽止於耳，心止於符。氣也者，虛而待物者也。唯道集虛。虛者，心齋也。」見《莊子集釋》，頁147。
〔註21〕見《莊子內篇憨山注》（臺北：新文豐出版公司），卷三，頁15。

　　郭象評《莊子》，讀之使人飄飄然彷彿進入了化境，〔註22〕甚至可感化一些秉性貪婪躁進的人，使他們心胸爲之開闊，達到了「忘形自得」的境界。只不過，當我們看到莊子「大鵬怒飛」的故事，或有關「至人」、「眞人」的描寫，不免覺得其境界有點遙遠，甚至「大而無當」不近人情。然而仔細玩味《內七篇》的諸多寓言，似乎都是指向體道者，透過修養工夫所達的沖虛境界，再藉由這個境界的觀照，以呈現一無主客對立，一體實現的圓融世界；而天下萬物的價值就在這樣的觀照下得以貞定。無怪乎〈天下篇〉的作者，說莊子的境界「獨與天地精神往來」而且又「能群於萬物，融入世俗」。〔註23〕以下列述莊子之說所呈現的種種境界。

1. 逍遙無待，無所往而不可的境界

　　〈逍遙遊〉開宗明義第一則寓言便是「大鵬怒飛」的故事。寓言中的大鵬「背若泰山，翼若垂天之雲。」而且一旦飛起來則「水擊三千里，扶搖而上者九萬里。」不久就飛到遙遠的天池，其境界簡直是不可思議。相對的，斥鴳只能飛到極有限的範圍，卻自滿於自己狹窄的生存空間，完全無法理解大鵬鳥。莊子當是藉此不成比例的小大之分，以見體道者超凡絕塵的境界。不過，這則寓言只能說明莊子高妙的境界，而無以見莊子群於萬物，融入世俗的平常境界。〈逍遙遊〉「智效一官」一段論述，由有限度的逍遙，寫到完全無待的逍遙境界，透過不同的層次來逼顯眞正的逍遙。首先是一位政通人和，可以在自己的轄區內自由發揮的地方官，再者是完全堅守自我，絲毫不受世俗牽引的宋榮子，其三是可以衝破物我限制，駕著風自由遨翔的列子，最後才是絕對無待可遊於無窮的逍遙。前三者從世俗的觀點看，已屬難能可貴了，只不過他們的逍遙都還是「有待」的。唯有所謂「乘天地之正，而御六氣之辯，以遊無窮者。」〔註24〕才稱得上是絕對的逍遙無待。郭象解釋這段甚得要領：

　　　　故乘天地之正者，即是順萬物之性也。御六氣之辯者，即遊變化之
　　　　塗也。……所遇斯乘，又將惡乎待哉？〔註25〕

〔註22〕郭象〈南華眞經序〉曰：「故觀其書，超然自以爲已當經崑崙，涉太虛而游惚悅之庭矣。雖復貪婪之人，進躁之士，暫而攬其餘芳，味其溢流，彷彿其音影，猶足曠然有忘形自得之懷。」《莊子郭象註》（臺北：藝文印書館），頁3。

〔註23〕《莊子・天下》：「不敖倪於萬物，不譴是非，以與世俗處。」《莊子集釋》，頁1098。

〔註24〕見《莊子集釋》，頁17。

〔註25〕見《莊子集釋》，頁20。

這個境界是秉持道家因順無爲的精神，凡遇到什麼便安於什麼，難道不是已達到了無所往而不可的逍遙境界了嗎？

2. 自然天成，無所造作的天籟境界

莊子在〈逍遙遊〉中大倡逍遙的旨趣，可以說是莊子思想的基調，其他篇章皆順著此義而立論。〈齊物論〉篇首第一則，有關「天籟」境界的論述，爲莊子逍遙義提出了根源性的說明。〔註26〕文中南郭子綦指點弟子，從人籟、地籟推到「天籟」。他說：「夫吹萬不同，而使其自己也。，咸其自取，怒者其誰邪？」〔註27〕這裡指出所有聲籟各各不同，皆自己如此，而非外力使之如此的，即所謂「天籟」，也就是自然天成的境界。由此可見，此所謂逍遙的境界，無需仰賴外在的力量，而是自己可以達致的。誠如〈應帝王〉中所言：

> 無爲名尸，無爲謀府，無爲事任，無爲知主，體盡無窮，而遊無朕，
> 盡其所受乎天，而無見得，亦虛而已。〔註28〕

這段話清楚的要人棄絕所有的智巧有爲，而回歸無窮的大道，總之也只是「沖虛」的境界而已。而此沖虛的境界，只不過是「盡其所受乎天」，也就是回歸「自己」而已。

大家都知道，道家揭櫫「自然」爲最高境界，不是別的，就是萬物自己的本然。故從道的觀點看，任何個體存在，其本身就是天籟的展現，易言之，萬物雖有芸芸不同，卻都無非是天籟。只不過，落在人間世的實際情況，往往還是師心自用，人我隔絕的。故莊子有很多論述，千迴百轉繁複之至，都是在消解人間是非對立的意識形態，甚至把道德上的善惡分判都予以化去，最後歸結到「與其譽堯而非桀也，不若兩忘而化其道。」〔註29〕因爲唯有，泯除人間是非的對立，才得以顯「無物不然，無物不可。」乃至於「恢詭譎怪，道通爲一。」的境界。〔註30〕而莊子主張「和之以天倪」、「休乎天鈞」

〔註26〕 莊子的「天籟義」既是其修養工夫論的起點，也是核心。莊子修養論主要是證成「天地與我並生，萬物與我爲一」的一體觀。然而此一境界若懸空看，只是空中樓閣，比起惠施從名理的進路，躍至「泛愛萬物，天地一體」的一體觀，並沒有更高明。然而就因爲，莊子有種種的工夫進路，其「天地一體義」才能圓滿證成，而不致淪爲只是一句振奮人心的口號而已。參見拙著〈論莊子哲學中「天」的修養論意義〉（收錄于《輔大中研所學刊》第七期）。

〔註27〕 見《莊子集釋》，頁50。

〔註28〕 見《莊子集釋》，頁307。

〔註29〕 見《莊子集釋》，頁242。

〔註30〕 見《莊子集釋》，頁70。

以及「照之於天」，乃是從天的分際去觀照萬物。〔註31〕既而達到「忘年忘義」，死生、是非玄同爲一，小大、壽短泯然無別的無分別的境界。如此而言「天地與我並生，而萬物與我爲一。」〔註32〕才有實質意義。

由此可知，當莊子說：「自其異者視之，肝膽楚越也，自其同者視之，萬物皆一也。」並不是討論「同異相對」的兩種觀點，而是在示現由人間的紛雜分別翻昇至天的「一體無別」的混同境界。莊子認爲此境界，已超越經驗感官的分別，故所見無非一體，而且任何缺憾與不足都不存在。〔註33〕這樣的境界，表現得最生動的莫過那些畸人的寓言。例如醜得令天下人都驚駭的「哀駘它」，或是殘廢的「王駘」，又或是所謂支離其形的「子祀、子輿、子犁、子來」者流。莊子稱這些人爲「才全而德不形」，因爲縱使他們道德修爲圓滿充足，卻完全沒有道德相。所以他們看起來彷彿什麼都沒有，卻涵藏了一切，正如他們所自詡的：「以無爲首，以生爲脊，以死爲尻，……死生存亡之一體」；然而，這不就是「天籟」？

3. 夢覺物化，渾沌不分的境界

以上莊子所說的境界，總歸就是「無分別」的智慧觀照。〈齊物論〉以「莊周夢蝶」的故事作結。其內容敘述，莊周夢見自己是蝴蝶，正高高興興地自由飛翔著，渾然不曉得自己是莊周。不久醒來，發現自己是莊周，卻迷濛地自問，不知道是莊周在夢中變成蝴蝶，還是蝴蝶做夢成爲莊周呢？〔註34〕這寓言可由兩個層次論，其一是莊周與蝴蝶渾化爲一，其二是夢覺渾化無別。可說是「托夢覺不分以物化爲極」，總結莊子「萬物混化而爲一」（憨山大師語）〔註35〕的齊物觀點。

其實，所謂「夢覺不分」與「萬物混化」皆極言「無分別」的境界。這不免令人感嘆莊子思想的玄妙難解。尤有甚者，〈應帝王〉最後一則有關「渾

〔註31〕 〈齊物論〉：「和之以天倪，因之以曼衍，所以窮年。忘年忘義，振於無竟，故寓諸無竟。」《莊子集釋》，頁108。

〔註32〕 〈齊物論〉：「天下莫大於秋豪之末，而大山爲小；莫壽於殤子，而彭祖爲夭。天地與我並生，而萬物與我爲一。」《莊子集釋》，頁79。

〔註33〕 〈德充符〉：「夫若然者，且不知耳目之所宜，而遊心乎德之和，物視其所一而不見其所喪，視喪其足猶遺土也。」《莊子集釋》，頁190。

〔註34〕 見《莊子集釋》，頁112。

〔註35〕 莊子齊物論「此之謂物化」下憨山注曰：「物化者，萬物化而爲一也。」又〈齊物論〉後憨山總論曰：「此結齊物之究竟化處，故托夢覺不分，以物化爲極則。」見《莊子內篇憨山註》，卷二，頁86。

沌」的寓言。寓言的主角渾沌原本沒有七竅可以視、聽、食、息，故南海之帝與北海之帝好意替渾沌鑿竅，殊不知無此七竅正是渾沌之所以為渾沌的本質所在，結果是「日鑿一竅，七日而渾沌死。」在此莊子採反諷的手法，暗示出道家最高的境界——無所分別的渾沌境界。

前賢論莊子，幾乎都著重在主體沖虛境界的呈現。基本上，莊子論「天道」即指向主體沖虛的自然境界，涵著濃厚的修養工夫色彩。雖然，對萬物沒有積極的說明，卻緊緊關聯著天地萬物。順著莊子的義理脈絡看，「道」是以一種沖虛之德照顯天下萬物的存在之理，可以視為「道」擔負天下萬物存在的方式。由此不妨解作一種有別於西方哲學的「另類」存有論〔註36〕吧！

四、王弼的境界型態取向

綜觀王弼《老子注》、《老子指略》，可以很清楚的看出王弼偏向以沖虛境界，詮釋老子道論的立場。而這樣的詮釋取向，也意味著將與以氣化宇宙論為核心的兩漢老學分道揚鑣。不過《老子》一書，畢竟還是有不少可關聯於「宇宙論」的章節，故兩漢老學的詮釋取向偏向「氣化宇宙論」，也不是毫無根據的。例如：《淮南子·天文訓》有一段典型的氣化宇宙論：

> 天墜未形，馮馮翼翼，洞洞灟灟，故曰太昭。道始於虛霩，虛霩生宇宙，宇宙生氣，氣有漢垠。清陽者薄靡而為天，重濁者凝滯而為地……天地之襲精為陰陽，陰陽之專精為四時，四時之散精為萬物，……。〔註37〕

再如嚴遵《道德指歸》亦有類似說法：

> 天地所由，物類所以，道為之元，德為之始。神明為宗，太和為祖，道有深微，德有厚薄，神有清濁，和有高下，清者為天，濁者為地。

〔註36〕 牟先生以「境界形態的形上學」的觀點說明道家「以無為本」的義理內涵，他說：「道要通過無來了解，以無來做本，做本體，……假如你要了解『無名天地之始』，必須進一步再看下面一句，『常無欲以觀其妙』，此句就落在主觀心境上說。道家的意思就從這裡顯出來，就是作用與實有不分，作用所顯的境界（無），就是天地萬物的本體。……道家的無不是西方存有論上的一個存有論概念，而是修養境界上的一個虛一而靜的境界。」見《中國哲學十九講》，頁 131～132。

〔註37〕 《淮南子·原道訓》曰：「夫太上之道，生萬物而不有，成化像而弗宰，跂行喙息，蠉飛蝡動，待而後生，莫之知德，待而後死，莫之能怨，……。」見劉文典，《淮南鴻烈集解》（臺北：文史哲出版社），卷一頁 2。

陽者爲男，陰者爲女。

這些都是把道關聯於陰陽氣化，並藉以說明萬物起源以及萬有存在的論述。有必要注意的是，在這樣的解讀之下，「道」便具有濃厚的創生義與宰制義。

　　兩漢老學以氣化宇宙論架構老子的道論，由於重在氣化一面，故對宇宙萬物的創生根源，乃至於形式與質料的的問題最爲關注，因而見老子一書提到「道生之，德畜之」的文字，便往萬物的生成方面解釋。至於，有關老子「生而不有，爲而不恃」之清通無礙一體實現的玄理，則未見深究。〔註38〕以年代而論，王弼似乎就肩負著將此玄理重新發揚光大的使命，而從《老子注》看來，王弼在這方面的成就的確是不容忽視的。大抵而言，王弼先從名理詮釋的方法，消融《老子》「生之」、「畜之」等實有語句，繼而依玄理論老子之道，並總攝於一「沖虛境界」之玄通無礙的作用之下；此亦王弼所據以演論「以無爲本」之本體論的理論根據。以下分別敘述之。

（一）消融道之實有意味

　　王弼面對《老子》一書諸多類似宇宙論語句，確實也剎費一番工夫。觀其《老子旨略》，一再的申言讀《老》不可拘泥於文字，而必需先掌握老子思想的宗旨。在這個前提之下，或許有人會認爲老子某些語句不妨直接略去。然而，王弼仍不失注家的精神，還是儘可能一一解說。

　　首先，面對「道」的「生、畜」意涵，王弼如何消融其創生義呢？《老子·十章》：

　　　生而不有，爲而不恃，長而不宰，是謂玄德。

王弼注曰：

　　　不塞其原，則物自生，何功之有？不禁其性，則物自濟，何爲之恃？

王弼不從實有層的生畜義解，而取義作用層的「不塞」、「不禁」，與《老子·五章》之「天地不仁，以萬物爲芻狗。」一語正可以互相發明。老子講「天地不仁」很容易引發殘忍寡恩的聯想。然而文後又以「橐籥」因中空而能奏出各種音符，譬喻天地的無窮作用。可見所謂「不仁」，是指有如「橐籥」中空般的「沖虛境界」。這個譬喻的意思是，對待萬物最好的方式是「放開」他們，無需施予任何恩威；唯有這樣，萬物才能自在自得。故王弼曰：「天地任自然，無爲無造，萬物自相治理，故不仁也。」換句話說，道只是「不

〔註38〕對道之「無而能生有」，沖虛卻能生成天下萬物玄義，漢人乃至於莊子外雜篇某些論述，大多只當作事實陳述，並未深究其所以如此的道理。

壅不塞」任由萬物回歸自己的本然（自然）而已，既不指示方向，也沒有任何宰制性。王弼如此說明「道」的根源意義，可以完全滌蕩道的「創生義」，這堪稱王弼的神來之筆。

再者，王弼又是如何消解「道」的實有意義呢？一般言「道」都著重在理則性上，指示出某種方向，明確的告訴人們應該怎麼做，而這些理則背後多半關聯著一「實有」。王弼則由「物之所由」〔註39〕、「通物之性」〔註40〕兩個概念詮釋道，巧妙的避開了「道」與「實有」的關聯。「物之所由」是道的通解，各家均有此義而「通物之性」似乎更切合道家的義理。究竟言之，道家的「道」並不指示任何特定的方向，物是什麼就是什麼，即令要說有方向，也是依著物自己的本質而定。故解「道」的生畜義，只合用「通物之性」解，決不能理解為「創生」。因為倘若老子「道生之，德畜之」的說法往宇宙創生解釋，結果必推到一個實有型態的形上根源，則將與道的無宰制性（有德而無主）的玄義完全不能相容。

（二）境界型態的道論

王弼立論大半清通簡要，旗幟鮮明令人一目瞭然，例如：「本無論」、「崇本息末」等。至於「境界型態」的道論，相對的就沒有那麼清晰了。不過，尋繹《老子注》與《老子指略》論及有關道之玄理，王弼似乎隱約主張「沖虛境界」是道成就萬物的充份而且必要的條件。試分論如下。

首先，王弼如何說明「沖虛境界」為道成就萬物的必要條件呢？這點在《老子》一書中論之甚詳，王弼順其理論脈絡更具體清晰鉤勒一套本體論。王弼曰：

> 故萬物之生，吾知其主，雖有萬形，沖氣一焉。百姓有心，異國殊風，而王侯得一者主焉。〔註41〕

又：

> 常之為物不偏不彰，無皦昧之狀，溫涼之象，故曰「知常曰明」也。〔註42〕

〔註39〕《老子指略》曰：「夫『道』也者，取乎萬物之所由。」見樓宇烈《老子王弼注校釋》，頁196。

〔註40〕《老子指略》曰：「不壅不塞，通物之性，道之謂也。」見《老子王弼注校釋》，頁197。

〔註41〕見《老子王弼注校釋》，頁117。

〔註42〕見《老子王弼注校釋》，頁36。

觀這兩段注文,似乎王弼心目中仍有個道體,只不過那道體是個「沖虛境界」而已。可能有人會問,何以見得這道體必是「沖虛境界」呢?依王弼對老子道論的詮釋,道必需在「沖虛境界」中才得見其發用,《老子·三十八章》王弼注曰:

> 故無焉,〔註43〕則無物不經;有焉,則不足以免其生。是以天地雖廣,以無爲心,聖王雖大,以虛爲主。……故滅其私而無其身,則四海莫不瞻,遠近莫不至;殊其己而有其心,則一體不能自全,肌骨不能相容。〔註44〕

這段話從天地與聖王的無心虛靜說明道的特質。由於聖王能「滅其私而無其身」所以才能「四海莫不瞻,遠近莫不至」而成爲聖王。倘若天地「殊其己而有其心」,則自己都「不能自全」了,更別說成就萬物,換句話說,這「沖虛境界」乃是道的必要條件。老子在三十二章以「樸」況喻道,王弼注曰:「樸之爲物,以無爲心。」同樣是從「無心」說明道。

從「沖虛境界」論「道」,無論如何都是很玄的說法。中國思想家論「道」幾乎都涵著道是萬物存在最高的「根源」或最高「理則」的意味。王弼「以無爲本」的思想理路,便屢屢被質疑,既然是「無」,又如何成爲萬物的「根源」或「理則」呢?不過這是承襲老子之說,《老子·四章》:

> 道沖而用之,或不盈,淵兮似萬物之宗,湛兮似或存,吾不知誰之子,象帝之先。

這章文字,一方面以沖虛說道,又將道置於萬物之宗的位置。其義理取向,似乎涵蓋了實有與沖虛兩面。王弼注曰:

> 沖而用之,用乃不能窮。滿以造實,實來則溢。故沖而用之又復不盈,其爲無窮亦已極矣。……萬物舍此而求主,主將安在乎?〔註45〕

王弼的注,積極的論述唯有「沖虛」,才有無窮的的作用,否則若是「實有」,總有滿溢的時候,不可能無窮。因此,除此之外,萬物不可能找到宗主的。王弼認爲,這就是老子之所以把「沖虛的道」推爲萬物之宗的理由。

尤有甚者,依王弼的觀點,沖虛的境界不僅是道成就萬物的必要條件,甚且是「充份條件」。王弼在《老子指略》有一段相當精要的論述,他說:

〔註43〕原文作:「故物,無焉,則無物不經……」據上下文,「物」應是衍字。
〔註44〕見《老子王弼注校釋》,頁93。
〔註45〕見《老子王弼注校釋》,頁11。

　　故象而形者，非大象也；音而聲者，非大音也。然則，四象不形，

　　則大象無以暢；五音不聲，則大音無以至。四象形而物無所主焉，

　　則大象暢矣；五音聲而心無所適焉，則大音至矣。」〔註46〕

這段話可分爲三個層次。首先，「象而形者，非大象也，音而聲者非大音也。」
這句是藉大象、大音，說明道之超越的非經驗特質。其次，「四象不形，則大
象無以暢，五音不聲，則大音無以至。」言縱使道是超越於經驗界的，但是
還是得透過「四象」、「五音」等經驗界來顯。最後，「四象形而物無所主焉，
則大象暢矣；五音聲而心無所適焉，則大音至矣。」是說，雖然道是透過經
驗界而顯，而經驗界，若能達到「物無所主」與「心無所至」等「沖虛境界」
則道便會呈現。

　　此外，《老子‧十六章》依「致虛守靜」的工夫以觀照「常道」，復由此
「常道」推致「公乃王，王乃天，天乃道」的境界。王弼注曰：

　　蕩然公平，則乃至於無所不周普也。無所不周普，則乃至於同乎天

　　也。與天合德，體道大通，則乃至於窮極虛無也。

「蕩然公平」也是沖虛境界的呈現，從全然的公平就可以言普遍乃至於天的
境界，甚至所謂「窮極虛無」之境。此所謂「公」、「天」與「道」都是對道
的形式論述。前引老子舉橐籥篇來指點道的沖虛特質，王弼注曰：「蕩然任自然，
故不可得而窮。」又曰：「棄己任物，則莫不理。」顯然是以沖虛的境界，爲
道之能發揮作用的充分條件。《老子‧二十一章》曰：「孔德之容，唯道是從。」
王弼注曰：「孔空也，惟以空爲德，然後乃能動作從道。」在此以「空」釋「孔」，
取意一致。

　　王弼這樣的論述，隱約有「道」與主體的「沖虛境界」是無二無別的意
思。這正是王弼屢從「不知其主，出乎幽冥。」〔註47〕來說明道之「玄德」，
又稱「自然」爲「無稱之言，窮極之辭」的理由。倘若，此形上本體與主體
的沖虛境界，可以清楚分判爲二，則何必用「出乎幽冥」這樣的神秘字眼呢？
正因爲其中應該有分卻看似無分，主客能所渾融爲一，誠然已超出了人的理
性、知性所及的邊際，所以才談得上「窮極」也才稱得上「玄」。王弼可以說
是理論性最強的玄學家，其名理玄理均獨步一時，在他的筆下仍不免辭窮，

〔註46〕見《老子王弼注校釋》，頁195。
〔註47〕《老子王弼注校釋》曰：「凡言玄德，皆有德而不知其主，出乎幽冥。」（頁24），
　　　　又：「有德而不知其主也，出乎幽冥，故謂之玄德。」（頁137）。

可以想見這個論題是如何棘手。

（三）沖虛境界之作用

對於「沖虛境界」之為道體的說明，即使王弼也很難暢所欲言。不過，若由道用以論「沖虛境界」，王弼則有充份的論述。王弼在《老子指略》文末歸結出道家最高的道理。他說：

> 甚矣！何物之難悟也！既知不聖為不聖，未知聖之不聖也；既知不仁為不仁，未知仁之為不仁也。故絕聖而後聖功全；棄仁而後仁德厚。

王弼大嘆，一般人都能明白不聖與不仁的問題，卻未必能看出，從事於聖智與仁德也會有問題，而且可能問題更大。《老子・三十八章》王弼注曰：

> 仁則尚焉，義則競焉，禮則爭焉。故仁德之厚，非用仁之所能也；行義之正，非用義之所成也；禮敬之清，非用禮之所濟也。載之以道，統之以母，故顯之無所尚，彰之無所競。〔註48〕

誠如王弼所言，有心去從事仁、義、禮，不可避免的會造能心理上的矜尚與競爭，如此就已失去了這些德行的精神了。惟有秉持「道」，才可能真正體現仁、義、禮的精神，並實現這些德行。因為「道」即虛靜無為，所以才能成就德行又不衍生矜尚與競爭之弊。〔註49〕論「道」的虛靜無為本質，老子所言「上德不德」或者「絕聖棄智」即是典型；必需說明的是，此所謂「不德」與「絕棄」都不是實有層上的否定，而是心的作用上的不執著之意。換句話說，「作用上」不執著仁、義、禮，正所以實現「實有層」的仁、義、禮。故牟宗三先生稱之為：「作用的保存」。

五、結　語

牟先生以「境界型態」說明道家玄理的特質，目前受到不少知名學者的討論。其中，有的根本質疑「境界」一辭的用法是否恰當，有的則偏向以儒、道形上學的共法來解釋。從哲學論述的角度看，把中國哲學一概從「境界」

〔註48〕樓宇烈《老子王弼注校釋》，頁95。三十八章這段注文，古本文理不通，此依樓先生校定改。

〔註49〕牟先生用「作用的保存」的觀點詮釋這。他說：「故老子之『絕聖棄智，絕仁棄義』，實非否定聖智仁義，而乃藉『守母以存子』之方式，『反其形』以存之也……『守母存子』之方式即『正言若反』之方式，亦即『辯證詭辭』之方式。惟藉此詭辭之方式以保存聖智仁義，是一種作用之保存，並非自實體上肯定之。」見《才性與玄理》，頁163。

來討論，其實未爲不可，只不過，這樣只能大略分判中西形上思維的不同方向，對各家的義理重心的歧異未必有釐析之功。至於完全不同意「境界」一詞者，其論述的路數必然與本論迥然不同，在此不予置評。

眾所周知，兩漢道家的天道觀，實體意味濃厚。王弼注老則避開漢人的路數，而完全從境界上說，著重在闡明老子「無爲而無不爲」的玄義。依王弼的詮解理路，各家的學問重心都在如何「爲」上，而老子則提出「無爲」的主張，各家的實踐進路都是「爲學日益」的，而老子所指引的則是「爲道日損」的進路。各家的「爲」都對現實人生有積極的建構，而老子的「無爲」則並不直接對現實人生有建構，而是指向透過修養工夫而達到的沖虛境界。只不過用這樣的「境界型態道論」作爲存有論，相信會令大多數人感到不安，覺得雖貞定了道的沖虛玄德的一面，卻可能忽略了自然天成的氣化世界。誠然，在這樣的詮釋系統下，老子的道眞的只是沖虛玄德（無）而已。因而，大家可能會懷疑，既是「沖虛」又能建構什麼呢？關於這點，早在魏晉時代，即受到深切的質疑。著名的裴頠「崇有論」就是典型的例子，裴頠認爲，無就是無，豈有生化萬物的道理。顯然他所說的「無」是空無之意，而他所提到的「生」則是實有層的生。當然，在實有層上，「無」生「有」是沒道理的，然而老子「有生於無」本就不當往實有層上解，否則便牽涉到神秘經驗領域了。

故王弼從主體之「沖虛玄德」開源暢流「不禁不塞」的作用，以說明道的「生畜義」，由此以證成一切存在之所以能存在的道理。他在《老子例略》中清楚的說，只要「物無所主」、「心無所適」道就會呈現，是把道的呈現關聯到主體的沖虛境界。由此可見，他之所以大倡「天下萬物以無爲本」的主張，就是將此「沖虛境界」作爲本，只不過他這方面的論述終究還是有點迂曲隱微的。牟先生很明確的提出「境界型態的形上學」，從人之主體透過修養工夫所達到的「沖虛境界」來說明道家的道。

牟先生在《才性與玄理》與《中國哲學十九講》兩部書中，對於「境界型態的形上學」論之甚詳。牟先生認爲，老子所提出足以爲天下始源的「無」是從「無爲」發展出來的。道家講無爲本來就不是無所作爲之意，而是指「爲道日損」化掉一切意計造作，以達到自然境界的修養工夫。所以「無」原是個實踐觀念，並非存有論概念。不過，只要依著「無」的實踐，即可保住一切萬有，由此說，「無」涵有類似西方所謂「存有論」的意義。不過，「無」誠然只是一個沖虛境界，既非「實有」，更沒有實有層上的生、畜作用，然而就此一沖

虛境界，即可以成全一切萬有，故名之爲「境界型態的形上學」。〔註50〕

　　道家的道論常是兼俱存有論與修養論意義的。例如，《老》、《莊》有關「天」或「道」的論述，往往一方面具有形上實體義，另一方面又是透過修養工夫所呈現的最高境界。近年則有學者，把儒、道的形上思維全歸於「境界」，如此一來，恐怕會混漫兩家的分際。〔註51〕以儒家而論，其形上天道絕對不能從「境界」來看的。雖然儒家的天道，講到最高處也有類似道家的沖虛境界，不過那並不是重心所在。儒家義理的重心，應在於證成天道性命貫通爲一，生生不已的道德創生義涵。若純以「境界」來看待儒家學問，完全無法說明儒家的仁，更無以彰顯儒家心性論。反之若以「境界」來看待道家的形上天道，不僅比較貼切，而且足以將老莊義理之表裡精粗，融會貫通略無滯礙。

　　不過，從「境界型態的形上學」來架構道家的道論，也不是唯一可行的路數。像兩漢道家，把重心放在自然天成的氣化表現上，一樣也發展出引領兩漢學術思潮的黃老學術。雖然，兩者的思維模式可謂兩極化，然而，他們在老學發展史上，應該都有不可抹滅的地位。

〔註50〕牟先生說：「這樣的實有是從主觀的透示講出來。」見《中國哲學十九講》，頁132。

〔註51〕牟先生說：「如孔子之仁，並不只是『功』，而亦是實體。仁之在經驗中曲曲折折之表現是功，但其不安，不忍，悱惻之感之心是體。踐仁之最高境界是聖。踐仁以至聖，固亦可無適無莫，無爲無執，無意必固我，此亦沖虛之德……然皆成爲仁體之屬性，或踐仁至聖之境界之屬性。固不只是沖虛之無爲本，而是以仁體爲本也。此是自實體上肯定仁智，固不只是作用之保存也。此是儒道之本質的差異。」見《才性與玄理》，頁164。

附錄二：論莊子哲學中「天」的修養論意義

一、前　言

　　由甲骨文上的記載可知，殷商先民好祭祀問卜，他們隆重地祭祀「天」，尊稱「天」爲「天帝」，視「天」爲掌管人間禍福的「人格神」。到了周初，人文精神開始萌芽，已有許多士君子不再僅僅把「天」視爲崇高的神祇，而進一步地把人類內在的理性與人間的價值權衡的根源皆歸之於天。〔註1〕例如《詩經》：「維天之命，於穆不已，於乎不顯，文王之德之純。」〔註2〕以及孟子所引用的《詩經》：「天生烝民，有物有則，民之秉彝，好是懿德。」〔註3〕雖不脫殷人「人格神」的意味，然而其重心已轉到道德形上學的範疇。〔註4〕至晚周諸子出，百家爭鳴，相互激盪，學者的思維理路趨於嚴密，「天」的觀念更有了多樣性的發展。墨子講「天」猶保留著商代及周初原始信仰的

〔註1〕此由殷人的卜辭中可考知。韋政通先生《中國思想史》上冊：「殷人最崇拜的天神叫做『帝』，……根據卜辭，胡厚宣先生把上帝的權能共列爲八種：（1）令雨；（2）授：（3）授祐；（4）降若（善、祥）；（5）降福；（6）降嘆（旱災）；（7）降徵（災害）；（8）作它（災害）。」（臺北：水牛出版社，1980年，頁28。
〔註2〕見於《詩經・周頌・清廟之什》，屈萬里先生《詩經詮釋》頁557，聯經出版社，1983年版。
〔註3〕見於《孟子・告子篇》，朱熹《四書集註》（臺北：學海出版社，頁162）。
〔註4〕牟宗三先生說：「蓋論孟亦總有一客觀地、超越地言之之『天』也。如果『天』不向人格神方向走，則性體與實體打成一片，乃至由實體說性體，乃係必然者。……此只是一道德意識之充其極，故只是一『道德的形上學』也。」見《心體與性體》（臺北：正中書局，1983年），第一冊，頁35。

樣態，其《天志》中以「天」爲宇宙間最高的權威，主張人必需順天意，否
則會遭天譴。〔註5〕此外，先秦重要的學派，儒家、道家，對「天」的看法
則有根本的轉變。由現存的原典可看出兩家的學者，多半不直接講「天」，
而雅好以「道」爲說，強調「重道」，復以「道」歸之於「天」。孔子自述一
生學行，由「志於道」出發，以至於「知天」、「耳順」、「從心所欲，不踰矩」；
整個過程是透過心性修養上契於「天」，再由「天」下貫道德實踐，此處所
言的「天」是儒家道德價值的形上根源。〔註6〕《孟子》：「盡其心者，知其
性也。知其性則知天矣。」〔註7〕不言「道」，而從人類內在的道德立說，主
張人可透過其內在的道德良知上契於「天」，與孔子的說法若合符節。《老子》
二十五章：「人法地，地法天，天法道，道法自然。」將「道」提昇至「天」
之上，但「天」仍具有典範法則義；至於「道」上復有一層「自然」，並非
「道」上還有一個更高的「存在」。《老子》一書中的「自然」皆指遵循自然
法則而言，所謂「在方法方，在圓法圓」，〔註8〕而「道法自然」其實類乎孔
孟由客觀的「天」回歸至主體「心性」的進路。如是不單純地講「天」，而
特別強調「道」，再循「道」回歸至「人」的主體，這一轉折便是儒、道兩
家確立「人本主義」的關鍵。

　　從把天視爲至高無上，神秘不可知的「神祇」，到以天爲人的道德理性根源，
其中的變化不可謂不大，唯有一不變的，便是天的「典範義」。以此衡之，先秦
諸子之中，對「天」的觀點比較特別的便是荀子與莊子。荀子的〈天論〉把天
的地位降下來，取消「天」在傳統中的崇高意義，〔註9〕而單取自然現象的「氣
化天」義，把儒家道德價值的根源轉向「禮義之統」的範疇，大異於孔孟。〔註

〔註5〕《墨子·天志》：「順天意者，兼相愛，交相利，必得賞，反天意者，別相惡，
　　　交相賊，必得罰。」，見《墨子閒詁》，（臺北：世界書局）。
〔註6〕馮友蘭把中國古書中的天分爲：物質之天、主宰之天、運命之天、自然之天、
　　　義理之天。他認爲家經典所謂的天，多半指「主宰之天」，似有待商榷。見《中
　　　國哲學史》（臺北：藍燈出版社），頁55。
〔註7〕見於《孟子·盡心上》。《四書集註》，頁187。
〔註8〕見於《老子王弼注校釋》，頁65。
〔註9〕《荀子·天論》：「大天而思之，孰與物畜而制之！從天而頌之，孰與制天命
　　　而用之！望時而待之，孰與應時而使之！因物而多之，孰與騁能而化之！……
　　　故錯人而思天，則失萬物之情。」見梁叔任，《荀子約注》（臺北：世界書局），
　　　頁229。
〔註10〕《荀子·天論》：「在人者莫明於禮義，……禮義不加於國家，則功名不白。
　　　故人之命在天，國之命在禮。」此強調「禮」的重要性已超越了「天」。同註

10)《莊子》一書中的「天」是莊子哲學的樞紐，散見各篇，意趣深遠，且復「卮言曼衍」，〔註11〕推究其義理趨向，亦無取於天的「形上典範義」，而取「自然義」，而且其「自然義」的重心既非荀子天論中的「自然氣化天」，也不是素樸的「自然主義」，而是透過工夫修養所達到的「自然境界」。〔註12〕

二、以「自然」訓解「天」的問題

　　《莊子》一書中的「天」，註解家多半以「自然」解之，大抵而言未爲不可。問題是「自然」一詞有很廣泛的意涵，既可以是「自然天」亦即「氣化天」，也可以是指「自然的律則」，換句話說就是「氣化流行的規律性」，又可以代表「自然天成」無人爲造作的狀態，復可以指向透過道家的修養工夫而達到的「自然境界」。通觀《莊子》一書，以上所列諸義皆有所及。例如，〈大宗師〉：「天無私覆，地無私載。」〔註13〕明顯是講「自然天」，而〈大宗師〉：「其有夜且之常，天也。」〔註14〕則是取「自然律則」義，至於〈秋水〉：「牛馬四足是謂天，落馬首穿牛鼻是謂人。」〔註15〕天、人對舉，是討論無人爲造作的自然。以上三義，是以「自然」訓解天義比較常見的用法。《莊子》一書，以天人爲架構所展現出的自然哲學，實有進於此。莊子所言「天」未必只是客觀的自然天成，而往往關聯著主體修證歷程而言「自然」，如是才能達到「物我爲一」、「天人無隔」的境界，在此不妨以「自然境界」一詞別而解之。《荀子·解蔽》有一段批評莊子的文字曰：「莊子蔽於天而不知人。……由天謂之道，盡因矣！」〔註16〕認爲莊子哲學僅止於「因任自然」而已，顯然是不瞭解莊子所言「天」的修養論意涵而產生的誤解。歷來註解家對此並非全無所見，例如唐代上人成玄英疏解「天鈞」曰：

9，頁228。

〔註11〕《莊子·寓言》：「卮言日出，和以天倪，因以曼衍，所以窮年。」頁497，藝文印書館，1975年9月3版。

〔註12〕牟宗三先生《才性與玄理》：「是以此『自然』亦是沖虛境界所透顯之『自然』，非吾人今日所謂之自然世界或自然主義所說之『自然』也。『自然世界』之自然乃指客觀實物自身之存在言，而境界上之自然則是指一種沖虛之意境，乃是浮在實物之上而不著於物者。故「天地任自然」是依沖虛而觀所顯之境界上之自然。」頁144，學生書局，1978年10月版。

〔註13〕同註11，頁163。

〔註14〕同註11，頁137。

〔註15〕同註11，頁330。

〔註16〕見《荀子約注》，頁291。

天鈞者，自然均平之理也。夫達道聖人，虛懷不執，故能和是於無是，
同非於無非，所以息智乎均平之鄉，休心乎自然之境也。」〔註17〕

儘管成疏仍是以「自然」兩字爲訓，但後文又補充以聖人的「虛懷不執」，使
得莊子言「天」的主體修證義得以顯豁。倘若不能如此的特顯莊子言「天」
的主體修證義，而把莊子哲學歸之於素樸的自然哲學範疇，則莊子哲學只能
與〈天下篇〉所言慎到的學說相伯仲而已，〔註18〕豈能當得了〈天下篇〉中
所說的「獨與天地精神往來」的稱譽呢？〈天下篇〉曰：

慎到棄知去己，而緣不得已，泠汰於物以爲道理。……推柏輓斷，與
物宛轉，舍是與非，苟可以免。……推而後行，曳而後往，若飄風之
還，若羽之旋，若磨石之隧……。故曰：若無知之物而已，無用賢聖。
夫塊不失道，豪桀相與笑之曰：「慎到之道，非生人之行而至死人之
理。」〔註19〕

慎到「棄知去己」、「舍是與非」雖類乎莊子「坐忘」工夫，卻只能達到「苟
可以免」的層次，深爲〈天下篇〉作者所疵議，理由何在呢？唐君毅先生在
《中國哲學原論・原道篇》中評介其說曰：

物之轉固有其勢之所向，此恆有非己力己智之所能移者。故慎到棄
己力己智以就物，而與其勢相宛轉，若飄風之還，若羽之旋，則物
勢亦不傷己，而自然相順適，而勢亦非勢。〔註20〕

唐君毅先生又以之與莊子自然哲學相比較，尤其能突顯莊子超然物外的精神
境界。唐先生曰：

莊子之道……，則在其既非面對天地萬物轉易變化之勢，棄知去
己，爲順應之道；亦非如老子之自退一步以居虛靜，以知觀物勢，
自居柔弱，以曲道自全爲始；而要在既化人生命中之心知爲神明，
以往向于此天地萬物之轉易變化於前者，即更游心於其中，亦更超
越於其外，昭臨於其上，以成神明之無所不往，見「天地與我並生，

〔註17〕　見郭慶藩《莊子集釋》，頁74，華正書局，1987年8月版。
〔註18〕　《莊子・天下》：「公而不黨，易而無私，決然無主，趣物而不兩，不顧於
慮，不謀於知，於物無擇，與之俱往，古之道術有在於是者，彭蒙、田駢、
慎到聞其風而悅之。……故慎到棄知去己而緣於不得已。」同註11，頁575
～576。
〔註19〕　同註11，頁576。
〔註20〕　唐君毅先生《中國哲學原論・原道篇卷一》，頁279，學生書局，1978年4月
3版。

萬物與我爲一」，爲其根本。故其神明之運，自始爲開展的，放達
的，六通四闢，而無所不通，無所不往，亦無定所，爲其所必適者。
〔註21〕

平心而論，在世途紛擾之中，愼到能夠說出「棄知去己」的道理，也算不簡
單。但是，他只是消極地「緣不得已」因應萬物的變化而已，成就畢竟有限。
不若莊子之學，不僅化去心知、我執之累，還要使精神通澈清明，悠游於天
地萬物之變化，上與天地爲友，下與萬物無隔，故能無所不通無所不往。

　　就廣義的「自然哲學」而言，先秦諸子百家除了老、莊以外，有很多家
派可以歸入。老、莊學說之所以能以其「澹漠無爲」的姿態，在先秦百家爭
鳴之際大放異彩，自有其異幟獨樹之處。其中的關鍵應是，老莊的自然哲學
不僅止於服膺自然律則因順放任而已，還有一番主體修養工夫。關於這一點，
《莊子》一書中處處可見，而尤以〈內七篇〉最有一貫系統。以下以〈內七
篇〉爲主而輔以〈外雜篇〉相關文字，論述莊子哲學中，從「天」的觀點所
開展出的主體修證歷程。

三、《莊子》一書中有關「天」的主體修證歷程

（一）天籟義──自然天成，無所造作的境界

　　《莊子・齊物論》曰：

　　　　子游曰：「地籟則眾竅是已，人籟則比竹是已；敢問天籟？」子綦曰：
　　　「夫吹萬不同，而使其自己也，咸其自取，怒者其誰邪？」〔註22〕

莊子的意思是，一切萬物林林總總各有不同，各令其保有自己的本質，便是
天籟。而萬物林林總總的不同表現，皆是「自取」。郭象《莊子注》曰：

　　　　夫天籟者，豈復別有一物哉？即眾竅比竹之屬，接乎有生之類，會
　　　而共成一天耳！……自己而然，則謂之「天然」，天然耳，非爲也，
　　　故以「天」言之。以「天」言之，所以明其自然也，豈「蒼蒼」之
　　　謂哉？〔註23〕

郭象明白地解說「天籟」即物自己而然，並不是一個外在的東西，更不是天
色蒼蒼的「現象天」。牟宗三先生析論《郭注》之「會而共成一天」，更加朗

〔註21〕見《中國哲學原論・原道篇卷一》，頁285。
〔註22〕同註11，頁34。
〔註23〕同註11，頁34。

現「天籟義」的自然意涵。《才性與玄理》：

> 「會而共成一天」，即個個圓滿具足，自己而然。天融解於萬物之自
> 然，而並非獨立之一物。故「逍遙遊」注云：「天地者萬物之總名也」。
> 而此注亦云：「天地萬物之總名也」。天或天地被拆掉，即就萬物之
> 自然而言天，此即天籟耳。〔註24〕

從「萬物之自然」而言「天籟」，可說是道家「自然哲學」的第一層意義，最淺
顯易懂。不過僅止於此，容易混淆於西方「自然主義」範疇。道家的自然，不
是西方自然科學的自然，而是主體透過工夫修養，渾化一切依待對待而達到的
境界。〔註25〕西方自然主義中的自然，其實都是他然，乃就著物理世界之特質
以及運動規律為說，皆不脫「機械運動」與「因果律」的影響，〔註26〕不同於
道家「逍遙無待」的自然。

　　《莊子》外雜篇所論述的「自然哲學」雖略嫌蕪雜，而在這一層自然義
上，也有一些精闢的見解。例如〈庚桑楚〉：「唯蟲能蟲，唯蟲能天」，〔註27〕
頗類《老子·十章》：「載營魄抱一，能無離乎？」的境界，王弼注曰：「一，
人之真也。」〔註28〕「人之真」豈不就是「天籟」？而〈天地〉亦有言曰：「無
為為之，之謂天。」〔註29〕可見莊子以「蟲」釋天，就是要藉著其純然無知
的特質，以揭示「自然天成，無所造作」的天的境界。

（二）「照之於天義」──如實觀照，無所分別的境界

　　宇宙萬物本是「自然天成」，只不過人心好意計造作，就不免扭曲自然。
因此，不僅要能知天籟的境界，還要把心提昇到「天的境界」，也就是使心達
到「因順自然，無所分別」的道的境界。細究人心之所以好意計造作的原因，
豈不在於人心充滿著真偽、是非的分別嗎？《莊子·齊物論》曰：

> 道惡乎隱而有真偽？言惡乎隱而有是非？道惡乎往而不存？言惡乎
> 存而不可？道隱於小成，言隱於榮華。故有儒墨之是非，以是其所

〔註24〕　見《才性與玄理》，頁198。
〔註25〕　《才性與玄理》：「是以仍須先知此『自然』是一境界，由渾化一切依待對待
　　　　　而至者。此自然方是真正之自然，自己如此。」（頁195）。
〔註26〕　《才性與玄理》：「自然主義之自然，……實皆是他然者。……皆著於對象而
　　　　　為言，……墮於『對象之平鋪』而注意其機械運動與因果鍊子。」（頁195）。
〔註27〕　同註11，頁438。
〔註28〕　見《老子王弼注》，頁22。
〔註29〕　同註11，頁235。

非而非其所是。欲是其所非而非其所是，則莫若以明。……是以聖

人不由而照之于天，亦因是矣。〔註30〕

在「物之自然」層面，其實並沒有「真偽」、「是非」甚至「可不可」的問題，
這些問題的出現都是由於「人心」的干預。人心之不同各如其面，人人各擁
一套意識型態自是而非人，導致人世間的是非層出而不窮。莊子舉「儒墨之
是非」為例是有深意的。儒、墨兩家在當時並稱顯學，對國家、社會都具有
舉足輕重的地位，儒家倡導仁愛精神，墨家揭櫫兼愛理念，皆自以為不移不
易的真理。因此，各持己見，互相辯難。莊子則認為，如是一味地在語言範
疇裡打轉，終究得不到結論。人世間的是非本是重重疊疊錯綜複雜的，陷於
其中只會衍生出更多是非而已。唯有從人世間的是非超越上來，以「明」的
智慧觀照，才可能得見萬物之實情。〈齊物論〉曰：

名實未虧而喜怒為用，亦因是也。是以聖人和之以是非而休乎天鈞，

是之謂兩行。〔註31〕

《成疏》解「天鈞」之義為：「和是於無是，同非於無非。」〔註32〕打開了是
非之間的樊籬，解「兩行」：「不離是非，而得無是非。」啟示一種通透無隔
的智慧。《莊子》所謂「天倪」，郭注解為自然的分別，〔註33〕其義涵亦同於
此。〈齊物論〉曰：

是亦彼也，彼亦是也。彼亦一是非，此亦一是非，果且有彼是乎哉？

果且無彼是乎哉？彼是莫得其偶，謂之道樞。樞始得其環中，以應

無窮。是亦一無窮，非亦一無窮，故曰：「莫若以明」。〔註34〕

莊子一再申言「莫若以明」的主張，便是強調「天」的通透無隔。畢竟以人
的觀點看世事，私心成見的加入是不可避免的，必需有天的「通透無隔」之
「明」才能照顯「物之自然」。至於要如何達到此一境界呢？〈大宗師〉曰：

知天之所為，知人之所為者，至矣。知天之所為者，天而生也。知

人之所為者，以其知之所知，以養其知之所不知，終其天年而不中

道夭者，是知之盛也。……且有真人而後有真知。〔註35〕

〔註30〕同註11，頁41。

〔註31〕同註11，頁46。

〔註32〕見《莊子集釋》，頁74。

〔註33〕同註11，頁66。

〔註34〕同註11，頁43。

〔註35〕同註11，頁129～131。

唐君毅先生指出「以其知之所知，養其知之所不知。」這句話為「莊子之修養工夫之本」。他認為，要達到道家最高的人格境界——真人，不可直以一「混然之天人合一之境」為論，而有待種種的修養工夫。〔註36〕「天之所為」自是指「天的境界」，「人之所為」則正指這種種的修養工夫。能知「天的境界」又能自我修養以昇至天的境界，才稱得上「知之盛」吧！莊子的「心齋」便是由人心層層升進，化掉一切執著而達到虛明的「天」的境界。〈人間世〉曰：

> 回曰：「敢問心齋。」仲尼曰：「若一志，無聽之以耳而聽之以心，
> 無聽之以心而聽之以氣。……氣也者，虛而待物者也，唯道集虛，
> 虛者，心齋也。」〔註37〕

如此無心知、耳目之知的「虛」的境界豈不就是「明」了嗎？《老子‧十六章》曰：

> 致虛靜、守靜篤，萬物並作，吾以觀復。夫物芸芸，各復歸其根。
> 歸根曰靜，是謂復命。復命曰常，知常曰明。〔註38〕

此由「致虛極，守靜篤」以觀照物之「歸根」、「復命」，進而達到「知常曰明」的境界，即已上達天的境界了。

　　此外，莊子主張破除是非對立以達到「道樞」、「環中」的境界，還有另一層意義——反省「對偶性原則」〔註39〕的問題。「天」之所以「通透無隔」的關鍵在於沒有「對偶性原則」存在，相反的，人世間之所以處處樊籬的癥結所在，正是源於「對偶性原則」深植人心。〈齊物論〉曰：

> 物固有所然，物固有所可，無物不然，無物不可。故為是舉莛與楹，
> 屬與西施，恢恑憰怪，道通為一。〔註40〕

當人們面對小木椿與大屋柱，〔註41〕癩痢頭與美女，能視若無別不起分別心，則可說已達到了「天的境界」。其實「對偶性原則」是建立知識不可或缺的方法，並非毫無用處；但是，畢竟只能視為方法，不可以當作天經地義。

〔註36〕見《中國哲學原論‧原道篇卷一》，頁374。

〔註37〕同註11，頁86。

〔註38〕《老子王弼注》，頁35。

〔註39〕「對偶性原則」是邏輯學詞語，又稱「二分法」。參見牟宗三先生「理則學」，頁73，正中書局，1985年3月台初版。

〔註40〕同註11，頁45。

〔註41〕郭注解莛為椽，與楹之別為一橫一直。而俞樾明莛之字源，《說文》解莛為莖，可見莛未必訓為椽，莛與楹宜是小大之別。參見《莊子集解》，頁71。

《老子‧二章》曰：「天下皆知美之為美，斯惡已，皆知善之為善，斯不善已。」〔註42〕即是反省此一問題。在「對偶性原則」之下，好的一旦成立，就會連帶出現壞的，而任何美善都有醜惡與之相對。倘若打破對偶性原則，不承認人世間有好的事物，自然也就無所謂壞的事物。否則，若標榜美善就無異於揭顯醜惡。而也只有在破除對偶性原則之後，才能說「凡物無成與毀，復通為一。」〔註43〕

（三）「道樞義」──始卒若環，無所不可的境界

《莊子‧逍遙遊》通篇以寓言的體裁作論，無非要揭示一種「逍遙無待，無所不可」的心靈境界。其中有一段文字，將人生得意的境界分為四個層次：1. 一個政通人和的地方官，2. 不為世俗毀譽所動，堅守自我的宋榮子，3. 能御風而行的列子，4. 乘天地之正，而御六氣之辯，以遊無窮者。〔註44〕第一層的得意是來自外界，既沒有保障且有很大的限制。第二層的得意，雖不受外界影響，卻可能受到內在自我牽制。第三層得意則已達到內外超越的境界，但仍有所待。第四層的境界，才是完全無待的逍遙境界。在此，莊子刻意把人的境界分為四層，每進一層，世俗的物累便剝落一層，一種「逍遙無待，無所不可」的境界，就在這樣層層升進下朗現。至於「乘天地之正，而御六氣之辯，以遊無窮者」又是怎樣的境界呢？《郭注》甚美：

> 故乘天地之正者，即是順萬物之性也。御六氣之辯者，即是遊變化
> 之塗也。如斯以往，則何往而有窮哉？所遇斯乘，又將惡乎待哉？
> 此乃至德之人玄同彼我者之逍遙也。〔註45〕

郭象以「所遇斯乘」為訓，真可謂握道家玄理之管鑰。從人我對立的角度看，逍遙是不可能的，唯有不起分別心，凡遇到什麼就接受什麼則無往而不可，那就是逍遙。〈大宗師〉所載「坐忘」的修養工夫，正足以達到這樣的逍遙境界：

〔註42〕《老子王弼注》，頁6。

〔註43〕此《莊子‧齊物論》的最高境界。〈齊物論〉：「無物不然，無物不可。……其分也成也，其成也毀也。凡物無成與毀，復通為一。」同註11，頁45。

〔註44〕《莊子‧逍遙遊》：「故夫知效一官，行比一鄉，德合一君，而徵一國者，其自視也亦若此矣！而宋榮子猶然笑之。且舉世譽之而不加勸，舉世非之而不加沮，定乎內外之分，辯乎榮辱之竟，斯已矣！彼其於世未數數然也。雖然，猶有未樹也。夫列子御風而行，泠然善也。旬有五日而後反，彼於致福者未數數然也。此雖免乎行，猶有所待者也。若夫乘天地之正而御六氣之辯以遊無窮者，彼且惡乎待哉？」同註11，頁17。

〔註45〕同註11，頁18。

顏回曰：墮枝體，黜聰明，離形去知，同於大通，此謂坐忘。〔註46〕

《郭注》曰：

內不覺其一身，外不識有天地，然後曠然與變化爲體而無不通也。
〔註47〕

此言要達到無所不可的境界，就是要把內在與外在的執著一一化去才可。〈大宗師〉有段文字講得玄妙：

吾猶守而告之參日，而後能外天下；已外天下矣，吾又守之七日，
而後能外物；已外物矣，吾又守之九日，而後能外生，已外生矣，
而後能朝徹，朝徹而後能見獨，見獨而後能無古今，無古今而後能
入於不死不生。〔註48〕

所謂「朝徹」，《郭注》曰：

遺生則不惡死，不惡死故所遇即安，豁然無滯，見機而作，斯朝徹
也。〔註49〕

所謂「見獨」，《郭注》曰：

當所遇而安之，忘先後之所接，斯見獨者也。

雖然《莊子》的原文頗涉玄妙，而《郭注》皆一一落實地作解，不僅十分明瞭，且足以發明玄義。〔註50〕

透過《郭注》以見莊義，亦無非是將生命中的物累，由遠至近一層層地蛻去，以達到「上與造物者遊，下與外死生無終始者爲友。」〔註51〕的境界。所謂「朝徹」，豈非上達天的「通透無隔」？所謂「見獨」自是「與無終始者爲友」之意。在此莊子以充滿詩意的語言，鉤勒出比「心齋」、「坐忘」更透徹完備的主體修證歷程。若非如此豈足以說明莊子「調適而上遂」〔註52〕的生命哲學呢？

實則，莊子以宇宙爲生命的外圍，並且將宇宙萬物全納入主體的虛靜觀照之中，故能言天人、物我、古今、死生，皆條貫爲一無別無隔。可見，莊

〔註46〕同註11，頁162。
〔註47〕同註11，頁162。
〔註48〕同註11，頁144。
〔註49〕同註11，頁145。
〔註50〕同註11，頁145。
〔註51〕同註11，頁582。
〔註52〕同註11，頁582。

子「玄同彼我」的境界，並非神秘主義，也不是語言概念的遊戲而已，乃是經由一番自我淬礪的修養工夫之後，所達到無我、忘我的境界。而這個境界就是「天倪」、「天均」。《莊子·寓言》對此有更寬廣的申論：

> 卮言日出，和以天倪，因以曼衍，所以窮年。……有自也而可，有自也而不可。……惡乎可，可於可，惡乎不可，不可於不可。物固有所然，物固有所可。無物不然，無物不可，非卮言日出，和以天倪，孰得其久？萬物皆種也，以不同形相禪，始卒若環，莫得其倫，是謂「天均」。「天均」者「天倪」也。〔註53〕

以人心的層次看，「物固有所可，物固有所然」，但以「天的境界」觀，則「無物不然，無物不可」。「天的境界」便是不執兩端，不取對偶性原則，猶如「環」沒有始卒之分別，故能「兩行」而無不可。《成疏》曰：「不離是非而得無是非，故謂之兩行。」〔註54〕陳壽昌先生解「道樞」：「惟能渾彼此是非而一之，物我兩忘混沌不鑿，斯可謂會其元極而得道之要樞也。」〔註55〕都深得莊子的旨意。

（四）「天地一體義」──玄同彼我，道通為一的境界

《莊子·天下》載惠施的學說──「歷物之意」，其內容是藉名理辨析的推理方法，破除對偶性原則，顛覆時空觀念，論證萬物畢同、畢異的主張，最後歸結到「氾愛萬物，天地一體」〔註56〕的境界，其立意不可謂不高。不過，〈天下篇〉作者還是不能肯定惠施之學，而批評他「弱於德，強於物，其塗隩矣！」〔註57〕理由就在於惠施之學純由名理入，主體修證之意味薄弱，雖智能及於「天地一體」的至高境界，對生命境界的提昇又有什麼益處呢？莊子之學的最終目標也是在證成「天地一體」的境界。〈齊物論〉：

> 天下莫大於秋豪之末，而大山為小，莫壽乎殤子，而彭祖為天。天地與我並生，萬物與我為一。〔註58〕

雖然這一段文字亦對名理上有所倚重，但由於有前述「天籟」、「天均」、「道樞」義為理論基礎，故形成一完整的學說架構，復以內七篇中俯拾即是的修

〔註53〕同註11，頁497。
〔註54〕《莊子集釋》，頁74。
〔註55〕陳壽昌《南華真經正義》，頁24，新天地書局，1977年7月再版。
〔註56〕同註11，頁583。
〔註57〕同註11，頁585。
〔註58〕同註11，頁51。

養工夫論，指點出由人心升進至「天的境界」的工夫歷程，故可免於虛妄獨斷之嫌。〈大宗師〉有一段文字寫得最好：

> 故其好之也一，其弗好之也一，其一也一，其不一也一。其一與天爲徒，其不一與人爲徒，天與人不相勝，是之謂眞人。〔註59〕

《郭象注》曰：

> 夫眞人同天人，齊萬致，萬致不相非，天人不相勝，故曠然無不一，冥然無不在，而玄同彼我。〔註60〕

此言，眞人的人格境界已上達於天，猶且能包容萬物，「曠然無不一」，故儘管天是「一」人是「不一」，天人有別，仍可以言「其一也一，其不一也一。」而如是地把「一」同於「不一」，寧非弔詭之至？不過，這正是道家超越的智慧所在。「一」與「不一」有別而可以無別；如同莊子所言「魚相忘乎江湖」、「人相忘乎道術」，自是從「天的境界」觀照下來，故能主客雙泯，是非兩遣，天人冥合而玄同，如此以言「天人不相勝」更可顯出前文所述之「天籟義」、「照子于天義」、「道樞義」之實質意涵。

四、結　語

本文從「天」的觀點切入，以論《莊子》一書的「自然哲學」之型態，除了想闡揚莊子弘深的天人思想之外，還有意突顯莊子「自然哲學」的特色。老莊學說歷來便被籠統地定位爲「自然哲學」，〔註61〕或更狹義地指爲「素樸的自然哲學」，故自先秦以下，解老、注莊的誤謬，屢見不鮮。本文的要點，即在論證《莊子》一書中所展現的「自然哲學」非原始素樸的自然哲學，而是涵著主體修證意義的自然哲學。此非晚至現代如我輩才見到的，〈天下篇〉作者已有所見，其所列述彭蒙、田駢、慎到的學說，即是素樸的自然哲學。〈天下篇〉稱老子爲博大眞人，稱莊子「上與造物者遊，而下與外死生無終始者爲友」，可謂推崇備至，稱慎到則多爲疵議，譏評其「塊不失到」爲「非生人之行而至死人之理」，總評其學，認爲慎到「所謂道非道，而所言之韙，不免於非。」〔註62〕其實，慎到的學說有很多貌似老莊的地方，然而深究其理，似乎只是一味地因順放任而已，是典型的素樸的自然哲學。反觀老莊之學誠

〔註59〕同註11，頁137。

〔註60〕同註11，頁137。

〔註61〕胡適《中國哲學史大綱卷上》頁56，里仁書局，1982年版。

〔註62〕同註11，578。

然別有建樹，宜有所釐析。

首先，慎到「棄知去己」、「舍是與非」只是消極地「緣不得，泠汰於物以爲道理」，目的只爲了「苟可以免」，不像莊子的「坐忘」，由「墮枝體」、「黜聰明」、「離形去知」可以達到「同於大道」的境界，其間高下是顯而易見的。再者，慎到學說：「推柏輐斷與物宛轉」雖類乎莊子「心齋」的境界，但畢竟欠缺工夫修養義，只是放任自然，「推而後行，曳而後往」，心的境界未見提昇，所得只是枯槁了無生趣的「無知之物」而已。反觀莊子「心齋」是可以使人心「虛室生白」〔註63〕而生機無窮的。老莊的「自然哲學」之所以能免於枯槁而生意盎然的理由，就在於他的「天」、「道」都不向外推求，而是回歸人的主體，從主體修證以貫通天人之際，將人心提昇至「天的境界」，這樣的證成「天地與我並生，萬物與我爲一」才有實質意義。

〔註63〕〈人間世〉：「瞻彼闋者，虛室生白，吉祥止止……夫徇耳目，內通而外於心知，鬼神將來舍，而況人乎？」同註11，頁88。